ヨーロッパ法への道

ディーター・H. ショイイング 著

石 川 敏 行 監訳

日本比較法研究所
翻訳叢書　47

は　し　が　き

　本書は，ヴュルツブルク大学法学部教授　ディーター・H. ショイイング（Prof. Dr. Dieter H. Scheuing）氏の執筆した論考を訳出し，1冊にまとめたものである。

　本書第1章は，同氏が1998（平成10）年3月，中央大学とヴュルツブルク大学との交換協定に基づき，客員教授として来日された際に，学部生に対して行われた特別講義の原稿を訳出したものである（なお，原稿は公表されていない）。その内容は，いわば「ヨーロッパ法入門」としての性格を有しており，従って本書でも冒頭に置くことにした。

　本書第2章以下は，ヨーロッパ公法（憲法・行政法・環境法）に関するショイイング氏の既発表論文を訳出したものである。出典については以下の通りである。

　第2章：Deutsches Verfassungsrecht und europäische Integration, EuR Beiheft 1/1997, S. 7 ff.

　第3章：Europarechtliche Impulse für innovative Ansätze im deutschen Verwaltungsrecht, in: Hoffmann-Riem/Schmidt-Aßmann (Hrsg.), Innovation und Flexibilität des Verwaltungshandelns, 1994, S. 289 ff.

　第4章：Instrumente zur Durchführung des Europäischen Umweltrechts, in: Gesellschaft für Umweltrecht, Gemeinschaftsrechtliche Einwirkungen auf den innerstaatlichen Rechtsschutz im Umweltrecht, Dokumentation zur 22. wissenschaftlichen Fachtagung der Gesellschaft für Umweltrecht e. V., 1998, S. 32 ff.

　近年，ヨーロッパ法の発展は極めて速く，それゆえ，ここに訳出した論考の内容のうち，現在では必ずしもそのままでは通用しない部分もある。しかし，

ドイツを代表するヨーロッパ法学者であるショイイング氏の業績を訳出・紹介する作業は，氏の見解を知る上でも，またヨーロッパ法の展開過程を知る上でも，十分にその意義が認められよう。

本書がヨーロッパ法に関心を寄せる日本の読者に少しでも役立つところがあれば，監訳者としてとても嬉しい（なお，訳出文中，[　　]の中の語句は訳者が補ったものである）。

2001年8月31日

石　川　敏　行

目　次

　はしがき

　第1章　法共同体としての欧州連合
　　　　　　　　　　　　　　土田伸也 訳… 1

　第2章　ドイツ憲法と欧州統合
　　　　　　　　　　　　　　土田伸也 訳… 23

　第3章　ドイツ行政法の変革の契機となる
　　　　　ヨーロッパ法の影響
　　　　　　　　　　　　　　上杉篤子 訳… 99

　第4章　欧州環境法実施の諸手法
　　　　　　　　　　　　　　島村　健 訳… 183

監訳者解題 ………………………………………… 229

第1章　法共同体としての欧州連合

A．はじめに
B．法共同体の制度システム
　Ⅰ．法定立
　Ⅱ．行政上の執行
　Ⅲ．裁判統制
C．独自の法秩序としての共同体法
　Ⅰ．共同体法の直接適用
　Ⅱ．共同体法の優位
　Ⅲ．共同体法の拡張力
D．むすび

A．はじめに

　1950年5月9日，フランス外務大臣ロベール・シューマンは，フランスがドイツ連邦共和国および他のヨーロッパ諸国とともに超国家的な石炭鉄鋼共同体を設立する用意があることを宣言した。これは，大胆かつ未来を指向した，和平を目指した提案であった。問題となったのは，直前まで相互に戦争を行っていたヨーロッパ諸国の間で合意手続を開始するということであった。そのためには，一方で，伝統的な国際法上の国家間協力は不十分なものであることが明らかであったし，他方で，ヨーロッパ連邦国家を急進的に形成しようとする要求は明らかに非現実的であった。そこで，シューマンプランは，第3の道を切り開いたのである。すなわち，参加諸国は協力するだけでなく，超国家的な規律権を有する超国家的機関に特定の機能と主権（Hoheitsrechte）を委ねるとい

うことにしたのである。しかし，このことは，さしあたり基幹産業たる石炭と鉄鋼について国家の処分権が及ぶ領域においてのみ行われることとされ，さらなる統合は，最終的に欧州政治統合が達成されるまで，局部的に行われることとされた。以上からすれば，1950年5月9日のシューマン宣言が謳ったのは，急進的な国家連合ではないが，しかし西ヨーロッパにおける単なる国家間協力でもない，機能上の段階的統合だったのである。

　漸進的欧州統合の過程は，フランスのこの提案によって始まり，今や次第に形を整えつつある。その過程は，極めて興味深い事象であったし，また現在においてもそうである。このことは，法的観点からもいえることである。実際のところ，欧州連合は，ヨーロッパを軍事力（あるいは，例えば併合政策）によってではなく，——増大している経済的な利害関係を基盤にして——法という手段で統一しようとする，ヨーロッパ史上初の重大な試みなのである。欧州連合は，共同で定立した法を通じて成立した。そして，欧州連合は，構成国の法を補い，修正し，それどころか場合によっては構成国の法を全く排除する新しい法を常に創造している。この「法による統合」を通じて，次第に独自のヨーロッパ法秩序が成立し，これによって同時に法共同体としての欧州連合の性格が確認され，確固たるものにされている。これについて，私は以下で詳細に論じようと思う。

　もっとも，その前に手短に若干の予備知識に言及しておこう。

　欧州統合過程の基礎を形成しているのは，3つの条約，すなわち，1951年の欧州石炭鉄鋼共同体設立条約（1952年発効），1957年の欧州経済共同体設立条約，欧州原子力共同体設立条約（両者とも1958年発効）である。これらの条約は幾重にも渡って改正されてきたが，とりわけ，統合を目的とした欧州域内市場について宣言した1986年のいわゆる欧州単一議定書（1987年発効），および，欧州経済・安全保障連合の形態を規定した1992年のマーストリヒト条約（1993年発効）によって，大きく改正された。さらに，1997年10月のいわゆるアムステルダム条約によって諸々の変革がもたらされることになるであろうが，構成国はまずもってこの条約を批准する必要がある。

当初，この統合に参加したのは，創設国である6つの国，すなわちフランス，イタリア，ドイツ，ベルギー，オランダ，ルクセンブルクであった。1973年1月1日からは，イギリス，アイルランド，デンマークが，1981年1月1日からはギリシアが，1986年1月1日からは，スペイン，ポルトガルが，1995年1月1日からは，スウェーデン，フィンランド，オーストリアがこの統合に参加した。さらに，この15カ国からなる現在の欧州［連合］に加盟の申込が行われている。それらの一部については，まもなく折衝が開始されるとのことである。

　欧州の統合過程は，「三本柱構想（Drei-Säulen-Konzept）」といわれる複合的な構造を今のところ有している。第1の柱に含まれているのは，今日まで存続している50年代からの3つの欧州共同体，すなわち欧州石炭鉄鋼共同体，欧州原子力共同体，そして，現在，「欧州共同体」といわれている，かつての欧州経済共同体である。その他の2つの柱は，あまり大したものではない。というのも，その2つの柱は，外交政策および安全保障政策（第2の柱）ならびに司法および内務（第3の柱）の領域におけるかなり緩やかな国家間協力体制に限定されているからである。その結果，第2，第3の柱においては単純な国家間協力が行われるにすぎない。これとは対象的に，真の統合は第1の柱である3つの共同体においてのみ行われる。因みに，この第1の柱には，今まで第3の柱に属していた司法および内務の領域に関する重要な諸権限が，アムステルダム条約によって補われることになっている。「欧州連合」は，この3つの柱の屋上構造として単に機能しているにすぎない。「欧州連合」という表現が共通の呼称として通用してきたとしても，欧州連合それ自体を取り扱えば，それはさして意味を持つものではない。少なくとも統合の核心を形成しているのは，第1の柱の領域における「欧州共同体」である。従って，私はこれに的を絞ろうと思う。

　この欧州共同体には，4つの主要な機関がある。第1の機関は，各国の代表からなる理事会（der Rat）である。この理事会は，とりわけ，共同体のあらゆる本質的規範的法行為，いわゆる規則（Verordnungen）または指令（Richtlinien）の発布を行うことができる。第2の機関は，委員会（die Kommission）である。

この委員会は，職務を独立して遂行する目下20人の構成員および約22,000人の官吏を擁している。委員会は，理事会の法定立に参加することができるほか，独自の法定立権限，行政権限，統制権限を行使する。第3の主要な機関は，欧州議会（das Europäische Parlament）である。この欧州議会は，今や626人の直接選挙された議員からなる。欧州議会は，一定の予算権限と並んで特に助言機能を有している。一定の場合には，理事会の決定に対して拒否権をも行使する。第4の機関は，共同体の司法機関，すなわち欧州共同体裁判所（der EuGH）および第一審裁判所（das Gericht erster Instanz der Europäischen Gemeinschaften）である。前者は，目下15人の裁判官からなり，9人の法務官によって支えられ，ルクセンブルクに設置されている裁判所である。後者は，1989年秋より目下15人の裁判官からなり，同様にルクセンブルクに設置されている裁判所である。

　欧州共同体設立条約は，まず何よりも，域内市場における4つの基本的自由，すなわち商品の移動の自由，人の移動の自由，役務の移動の自由，資本の移動の自由をその実質的内容としている。1993年以降，この条約には，さらに欧州経済・通貨連合の設立に関する諸規定も含まれることになった。また，補助的にではあるが，この欧州共同体設立条約は，委員会によるカルテル統制および補助金統制についても規定している。ただ，同条約の大部分は，既にそれ自体でヨーロッパ法を定立しているのではなく，いわゆる共同体派生法を発布するための権限を各共同体機関に単に授権しているにすぎない。その権限が，この間に広範囲に渡って用いられてきたということは，周知の通りである。

　それでは，この共同体は，法共同体として一体どのような特殊性を有しているのであろうか。その特殊性は，一方において，法定立，行政上の執行，裁判統制に関する共同体組織の独自性にあり，他方において，このシステムを創り出し，そのシステムによって持続的に新しく産み出されている法が持つ特殊な性格にある。以下の論述は，これに従って，さしあたり欧州共同体の制度システムに費やし，その後で，共同体法の本質的特徴を取り上げることにする。

B．法共同体の制度システム

　法共同体としての欧州共同体の制度システムは，その独自性によって特徴づけられる。このシステムは，国際法上のカテゴリーによっても国法上のカテゴリーによっても，適切に把握されるものではない。伝統的な権力分立の図式に対応しているのは，もっぱら司法機能を有する欧州共同体裁判所および第一審裁判所だけである。これに対して，欧州議会は，共同体の本来的立法機関ではない。また，理事会は下院などではないし，委員会は単なる欧州政府ではない。以上のことは，今から，法定立，行政上の執行および裁判統制を一層詳細に論じることによって，明らかとなるであろう。

I．法　定　立

　共同体法上の法定立が，いわゆる規則または指令という形式で行われる場合，通常は，委員会が提案をし，欧州議会が介入した後，理事会が特別多数決でもってこの法行為を発布する。ここでは，3つの要素全て——理事会による決定，委員会の提案，議会の介入——にコメントが必要である。

1．決定権者としての理事会

　共同体に関する諸条約によれば，理事会による決定は，部分的にではあるが，未だに全会一致でなければならない。このことは，例えば，租税調整といった重要な領域についてあてはまる。ただ，通常は，理事会における特別多数で必要かつ十分とされている。これに関して，なるほど，よく練られた加重投票なるものが理事会で行われている。これは，小国が大国によって——逆に大国が小国によって——多数決を通じて支配されないようにするためのものである。しかし，他面において，このような多数決の可能性は，通常の国際組織においてはあまり存在しないのであって，だからこそ，そのような可能性があるということが，欧州共同体の超国家性を示す1つの重要な制度上の特徴なのである。

ところが，理事会は，それ自体承認されていた多数決を——特にフランスの要望によって——実際上も行うということを長期に渡ってしてこなかった。ようやくこれには変化がもたらされたが，その背景には次のような事情があった。すなわち，第1に，1986年より12カ国からなる共同体へと欧州共同体が拡大し，それに伴って理事会の全会一致決議が困難になったこと，第2に，1986・87年の欧州単一議定書を通じて共同体条約が改正されたこと，である。それ以来，理事会は特別多数決によって判断を下している。それゆえ，理事会は，個々の構成国を多数決で負かすこともはや憚らなくなった。しかし，統合政策上の理由から，将来においても，理事会は，多数決を通じて，構成国の重大な利益を軽視しないほうがよいであろうし，少なくとも埋め合わせをすることなく構成国の重大な利益を軽視しないほうがよいであろう。

2．発案機関としての委員会

ともかく，理事会が発案して自ら決定を行うということは，通常，できない。決定を行うためには，委員会の提案を必要とする。理事会は，全会一致によって，その提案を修正することができるにすぎない。条約の起草者は，法定立の際に，双方の共同体機関が共同して作業することを企図していたのである。というのも，理事会を構成している構成国の政府代表が，何はともあれ自国の利益を押し通し，共同体利益をないがしろにしようとすることは頻繁に起こるであろう，と考えられたからである。もっとも，このような危険に対しては，委員会が理事会の任務に関する実質的準則を定式化できるとすることによって，対処すべきである。そこでの委員会は，真に統合され，独立し，もっぱら共同体利益に対してのみ義務を負う共同体機関でなければならない。これによって，共同体の法定立は，委員会と理事会の恒常的な協力的対話の中で，行われることになるであろう。

ところが，委員会は，自らに課されたこの役割を常に十分果たすことができたわけではない。

委員会における選任手続1つをとってみても，色々な問題があった。選任手

続に関する民主的な選挙は，企図されていない。それどころか，委員会構成員は，構成各国相互の合意の上，構成各国の政府によって任命されてきたにすぎない。これが長期に渡って続いてきたのである。1993年以降は欧州議会も関与するようになり，それからというもの，各新委員は，就任前に欧州議会による賛成の意思表示を必要とすることになった。従って，現在では，構成国政府および欧州議会による，委員会［構成員］の「二重の叙任」などといわれるのである。因みに，委員会構成員はみな，5年の在職期間中，確かに法的には独立している。しかし，後に委員会構成員として再任されることを望むか，または，再度国内政治へと戻ることを望む場合には，出身国との結びつきを維持することになるであろう。これは，委員会構成員が委員会において業務を遂行する際に，出身国の実質的支援と正当性に頼らざるをえないということと同様である。

　さらに，共同体が法を定立する際に委員会が担う能動的な役割は，長期に渡って阻害されてきた。というのも，理事会は，ほとんど例外なく全会一致の要件を実際に満たすことができ，これによって，理事会にとって都合の悪い委員会案をいとも簡単にかわすことができたからである。しかし，1987年に理事会が多数決へと移行してからは，委員会が法定立に関与することは，より大きな意味を持つことになった。しかも，委員会が——しばしば行っていることなのであるが——欧州議会によって表明された見解を自らの提案の中に取り込む場合には，委員会の意思が貫徹される公算はさらに増大する。

3．欧州議会の役割

　欧州議会は，真の人民代表機関として考案されている。この点において，ここまで指摘してきたことと同様に，欧州共同体は従来の国際組織から区別される。確かに，これまで，欧州人民なるものが，統合の過程で産み出されてきたわけではないし，近い将来においてもそうはならないであろう。むしろ，欧州共同体設立条約によれば，欧州議会は，「共同体に結集した諸国の人民の代表者から」構成されているのであり，欧州議会における議席は，一定の比率で，各国家に割り当てられているのである。しかし，何といっても，今や626人とな

った欧州議会議員は，5年の任期ごとに，構成各国が同時に行う特別な欧州選挙で直接選出されているのであって，この意味で民主的に正当と認められる。

しかし，議会には限られた権限しか与えられていない。例えば，委員会委員の選出の際には，議会はただ単に協力するだけである。しかも，確かに議会は委員会を統制することができ，場合によっては不信任投票によって委員を辞任に追い込むことができるが，しかし，最終的にそうなったことは未だに一度もない。それどころか，むしろ，議会と委員会は，一体化された機関として，当然に結びつき，[それらよりも]一層，政府間で[意見]調整がなされる理事会に対峙しているのである。

従来，立法手続における欧州議会の役割は，それほど法的に踏み込んで整備されてきたわけではない。とりわけ，議会は発案権と立法権を有していない。むしろ，議会は，関与の度合いを様々に変えて，共同体の法定立に組み込まれているにすぎないのである。

例えば，欧州共同体条約がいくつかの場合について規定しているところによれば，理事会が法定立行為を発する前に行わなければならないのは，議会の意見をきくということにすぎない。さらに，理事会は議会と幾重にも渡って協議を行うが，それについて法的に義務を負っているわけではない。ただ，義務的協議の懈怠だけは，当該懈怠があったにも拘わらず発せられた法定立行為の違法原因となる。しかしだからといって，理事会が議会の態度表明に内容的に拘束されることはないのである。

次に，特定の諸問題に関わる法定立については，いわゆる「欧州議会との協働手続」が導入された。この手続では，欧州議会が2度に渡ってしかるべき法案に携わることが求められている。無論，この場合においても，理事会は最終決定権を留保している。結局，議会ができることといったら，理事会が場合によっては全会一致で決議しなければならないようにする，ということぐらいである。

最後に，個別領域，とりわけ域内市場における法の同化については，欧州議会は「共同決定」権を与えられた。確かに，この場合であっても，欧州議会が

繰り返し関与した後での——場合によっては調停委員会への付託の後での——最後の決定権は，とりあえず理事会にある。しかし，その後，欧州議会は，自らにとって不都合な理事会決定を拒絶することができ，同時に当該理事会決定の発効を阻止することができる。従って，その意味で，議会は最終的な拒否権を有しているのである。

議会の権限を真の立法権限に向けてさらに強化することは，困難であると思われる。いずれにしても，従来の立法手続には民主主義の観点から重大な欠陥があることは明らかである。本質的にまさに法定立共同体でり，かつ，その法定立の任務がますます複雑さを増し，政治的影響力を勝ち得ている欧州共同体のような共同体において，そのような立法手続が長期に渡って持ち堪えられることなどない。

この点に関して，アムステルダム条約が発効すれば，アムステルダム条約それ自体によって，直ちに注目に値する変革がもたらされることになる。つまり，この条約によって，共同決定手続の適用範囲が，相当拡大されることになるのである。

II．行政上の執行

共同体法の行政上の執行が共同体および共同体諸機関の管轄となるのは，全く例外的なことである。共同体における競争法の執行などは，そのような例外的な場合である。

しかし，これ以外では，共同体法の行政上の執行は構成各国の行政に委ねられている。このことは，共同体指令が発せられ，それが構成国の法に転換されてきた点をみれば，自明のことである。構成国の法を執行することが共同体の管轄であるということはありえないのである。もっとも，——例えば，税法，農業法，人の移動の自由に関する法のように——共同体規則の執行が問題となる場合であっても，構成国の行政が管轄権を有することは多々ある。例えば，第三国に対して共通の関税率を適用することも構成国の税務行政が管轄する。たとえ，関税連合が域内市場の核心であり，それに加えて，関税収入が自主財

源として共同体に帰属するとしてもである。

III. 裁判統制

　共同体法の遵守について裁判統制が行われる場合も，共同体と構成各国の役割分担をはっきりさせておく必要がある。共同体法の保護を管轄しているのは，欧州共同体裁判所（および欧州共同体の第一審裁判所）だけでは決してない。むしろ，構成各国の裁判所も，かなりの範囲で共同体法の保護を義務づけられているのである。

　このことは，共同体法の行政上の執行が，多くの場合，構成各国の行政によって行われている，という事情による。そうであるからには，行政措置に対するしかるべき権利保護の訴えは，構成各国の裁判所に提起されなければならない。同様のことは，共同体法が一定の役割を果たす民事事件についていえる。この場合も，市民および企業には構成各国の裁判所へ訴える道だけは残されている。これらの場合，共同体法が構成各国の裁判所によって自発的に適用されることが期待されているのである。

　もっとも，その共同体法の内容が容易にはわからないという事態はありうる。そこで，共同体法は，構成各国の下級裁判所が解釈問題を欧州共同体裁判所に付託できることとし，さらに構成各国の各最終審裁判所がその義務を負うこととした。その結果，欧州共同体裁判所は，訴訟それ自体について最終判断を下すのではなく，事前に解釈問題について判断を下すにすぎない。但し，欧州共同体裁判所のその判断は拘束力を有する。また，共同体法のある規範が高次の共同体法に抵触していることを理由に，構成各国の裁判所が当該規範を違法なものとして，従って無効なものとして取り扱おうという場合にも，そのような先決的判決を求める手続が命じられている。共同体法は，構成各国の裁判管轄と欧州共同体の裁判管轄の間でのこのような分業によって，協力体制を創り出しているのである。より詳言すれば，構成各国の裁判所に事件が係属している場合，共同体法の施行について構成各国の裁判所の責任は残ったままであるが，しかしそれにも拘わらず欧州共同体裁判所が介入することによって，全共同体

における共同体法の有効性およびその解釈が統一的に判断されることになっているのである。この共同作業はうまく機能しているが，しかし，先決的判決を求める訴訟が欧州共同体裁判所における訴訟の大部分を占めているにも拘わらず，そこに全く難がないわけではない。構成各国の裁判所が欧州共同体裁判所への付託義務を全く無視するといった深刻な事態もまた，再三に渡り生じているのである。この場合，現在の共同体法によれば，訴訟当事者は，受訴裁判所に欧州共同体裁判所への付託を強制することもできないし，自ら欧州共同体裁判所を介入させることもできない。

　これに対し，市民と企業は，自分たちに対して下された共同体諸機関による個別決定について，直接，欧州裁判権［を有する機関］に，より精確にいえば，その都度まずは欧州共同体の第一審裁判所に提訴することができる。

　因みに，多くの場合，共同体の規範的法行為は，個々人を名宛人としている。それにも拘わらず，共同体法は，これまで非常に限られた権利保護しか，残念ながら，保障してきていない。

　さらに，とりたてて言及しておかなければならないことは，共同体機関間の争いに関する欧州共同体裁判所の管轄権および近年徐々に多くなってきているいわゆる条約違反手続に関する欧州共同体裁判所の管轄権である。この条約違反手続とは，委員会が個々の構成国に対して共同体法違反を理由として開始する手続である。このような手続において，ある構成国の共同体法違反が欧州共同体裁判所によって認定された場合には，当該国家は法違反を是正しなければならない。是正が行われない場合には，委員会は，新たに条約違反訴訟を提起することができる。そして，この第2の判決の中では，当該構成国がさらに強制賦課金を支払うことになる判断が下されることもありうる。

　以上に挙げた諸々の規律の中に，法共同体たる共同体の特性が示されている。裁判所は，その後，共同体が法共同体としての性格を有しているということを根拠に，新たな訴えの可能性を切り開き，共同体法上の不文の国家責任請求権を認めた。これにより，構成各国が個人の保護に関する共同体法上の諸規定を無視する場合には，構成各国は市民と企業に対して補償義務を負うことになった。

共同体諸機関の作用の基礎にあり，同時に共同体諸機関によって継続的に形成されているのが，法である。我々は，その法の性格の問題に，以上をもって，たどり着いたことになる。[そこで，以下，この問題について言及することにしよう。]

C．独自の法秩序としての共同体法

一見すると，共同体法の法的性格はいとも簡単に説明されている。共同体に関する諸条約は国際法上の条約として締結されたので，共同体法は概して国際法に，より精確には国際組織法に位置づけられうる——と，恐らく考えられているのであろう——。しかし，注意をしなければならないのは，共同体に関する諸条約によって創設されることになっており，かつ創設されてきた組織は，通常の国際組織ではなく，新しい類の超国家的共同体であるということである。というのも，この共同体は構成各国によって形成されてきたものの，その構成各国は固有の高権（Hoheitsgewalt）をも含む国民国家の古典的な主権（Souveränität）を，その本質部分について，放棄してきたからである。従って，確かに未だに共同体レベルで超国家は存在しないものの，しかし共同体の目的および権限は国際組織の通常の規格を大幅に超えているのである。このことに対応して，判決の中では次のような見方が導出されている。すなわち，「共同体法は，国内法秩序の構成要素でもなければ国際法でもない。そうではなくて，共同体法は，独自の法源から湧き出る自立した法秩序を形成しているのである。」。

共同体法のこの独自性，すなわち共同体法の超国家的性格は，特に次の3点に現われている。それは，構成各国における共同体法の直接適用，構成各国の法に対する共同体法の優位，共同体法の拡張力である。

I．共同体法の直接適用

共同体法の極めて重要な特徴のうちの1つとして，共同体法の法的貫徹力がある。これは，各構成国において共同体法が広範囲に渡って直接適用されると

いうことを意味する。まさにこの点において，欧州共同体は通常の国際組織とは区別される。というのも，通常の国際組織はせいぜい各国に対する法を定立することができるにすぎず，各国内部において通用する法を定立することはできないからである。欧州共同体の場合，少なくとも——例えば農業法，労働者の移動の自由，企業結合法に関する規律について——欧州共同体条約が共同体の機関に「規則」の発布権限を授与している多くの場合には，［通常の国際組織の場合と］事情が全く異なる。というのも，この点について共同体条約の中で明示的に次のように述べられているからである。「規則は一般的効力を有する。規則はその全ての要素において拘束力を持ち，全ての構成国において直接適用される。」。従って，例えば，労働者の家族が他の構成国からその労働者が勤務している国へとその都度ついていくことを理事会規則が認めている場合には，いかなる構成国であっても，そのことを自らの法に導入するかどうかについて考える余地はない。それどころか，欧州共同体官報で理事会規則が公布されれば，既にそのことによって，あらゆる構成国の立法機関，行政機関，司法機関全てが，直ちに，そして無制限に，この新たな規律に拘束されるのである。そうなると，構成各国で今や直接適用されうる新たな法が重要であるということは明らかである。

　結果として，構成各国によって構成各国の中で適用されるべき法は，相当程度，超国家的な機関によって定立されることになる。ただ，理事会によって法定立が行われる場合，構成各国は，やはり依然としてその意思形成に関与している。というのも，既に言及したように，理事会は，国民政府の構成員から成り立っているからである。しかし，多くの場合，理事会は多数決によって判断を下すことができる。こういった事情の下では，個々の構成国が投票で負けてしまうという可能性はあり，現にそうなると，たとえ反対票を投じたとしても，その構成国は新たな共同体法に拘束されることになるのである。

　以上から，欧州共同体は連邦国家に似た特徴を有することになる。このような通常とは異なる法定立権限を伴って共同体が形成されているのも，欧州域内市場という目的があるからである。とりわけ直接適用可能な欧州共同体規則と

いう手段を用いて，欧州において共同体規模の立法を行うことがなければ，真の域内市場というものを考えることなど，全くできない。さらに，このような直接適用可能性の結果として，市民は，直接，そのヨーロッパ［法］の諸規律に依拠して，構成各国の裁判所に出訴することができる。これによって，共同体法を現実のものとする公算が相当高まることになる。というのも，共同体法が直接適用されうる限りにおいて，共同体法の実施は，高度に政策的でかつ超国家によって統制される事務から，構成各国における，法に関する日常的な事務へと移行することになるからである。欧州共同体裁判所は，以上のことを根拠に――欧州共同体条約の文言が既に謳っているように――規則だけでなく，さらに欧州条約の多くの規定それ自体に，市民と企業に有利となる，つまり特に域内市場に関する基本的自由に有利となる直接的効力をはっきりと認めてきた。

　実際驚くべきことに，共同体法のそのような不文の直接適用可能性は，構成各国の実務で，明らかに広い範囲に渡って受け入れられることになった。これが無理なく受け入れられたのも，少なくとも単なる共同体指令の場合には直接適用の可能性はない，と考えられたからかもしれない。事実，欧州共同体条約は，多くの場合，例えば法の同化という目的がある場合，規則制定権と並んで，または，規則制定権のかわりに，「指令」の発布権限を理事会に与えている。もっとも，欧州共同体条約によれば，指令は，確かに「達成すべき結果について，その名宛人となるあらゆる国家を拘束するが，しかし方式および手段の選定については構成国の機関に委ねている。」。従って，欧州共同体指令の場合は，二段階に渡る法定立手続が意図されているのである。確かに，指令それ自体は，構成各国がいかなる法的規律をどれだけの猶予期間内に導入しなければならないのかということについて，詳細に規定できる。しかし，当該規律は，構成各国における指令のいわゆる「転換」を通じて，すなわち，構成各国において対応する法規定が実際に発布されることによって，初めて国内において拘束力を持つ。従って，欧州共同体条約の趣旨からすれば，指令それ自体が直接適用される可能性は全くない。しかしながら，――残念なことに実際にはよく起こることなのであるが――ある構成国の法定立機関が欧州共同体指令を国内で拘束

力ある法に転換するという義務を果たさなかったり，あるいは適切な時宜にその義務を果たさない場合には，どのようなことになるのであろうか？ さらに，その場合，指令によって行われようとしていた法の同化は当分の間全く実現されないということになるが，このようなことが簡単に受け入れられてしまってよいのであろうか？ また，指令によって諸権利を認められるはずであった私人は，その間，権利を喪失したままということになるが，それでよいのであろうか？

　欧州共同体裁判所は，これらのことを容認できないものと考えた。欧州共同体裁判所は，条約の厳格な文言解釈よりも，共同体法が効果的に実施されることを優先させたのである。欧州共同体裁判所のいうところによれば，――何の措置もとられることなく転換期間が経過した後には――個々の指令規定が無条件に十分明確である場合に限り，それは構成各国において実際に直接適用されうる。ところが，フランスのコンセイユ・デ・タとドイツの連邦財政裁判所は，これを無視して，欧州共同体指令が直接適用されることなど決してありえず，これは明らかである，という判断を下した。この「裁判官による戦争」を契機として，確かに，欧州共同体裁判所は――もともと不必要で筋の通らない――例の諸々の制限を課してきた。それによれば，指令規定の直接適用可能性が考慮されるのは，市民相互の関係においてではなく，もっぱら国家と市民の関係においてだけであり，しかもそこではもっぱら市民の利益となるように考慮されるだけで，負担となるようには考慮されない。しかし，その他の点では，欧州共同体裁判所は自らの先例を堅持した。その後，ドイツの連邦憲法裁判所は，権利を保障している指令規定の直接適用可能性について欧州共同体裁判所が形成した判例を，裁判官による法形成という合法的な行為であるとして正当に評価し，連邦財政裁判所が欧州共同体裁判所の判例を無視したことに対して「客観的にみて恣意的なもの」というレッテルを貼った。

　以上からすれば，共同体法の大部分がほとんどの場合に直接適用されうるということ，そして，既にこのことから共同体法が特殊な効力を持つ法になるということは，堅持され続けているということになる。

II．共同体法の優位

　共同体法が直接適用されることによって，結果的に2つの異なる法秩序，すなわち，一方で共同体法が，他方で構成各国の法が，その有効性を構成各国で主張することになりうる。それでは，2つの法秩序が内容的に矛盾する場合，一体どのようなことになるのか？　そのような衝突が生じた場合，どちらの法が国内で優先するのであろうか？

　この点，従来の考え方からすれば，構成各国の法が最終的には優位しなければならない。というのも，共同体に関する諸条約は国際法上の条約として締結されたからである。そして，伝統的な二元的アプローチによれば，国際条約が国内で有効となるためには，通常，当該条約はその都度さらに法律によって国内法へと転換されなけばならない。これによって，国際条約とそこから導き出された派生法は，この転換法律に基づいてのみ国内で効力を有し，しかも原則として法律というレベルでしか効力を持たない。条約締結国家が，条約締結後，条約に矛盾する内容を持った新たな法律を発布する場合には，そこに国際法違反があったとしても，後法優先の原則に従って後法が国内で優先する。従って，そうであるからには，国内の諸機関は，——国際法違反の——この後法を適用しなければならないのである。

　仮にこの考え方を共同体の法と構成各国の法との間の関係に当てはめるとすると，法による統合どころか法による非統合が推し進められることになるであろう。さらに，内容を異にする後法が構成各国で定立されることになれば，実際，共同体法の共同体内での統一的有効性および共同体法の直接適用可能性が再び無に帰す可能性が常に出てくることになるであろう。仮にそうなれば，欧州共同体が超国家的統合共同体なるものとしてその活動能力を保障されることは，もはやないであろう。従って，欧州共同体裁判所は，およそ12マルクにあたる［日本円にして1,000円にも満たない］イタリアの電気料金が問題となった1964年の先例となる判決の中で，共同体法が——前法であれ後法であれ——構成各国のあらゆる法に絶対的に優先する，という原則を打ち立てた。

この前提は，全く目新しいものであり，法の世界における正真正銘の革命であった。ただ，共同体法の優位は実態からして明白であったので，ほとんど創作されることなく，実際にも，さしあたり全面的に受け入れられることになった。

　無論，この結論は思い切った結論である。というのも，共同体の法と構成各国の法が抵触する場合には，構成各国の法が命令していること，禁止していること，保障していることが，直ちに共同体法の影に隠れてしまうからである。つまり，共同体法が優位するために，構成各国の法を適用することがもはや禁じられているのである。これにより，構成各国の法文化において体系上，高次の価値を認められている法規範が，特に痛手を負うことになる。

　とりわけ，公権力の行使に対する人権および市民権の保護については，これを放棄することはできない。ところが，欧州共同体設立条約は，共同体権力（Gemeinschaftsgewalt）に対抗する基本権をほとんど規律していない。ドイツの連邦憲法裁判所は，このことを根拠に，まず1974年に次のような結論を導き出した。すなわち，共同体法が構成国の基本権に優位することはさしあたり認められず，それどころか共同体法が成熟した成文の基本権カタログを明示していない「間は」，共同体法は，もっぱらドイツ基本法上の基本権にのみ従って，ドイツ連邦共和国において適用されるにすぎない，と。しかし，共同体法のかわりに構成国の基本権を持ち出すことは，間違っていた。むしろ大切であったのは，基本権を保護しながら，共同体法それ自体を形成するということであった。欧州共同体裁判所は，既に1969年にはそのような道を歩み始めている。すなわち，欧州共同体裁判所は，自らが確保・維持しなければならない共同体法の不文の法の一般原則に，人の基本権［の保護］をも加えたのである。この基本権を共同体レベルで判例法によってより詳細に形成する際に，裁判所が特に考慮に入れたのは，構成各国に共通な憲法慣習，および，しかるべき法的拘束力はないものの欧州理事会で取り決められた欧州人権条約である。このようにして，欧州共同体裁判所は，この間に数多くの判決の中で共同体法上の基本権を展開し，これによって人権保護に関する共同体条約法の空白を埋めてきた。以上の

ことは，連邦憲法裁判所によってもまた原則として認められてきた。すなわち，連邦憲法裁判所は，欧州共同体裁判所の判決によって共同体法それ自体が実効的な基本権保護を保障している「限り」，共同体法はもはや基本法上の基本権を基準に審査されえない，ということを1986年に述べたのである。しかし，欧州共同体裁判所の比較的新しい判決，特に1993年のマーストリヒト判決に従うと，連邦憲法裁判所が再びドイツの基本権を理由にドイツ連邦共和国における共同体法の適用を認めないという可能性は——これは共同体法違反である——，完全には払拭しきれていないように思われる。

とにかく，構成各国のあらゆる法に対して共同体法が全面的に優位するということは，欧州共同体裁判所が強調しているように，超国家的法秩序として共同体法が機能するための必要不可欠の前提である。それゆえ，共同体法の優位は，構成各国の法秩序によって決せられるのではなく，共同体法それ自体から既に生じているものなのである。

Ⅲ．共同体法の拡張力

共同体法の直接適用および共同体法の優位と並んで，共同体法の第3の主要な特徴としてさらに挙げうるのは，共同体法がダイナミックに拡張する傾向にあるという点である。このことは，共同体法によってカバーされる領域が絶えず拡張し続けているという点に現われている。

確かに，共同体は，いわゆる権限のための権限を有していない。むしろ，妥当しているのは個別列記管轄主義であって，それによれば，共同体とその諸機関は原則として条約によって配分される権限しか有しない。

しかし，この条約上の権限配分が極めて包括的に行われていることがないわけではない。このことが特にいえるのは，欧州共同体設立条約が共同体レベルで共通の政策を企図した3つの領域，すなわち農業，移動，共同体による外国貿易の領域である。例えば，構成各国は，もはや第三国と通商協定を取り決め，締結してはならない。というのも，1971年以来，通商政策は共同体の単独管轄となっているからである。

その他に，欧州共同体裁判所は，通商政策の領域を超えてまで諸々の外交権限を共同体に認めてきた。欧州共同体裁判所の判決によれば，共同体のあらゆる域内権限に対応して，当然に「黙示の権限」としての外交権限が存在する。これによれば，共同体が——例えば移動の領域において——共同体内で規律を行った，あるいは，行いうる限りにおいて，共同体は，同時に，これに対応する不文の外交権限を第三国および国際組織に対して常に行使することができるのである。

　さらに，域内市場の基本的自由と少しでも関係する共同体の諸規律には，新たな法領域を生み出す可能性がある。これに関する事例は，例えば大学における単位の相互承認に関する1988年の欧州共同体指令および1989年の共同体テレビ指令である。前者の指令は人の移動の自由に関係しており，後者は役務の移動の自由に関係しているが，しかし，両者とも，同時に，新しいかつ独自の共同体教育法および共同体メディア法の一部なのである。

　さらに，競争条件の調整を目的とした共同体法上の法の同化が，恒常的な共同体権限の拡大を一般的にもたらしている。すなわち，調整それ自体が必要なのは，競争するのに重要な諸条件を共同体規模で統一するということだけで，その内容については別である。調整のために必要不可欠ではあるものの，しかし，調整という目的からは実体的にあらかじめ決せられていない，共同体法上の諸条件の内容的形成は，必然的に，その都度，新たな共同体政策の一部を積極的に定式化する第一歩と既になっている。そのような政策には，例えば，原動機付き自動車および機械についての技術上の安全性基準に関する政策，あるいは，欠陥製品に対する民事法上の責任に関する政策がある。さらに，いったん調整された基準を変更する権限も，同じ法的根拠に基づいて，共同体が有し続けるということが認められている。このことは，たとえ，多様な競争条件の調整ということがもはや問題ではなくなり，もっぱら統一された競争条件に関する細目だけがそもそもの問題とされている場合であっても，認められているのである。かくして，およそ法の同化によって，競争上の障害が排除されるだけでなく，共同体に関する新たな政策領域がその都度調整という枠内で継続的

に常に開拓されていることになる。因みに，共同体の実務では，いずれにしても法の同化について広く同意が得られてきた。例えば，共同体法上のサマータイム規制も法の同化による措置として行われたものである。

なお，明示の規律権限も黙示の規律権限も共同体諸機関にとってうまく機能しない場合があるが，たとえそのような場合であっても，欧州共同体設立条約第235条の欠缺補充規範に立ち返ることが依然として考えられる。すなわち，そこでは次のように謳われている。「共同体が有する諸目的のうちいずれか1つを共同市場という枠内で達成するために，共同体の行動が必要と思われ，かつ，そのために必要となる権限をこの条約が定めていない場合には，理事会は委員会の提案に基づき，全会一致で，かつ，欧州議会との協議の後，適当な措置を執る。」。

この規定に依拠した法行為は共同体法上の新しい1つの法形式であるが，それには非常に様々なものがある。例えば，欧州地域開発基金に関する1975年の欧州共同体規則，野鳥を保護するための1979年の欧州共同体指令，欧州経済利益統合を導入するための1985年の欧州共同体規則がそうである。因みに，もはや今日では，これらの場合の多くについて，欧州共同体条約第235条を引き合いに出す必要などないであろう。というのも，欧州単一議定書とマーストリヒト条約が共同体の一連の新たな——例えば地域政治，研究と技術開発，環境政策，開発共同作業に関する——明示的管轄権を設けたからである。

もっとも，マーストリヒト条約は共同体による権限の行使を一般的な補充性原則の下に置いた。それによれば，通常，共同体が自らに配分された諸権限を行使してよいのは，「所期の行動の目的が構成各国のレベルでは十分に達成されえず，従って，所期の行動の規模または効果からして共同体のレベルでよりよく達成されうる時，および，その限度において」のみ，である。この原則の中には，ブリュッセルへの中央集権化傾向に歯止めをかける重要な要素が色々と見られる。しかし，この条項には，全く別の側面もある。すなわち，この条項は，共同体の諸権限がより強固に行使されることを正当化するためにも，必ず引き合いに出されるのである。この場合，重要なのは，その適性からして共

同体の行為の方が個々の国家の行為に比して優っているということを誰が決めうるのか，ということである。この決定権を有するのは，構成各国ではなく，共同体であり，そのための決定権を有するのは，共同体諸機関の中でも，理事会である。ただ，そうすると，共同体行為の優先を最終的に決定することができるのは，理事会における各国の大臣ということになる。彼らが共同体行為の優先を，それに必要な特別多数または全会一致によって肯定した場合，欧州共同体裁判所は，ほとんどの場合，理事会決定を受け入れることになるであろう。このことは，比較的最近の欧州共同体裁判所の判決によっても示されている。それゆえ，——アムステルダム条約が補充性に関する議定書により欧州共同体条約を意図的に補充した後も——補充性条項の法的意義はほんのわずかしか残らないであろう。無論，補充性原則は，政治的指針としては積極的に評価されなければならない。というのも，特に，過剰な調整が過剰な逆行を容易に引き起こしうるからである。

　以上，共同体法の広範囲に渡る直接適用，構成各国の法に対する共同体法の絶対的優位，そして共同体法に内在する拡張力，これらをひとまとめにすると，実際，新たな類の独自の超国家的法秩序として，共同体法を特徴づけることが正当化されるように思われる。

D. むすび

　共同体の活動を持続的に強化していくことだけが，この新たな類の法とそれに基礎を置く法共同体のさらなる進展をもたらすわけではない。むしろ，条約の改正および新たな構成国の加入を通じて繰り返される新たな契機にも注目する必要がある。これによって，欧州の「法による統合」が将来においても魅力的なテーマであり続けるであろうことは，保証されているといえよう。

〔土田伸也 訳〕

第 2 章　ドイツ憲法と欧州統合[*]

Ⅰ　マーストリヒト条約発効までのドイツ憲法と欧州共同体法の関係
  A．ドイツ憲法と欧州共同体法の衝突
    Ⅰ．主権の問題
    Ⅱ．国家組織上の問題
    Ⅲ．基本権の問題
  B．ドイツ憲法と欧州共同体法の衝突に対する解決策
    Ⅰ．憲法制定者及び憲法改正者によってとられた解決策
    Ⅱ．立法者によってとられた解決策
    Ⅲ．ドイツの裁判所によってとられた解決策
    Ⅳ．欧州共同体裁判所によってとられた解決策
    Ⅴ．共同体の立法者及び以後の条約の起草者によってとられた解決策
  C．総合評価
    Ⅰ．結　果
    Ⅱ．提　案
Ⅱ　マーストリヒト条約発効後のドイツ憲法と欧州共同体法の関係
  A．新たに起こりうる問題
    Ⅰ．ドイツ憲法の展開から生じうる問題
    Ⅱ．欧州連合の展開から生じうる問題
  B．ありうる解決方法
    Ⅰ．序列的解決策：ドイツ憲法に対する共同体法の優位
    Ⅱ．同列的解決策：共同体法とドイツ法の関係における相互考慮
    Ⅲ．個別の解決策

I マーストリヒト条約発効までのドイツ憲法と欧州共同体法の関係

A. ドイツ憲法と欧州共同体法の衝突

I. 主権の問題

1. 主権問題一般

1. ドイツ連邦共和国では、欧州統合が、国家主権 (staatliche Souveränität) と両立しうるか否かという視点から、憲法上問題とされたことは長い間なかった。このことは、もっぱら1949年の基本法が欧州に向けて開かれていたということにのみ関係しているわけではない[1]。むしろ、ドイツ連邦共和国が1949年に非主権国家 (nichtsouveräner Staat) として建国されたという点にも目を向けなければならない。西側連合占領三国は、ドイツ連邦共和国に対して（特に外務に関する）重要な決定権及び統制権を留保していた[2]。1955年においても、これらの諸権限がドイツ条約によって完全に放棄されることはなかった[3]。50年代に3つの欧州共同体が設立され、これと連動して、ドイツ連邦共和国は対等な立場での協力関係を認められることになった。このことが以上の状況下で意味していたのは行為能力の喪失ではなく、その獲得であった。ドイツ連邦共和国が1990年の2プラス4条約によって最終的に「完全な主権 (Souveränität)」を認められた時には[4]、既にドイツ連邦共和国は数十年に渡って欧州共同体へと統合されていただけでなく、ドイツが再統一されることと共に欧州統合がさらに拡大されるべきであるということを他の構成国と合意したばかりのところでもあった[5]。

2. 80年代には、公勤務の権利及び地方参政権に関する問題が提起されるべくして提起された。これらの問題提起は、国家主権 (staatliche Souveränität) の観点と一部関係している。この問題提起については、すぐ後で取り上げるこ

とになろう。

3．さらに，マーストリヒト条約との関連で新たな危惧が示された。すなわち，ドイツ連邦共和国は，マーストリヒト条約及びそこで合意された通貨連合によって，そうでなければ，いずれにしても欧州統合が進展することによって，自らの「国家としての独自性」をほとんど喪失することになるのではないか，と。この危惧について，ドイツ連邦憲法裁判所は，マーストリヒト判決の中で，自らの見解を詳述している[6]。

2．公勤務の権利

4．公務員の採用決定は，通常，国家主権（staatliche Souveränität）の表明とみなされている。これにあわせて基本法第 33 条第 2 項は，ドイツ人に対してのみ，等しくドイツの公勤務に就く憲法上保障された権利を規定している。無論，外国人の採用は排除されていない[7]。ただ——雇用官庁と私法上の勤務関係にあるのではなく，公法上の勤務・誠実関係にある——官吏の場合は特別であり，ずっと以前から，ドイツ官吏法によって留保が付されてきた。すなわち，ドイツ官吏法によれば，原則としてドイツ人のみがドイツの官吏に任命されうる，とされてきたのである[8]。

5．これに対して，共同体法で移動の自由が保障されているということからは，80 年代の欧州共同体裁判所が強調したように，欧州連合構成国の国籍を持つ外国市民（ausländische Unionsbürger）も原則として等しく構成国の公勤務に就くということが要求される。このことは，たとえ官吏関係の場合であっても，当てはまる。ただ，高権（hoheitliche Befugnisse）の行使及び一般利益の実現が問題となるような公勤務の活動に欧州連合構成国の国籍を持つ外国市民が従事することだけは，構成国がこれを禁止することができる[9]。

6．共同体法は公勤務の権利が［欧州連合構成国の国籍を持つ外国市民にも］開放されることを要求しているが，これを無視して上述のドイツの規律が維持されたことから，欧州共同体法とドイツ法の衝突が生じたのである[10]。

3. 地方参政権

7. さらに、主権 (Souveränität) に関する伝統的な考え方は、参政権の領域においても争われるようになった。その結果、80年代のドイツ連邦共和国では、国内の地方選挙に参加する権利が国内に住所を持つ外国人にも与えられるべきである、という要求が出されることになった。1988年の欧州共同体委員会指令案は、他の欧州共同体構成国の構成員に有利となるよう、この要求を特別に規定している[11]。[ところが]このような試みに対しては異議が唱えられた。憲法上の理由からドイツの高権はドイツ人によってのみ正当化され、行使されうる、というのである。[この論争の]結果は、2つの連邦憲法裁判所判決並びに憲法及び法律の改正に示されている[12]。

Ⅱ. 国家組織上の問題

1. 連邦国家性

8. ドイツ連邦共和国は連邦国家である。連邦国家では、連邦の他に16の州もまた国家の性格を有し、国家の諸機能を果たすことができる。諸州が果たしているこの国家の諸機能には、例えば、基本法によって16州に留保された立法、とりわけ教育及び文化の領域における立法がある。さらに、諸州は連邦参議院を通じて連邦の立法に深く関与している。[ところが]諸州は、この2点について、欧州統合の結果生じる著しい損失を危惧している。というのも、その損失を埋め合わせるだけのしかるべき予防措置が講じられていないからである。例えば、連邦はドイツの法定立権限を――諸州の法定立権限をも含めて――欧州共同体に委譲する権限を有している[13]。そして、共同体が法を定立することによって、その各々の領域で、ドイツ独自の連邦立法及び州立法は実質的に排除される。それにも拘わらず、欧州連合の理事会におけるドイツの関与権は、原則として連邦政府の構成員によってのみ代表されることになっている[14]。従って、諸州の側からすれば、形成権 (Gestaltungsmacht) が連邦及び欧州共同体へと徐々に流れる一方で、これが補われない、という危険が統合の進展と結びついているのである[15]。しかも、ドイツ連邦共和国では、諸州が国内にお

ける共同体法の尊重及びその実行をかなりの部分で義務づけられている。こうした状況下で，諸州は，――例えば，経済政策及び財政政策の領域において――自らに向けられた強制を，とりわけ身に覚えのないもの及び窮屈なものとして感じる[16]。従って，諸州は，ドイツ法及び共同体法の中で自分達に有利な補充的代替的規律を獲得するため，特に1986/87年の欧州単一議定書及び1992/93年のマーストリヒト条約の事前交渉で，再三に渡り圧力をかけたのである[17]。

2．議会主義

9．欧州共同体の法定立活動は，構成国の法定立活動を事実上意味のないものにしてしまう。このことは，共同体の法定立が指令の発布に限定されている場合であっても，当該指令に含まれた拘束力の程度に応じて，妥当する。その拘束力は，実質的に見ると，相当な幅を持っていることがよくあるのである。ところが，構成国の中央政府は何はともあれ欧州連合の理事会を通じて共同体の法定立に参加し続けるが，構成国の議会はそれに対応する議会の立法権（Regelungsmacht）を理屈抜きに失うのである。ドイツ連邦共和国の場合，その議会にあたるのは，連邦議会，連邦参議院，そして16の州議会である。従って，共同体の法定立は同時に構成国のレベルでは脱議会化を意味するのであって，このことは，共同体レベルでの現在の議会化によっても十分補われていないように思われる。結果として，いかなる範囲でこの脱議会化が甘受され，限界づけられ，調整されるべきなのかという問題が，ドイツ法に突きつけられているのである[18]。

III．基本権の問題

1．欧州共同体の高権（Hoheitsgewalt）に対する基本権保護

10．ナチ支配下における権利の倒錯及び基本的人格権の無視は，――当然のことながら――基本法において基本権の保護を特に強調することにつながった。例えば，あらゆる公権力が基本権［保護］の［観点から］拘束を受けるということは，まず基本法第1条において規定され，そのすぐ後の複数の条文の中で

より具体的に規定されている。さらに，基本法は，基本法の改正によっても，この基本権［保護の観点からの］拘束を廃することができないということを規定している[19]。その他に，この基本権［保護の観点からの］拘束は，——1951年に法律によって導入され，1969年に基本法それ自体の中に根拠を持つようになった——憲法異議という方法で連邦憲法裁判所へと訴える，基本権享有主体の権利によって保障されている[20]。

11. それゆえ，例えば共同体規則がドイツ連邦共和国で直接かつドイツ法に優位して適用されることになっているのに，欧州共同体設立条約が共同体の高権（Hoheitsgewalt）に対する基本権保護を規定しておらず[21]，かつ欧州共同体裁判所がしかるべき基本権保護の要求を当初認めなかったということは，ドイツ的な観点からすれば，直ちに問題として映った[22]。

12. この点に関して，次のような方法でそのような基本権保護を確保することが疑問視された。すなわち，欧州共同体の高権行為（Hoheitsakt）がドイツ連邦共和国で遵守されなければならない限りにおいて，基本法上の基本権を基準に，欧州共同体の高権行為（Hoheitsakt）を暫定的に審査するという方法である。この問題は，60年代に欧州共同体法とドイツ法の間に最初の大きな衝突をもたらした。そして，未だにこの問題は最終的に決着していないのである[23]。

2．ドイツの高権（**Hoheitsgewalt**）に対する外国人及び外国法人の基本権保護

13. 確かに，基本法上の基本権の大部分は，ドイツの高権（Hoheitsgewalt）に対して誰もが主張できる人権として規定されている。しかし，基本法がその文言によってドイツ人にしか認めていない基本権も存在する。例えば，職業選択の自由や等しく公職に就く権利がそれである[24]。さらに，法人の基本権保護に関しては，基本法の文言によれば，内国法人しか基本法上の基本権を享受することができず，外国法人はそれを享受することができない[25]。従って，その限りにおいて，基本法上の基本権が保障する手続法上及び実体法上の特別な保護は，外国人及び外国法人には及ばない。それゆえ，この点において，外国人

及び外国法人の法的地位は、ドイツ法によれば、憲法上のものではなく、もっぱらドイツの法律及びそれより下位の法源からのみ生じているものなのである。国籍を理由とするドイツの基本権保護に関するこれらの制限とこれに対応する共同体法上の差別禁止[26]を調和させることは、困難である[27]。

B．ドイツ憲法と欧州共同体法の衝突に対する解決策

Ⅰ．憲法制定者及び憲法改正者によってとられた解決策

1．主　　権
a)　欧州に向けて開かれた1949年の基本法

14. 1949年5月23日の基本法は、当初から、ドイツ連邦共和国を古典的な閉ざされた国民国家として構想していたのではなく、意図的に基本法前文及び基本法第24条第1項で欧州に向けて開かれているものとした。これによって、基本法は、ドイツ憲法と欧州統合の間に起こりうる衝突を事前に回避しようとしたのである。

aa．基本法前文

15. 基本法前文では、冒頭から欧州の合一が表明された――今日においてもなお、それは維持されている――。それによれば、ドイツ国民は、「統一された欧州において同権を保持する一員として、世界の平和に奉仕せんとする意思に満たされて」いる[28]。この規定は、政治的な性格を有しているだけでなく、法命令も規律している。連邦憲法裁判所は、これまでにも、その法命令を解釈目的としてきた[29]。もっとも、この法命令は曖昧模糊としている。その輪郭は、欧州に関連する基本法上のその他の諸規定を考慮に入れて初めて明らかになっていくのである。

16. その他、基本法前文は、当初、再統一という課題も掲げていた。この課題［について書かれた部分］は、ようやく1990年になってドイツ統一が達成

された際に削除された[30]。多方面から寄せられた懸念とは逆のことが，1990年に示されたのである。すなわち，ドイツ連邦共和国の欧州統合への参加は，再統一という課題に矛盾するものではなかったのであり，それどころかその課題の達成をずっと容易にしていた，ということが示されたのである[31]。

bb. 基本法第24条第1項

17. 基本法第24条第1項の授権規定は，1946年に制定されたフランス憲法前文中のある一節に依拠して起草され[32]，今日まで改正されることなく存続してきた。それによれば，「連邦は法律により主権（Hoheitsrechte）を国際機関に委譲する」ことができる。この規定は一般的に述べるに止まり，欧州について明示的に言及していない。それにも拘わらず，この規定によって，何はさておきドイツの欧州統合への参加が憲法上可能とされ，かつそれが意図されているとされた。長期に渡って実際にこの規定が果たした機能は，確かに，1992年の欧州特別条項の導入によって基本法新23条へと移った。しかし，1992年の新たな規律及びそれに先立つ憲法の展開をよりよく理解するためには，ここで基本法第24条第1項についても簡単に言及しておかなければならない。

18. 基本法第24条第1項による「ドイツの国家性の開放」[33]は，超国家的な組織を創設することに，その目的がある。この目的のためにドイツ連邦共和国が主権（Hoheitsrechte）を「委譲」することは憲法上大まかな形で認められているのであるが，ここでいう主権（Hoheitsrechte）の「委譲」とは，ドイツ連邦共和国が主権（Hoheitsrechte）を手放すということではなく，単に自らの主権（Hoheitsrechte）の行使を諦め，それと同時に超国家的な組織による主権的作用（hoheitliche Einwirkungen）の余地を残しておくということを主として意味するのである[34]。私見によれば，――国家主権のドグマ（staatliches Souveränitätsdogma）を何よりもまず救い出すために主張された――この解釈は，むしろ望ましい。というのも，欧州共同体及びその諸機関が統合上必要となる共同体規模の統一的法定立権限を具備するということは，各構成国の法定立権限が寄せ集められたということからは，適切に説明できないからである[35]。

にも拘わらず，基本法上の文言に配慮するとすれば，主権（Hoheitsrechte）の「委譲」という表現を維持することは適切であるように思われる。その際に重要なことは，ともかく実質的にみれば，基本法の拘束を受けない超国家的な高権（Hoheitsgewalt）に有利となる重大な主権制限（Souveränitatseinschränkung）が問題となっている，ということである。そのように理解される連邦の委譲権限の中には，基本法第24条第1項の文言がいかなる制限も設けていないために，諸州の主権（Hoheitsrechte）もまた含まれる[36]。

19. 基本法第24条第1項に従って主権（Hoheitsrechte）を委譲するためには，連邦参議院の同意を一度も必要としない単なる連邦法律で手続上は事足りる。もっとも，連邦参議院の同意は，基本法第24条第1項とともに適用される可能性のある基本法第59条第2項に基づき，必要とされる可能性がある[37]。いずれにせよ，主権（Hoheitsrechte）の委譲がすべて実質的には憲法改正を意味するからといって，憲法改正に関する基本法第79条第1項及び第2項の加重手続の要求を考慮する必要はない[38]。このように基本法の明示的改正をその都度要求せず，かつ憲法改正に必要な多数をその都度要求しないことで，基本法を起草した議会評議会（Paramentaricher Rat）は，基本法第24条第1項による主権（Hoheitsrechte）の委譲を特定の目的に向けて容易にしようとし，このようにして，ドイツ連邦共和国が国際的な共同作業のために特別な準備をしているということを強調し，かつその準備をはかどらせようとしたのである[39]。同時にこれによって，基本法の条文外の付随憲法（Nebenverfassung）又は超然憲法（Überverfassung）なるものの成立を，認識しつつも，甘んじて受け入れることとなった。

20. 基本法第24条第1項によれば，主権（Hoheitsrechte）は，もっぱら国際機関にのみ委譲されうるのであって，従って諸外国にも，そして国家の性格を既に獲得した超国家的な組織にも委譲されえない。基本法第24条第1項の文言は，その他の制限を設けていない——例えば，該当する国際機関に対して，構造上の要求をしていない——。このことは，基本法第79条第3項が，たとえ形式的にせよ，通常の憲法改正によって基本法上の特定の基本原則に抵触し

てはならないとしていることと全く対照的である。それゆえ，連邦憲法裁判所は，統合［を目指す］立法者にも内容的な制限を課そうとし，基本法第24条第1項を次のように解釈した。「国際機関に主権（Hoheitsrechte）を譲り渡す過程で，ドイツ連邦共和国の現行憲法秩序の基本構造，すなわち，憲法秩序を作り上げている構造を破壊することによって，憲法秩序の独自性を失わしめる」権限を基本法第24条第1項は与えていない，と[40]。

21. 欧州共同体を設立する諸条約に同意する諸法律及びマーストリヒト条約に至るまでの諸条約に同意する諸法律がドイツで制定されてきたが，これらの法律は，すべて基本法第24条第1項に基づいて制定された。従って，同条項は長年に渡って「統合の手段」として貢献してきたのである[41]。［そして］ようやく，マーストリヒト条約それ自体に同意する法律及び将来の条約に同意する法律の新たな法的根拠が，新たに起草された基本法第23条第1項という形で，創設されたのである。

b) 1992年の欧州改正法による基本法の改正
aa. 1992年の欧州改正法の成立

22. 1990年10月3日にドイツ民主共和国のドイツ連邦共和国への編入が実現した。これによって基本法は統一ドイツの憲法となった。そのためにさしあたり改正された基本法の規定は，ほんのわずかであった——しかも欧州とは関係のない規定である——。しかしその後，連邦議会と連邦参議院による共同憲法委員会が設立されるに至り，1992年1月には初めてこの委員会が招集され，基本法の新たな改正が妥当か否かという問題に取り組むこととされた[42]。この委員会は，まず，「基本法と欧州」という問題領域に取り組んだ。というのも，1993年1月1日から発効することになっていたマーストリヒト条約を批准するためには，少なくとも地方参政権とドイツ連邦銀行の地位の2点において憲法改正が必要である，と考えられたからである。さらにまた，マーストリヒト条約に同意する法律を制定するためには，基本法第24条第1項の統合［のための］授権でなおも事足りるのか，疑義が提示された。というのも，マーストリ

ヒト条約の意味における欧州連合が，場合によってはもはや国際機関ではなく，既にそこそこ国家の性格を持った組織である，とされたからである。少なくともこの後者の点については，基本法第23条で新しい特別な法的根拠を創設して対処しなければならない，とされた[43]。さらに，諸州が付随的に政治的な要求をした結果，諸州が欧州の事項について関与することを憲法上，確保しなければならなくなった。このような事情があって，連邦議会に関する補充的な規律もまた最終的に提示されたのであろう。

23. 共同憲法委員会は，以上のことに対応する原案を公にした[44]。この原案が基本法を改正する欧州改正法に採用されたのである。連邦議会と連邦参議院は，1992年のうちに，憲法改正に必要な多数でもってこの法律を可決した。この法律は，1992年12月25日に発効した[45]。そして，これとは別に，マーストリヒト条約に同意する法律が，1992年12月31日に発効したのである[46]。

24. 欧州とは無関係な基本法旧23条が1990年に削除されたが，これによって1つの空白が生まれた。そこで，その空白に，新しい規律の最も重要な部分を挿入することができるようになった。法技術的に見ると，この状況を利用したのが，1992年の欧州改正法により憲法を改正した立法者であった。その基本法新23条は特殊な規律である。というのも，その規律が発効してから，欧州統合に関わる事項について基本法第24条第1項へと立ち返ることが排されてきたからである[47]。

bb. 国家目的としての欧州連合

25. 基本法第23条第1項第1文の統合開放条項（Integrationsöffnungsklausel [統合に向けてドイツの国家性を開放する条項]）によれば，「ドイツ連邦共和国は欧州連合の発展に協力する」。[そこでは] ドイツの協力が「統一された欧州を実現するために」なされるものであるということが付け加えられ，強調されている。これによって，欧州統合へのドイツの協力が基本法前文に含まれた欧州 [合一] 宣言を実現し，充足するものである，ということが，今や示されている。同時に，基本法第24条第1項の単なる権能が，欧州統合の観点から基

本法第23条第1項第1文によって統合義務へと変更された。この義務には，基本法上の国家目的の地位が与えられたのである。確かに，この国家目的によって，個別に請求権が認められることはない。しかし，この国家目的は，同時にドイツ連邦共和国の国家性及びドイツ法の理解を全般に渡って決定づけているのである[48]。

26. ドイツ連邦共和国における公権力のあらゆる担い手は，基本法第23条第1項第1文による義務を負う。その義務には，欧州統合の進展を促進せよ，ということも含まれているし，欧州統合の進展を阻害してはならない，ということも含まれている。確かに，この協力義務は，まずもってマーストリヒト条約の意味における欧州連合と結びついているが，しかし，それに限定されるわけではない[49]。というのも，基本法第23条第1項第1文が言及している欧州統合のさらなる発展は，その規定の中では制度的な観点からも地理的な観点からも，詳細に確定されていないからである。これに加えて，現在の基本法第23条は，たとえマーストリヒト条約でいう欧州連合が既にそこそこ国家の性格を持った組織である——このことは，連邦国家の性格を持ったということを意味しうるに止まる——場合[50]であっても，マーストリヒト条約の批准を可能とすることができるように意図的に創設された。従って，このことからは，基本法第23条第1項第1文が欧州連邦国家への発展の可能性をも同時に考慮に入れているということがいえる[51]。これは正当な見方である。

cc. 構造保障条項

27. 基本法第23条第1項第1文の「構造保障条項」[52]は，欧州連合が「民主的，法治国家的，社会的，連邦的諸原則及び補充性の原則に義務づけられており，本質的な点でこの基本法の基本権保障に匹敵する基本権保障を行う」ことを要求している。確かに，基本法第23条第1項第1文は，これによって，——かなり積極的に[53]——欧州連合に構造上の要求をしている。しかし，ここで考えられていることは，欧州連合が何等かの義務を負うということではない。もっと正確にいえば，欧州連合の義務は，もっぱら欧州連合法それ自体からしか

生じないであろう。基本法上の構造保障条項によって，欧州連合におけるこの構造原理の漸進的実現について義務を負わされるのは，欧州連合の発展に寄与するドイツの公権力の担い手及びその諸機関のみであるべきである[54]。

28. しかしながら，この義務の詳細な内容及びこの義務に違反した場合の制裁の可能性は，明らかでない[55]。

29. 欧州連合の構造に対する要求の内容をみてみると，注目すべきことに，確かに，その要求は，基本法上の国家構造原理に広範に依拠して定められている。しかし，このことから，ドイツ連邦共和国の具体的な国家構造が，拘束力を持って，欧州連合を先導するモデルにまで高められることになった，と結論づけることはできない。なぜなら，1992年の憲法改正立法者は，そのように考えられる先導モデルに部分的にしか対応していない，マーストリヒト条約の意味における欧州連合を明らかに構造保障条項と合致するものと考えていたからである。つまり，憲法改正立法者の意思によれば，基本法第23条は，障害ではなく，逆にマーストリヒト条約を批准するための適切な憲法上の根拠を創設するものであったのである。以上のことからして，構造保障条項が提示している要求はほんのわずかな要求にしかすぎない，ということを押さえておく必要がある。しかも，その要求は，統合に適うよう解釈されなければならず，ダイナミックな視点で考察されなければならない。もちろん，これによって，本条項の法的内容が根本的に明らかとなるわけではない[56]。

30. その上，ドイツの諸機関が欧州連合におけるこの要求の漸進的実現のため，十分な尽力をしていない場合や，ドイツの諸機関がそのような行動をとっているにも拘わらず，他の構成国並びに欧州共同体及び欧州連合の諸機関が十分な承認を与えないために，多かれ少なかれ成果を収めないままでいる場合には，——特に欧州共同体設立条約第5条から——どういうことになるのか明らかでない。

31. 以上のことからすれば，確かに，構造保障条項が要求していることは法政策の観点から歓迎されなければならないが，しかし，それを義務として規律することはドイツ憲法には荷が重すぎたのではないか，との疑問がもたれる。

dd. 基本法第 23 条第 1 項における統合法律に対する手続法的規律

32. 基本法第 23 条は，その第 1 項第 2 文及び第 3 文において，連邦が欧州連合の発展に協力する過程で法律によって主権（Hoheitsrechte）の委譲を行えるよう，連邦に授権している。この点において，基本法第 23 条は，基本法第 24 条第 1 項が既に以前から意図していた欧州統合に向けた「ドイツの国家性の開放」を確認しているのである。しかしながら，基本的に既述のように説明がなされるより[57] 基本法第 24 条第 1 項と比べると，基本法第 23 条第 1 項に基づく統合法律は，以前よりも厳格な手続法上の要求に服している。

33. 基本法第 23 条第 1 項は，より細かく，単なる統合法律と憲法改正に手続上比肩する統合法律を区別している——が，それが不明瞭なものであることはいうまでもない——。

34. 単なる統合法律の場合，基本法第 23 条第 1 項第 2 文によれば，手続上加重されているのは，連邦参議院の同意，より正確にいえば連邦参議院の過半数の同意が現在では常に必要となるという点だけである。ただ，このことは，基本法第 24 条第 1 項による統合法律の場合にも，やはりいえることであった。というのも，基本法第 59 条第 2 項が，同時に適用される可能性があったからである[58]。

35. 基本法第 23 条第 1 項第 3 文によれば，「欧州連合の創設，並びに，その条約上の根拠の変更及びこれに匹敵する規律であって，それによりこの基本法がその内容において改正若しくは補充され又はかかる改正若しくは補充が可能となるようなもの……」は，憲法改正の性格を持つ。基本法第 23 条第 1 項第 3 文によれば，確かに，これに該当する統合法律が——基本法の通常の改正のように——基本法の文言の改正を必要とすることはないが[59]，しかし，連邦議会と連邦参議院において憲法改正に必要な多数，すなわち法定された連邦議会構成員の 3 分の 2 の同意及び連邦参議院における諸州の票決数の 3 分の 2 の同意は必要である[60]。

36. ところで，いかなる主権（Hoheitsrechte）の委譲であっても，そもそもそれは，実質的には憲法を改正するようなものである[61]。また，基本法第 23 条

第1項第3文は,「匹敵する規律」という概念を用いて, 例えば欧州共同体設立条約第201条第2項及び欧州連合条約K9条といった展開条項（Evolutivklauseln）の利用をも, 厳格な手続が要求される領域へと取り込んでいる。これらのことからすれば, 基本法第23条第1項第2文が直接適用される余地は一体いかなる範囲で未だに残っているのか, 全く不明瞭である。恐らく, このことが特に問題となるのは, 既に達成された統合状態を追認する, 展開条項の枠内におさまっている規律であろう[62]。

37. しかし, 以上のことから, 統合法律には, 基本法第23条第1項に従い, いずれにしても常に憲法改正に必要な多数が要求されるとすれば, 手続上, 加重となり, このことは, 議会評議会が基本法第24条第1項を意図的に世界に向けて開いて設けた趣旨からそれることになる[63]。[ただ,] このことは, 次のように考えることで正当化されよう。すなわち, 欧州共同体及び欧州連合の場合, さらに統合を推し進めるには, 主権の放棄（Souveränitätsverzichte）を徐々に徹底していくことが要求されるから, 欧州共同体及び欧州連合へのドイツの参加は, 従来基本法が要求してきたよりも多くの人々の同意を通じて行われなければならないのである, と。この観点からすると, いうまでもなく, 従来, 基本法が, 例えば連邦領域の新編成の場合にのみ認めてきたような国民投票の導入も考えることができたであろう[64]。

ee. 憲法永続条項

38. 基本法第23条第1項第3文は, 憲法改正に手続上比肩する統合法律の許容性の承認に, ある重要な制限を結び付けている。すなわち, そのような統合法律も, あらゆる憲法改正に妥当する, 基本法第79条第3項の意味での実質的な制限を遵守しなければならないのである。従って, どんな場合であっても, 統合法律が, 諸州からなる連邦の編成, 連邦立法に際しての諸州の原則的協力, そして基本法第1条及び第20条に記された基本原則（人間の尊厳を尊重し保護すること, 人権の信奉, 公権力が基本権に拘束されること, 共和国原理, 民主主義原理, 法治国家原理, 連邦国家原理, 社会国家原理）に抵触する

ようなことがあってはならない。

39. 構造保障条項とは異なり、この「憲法永続条項」[65] は欧州連合の組織にではなく、ドイツ連邦共和国の組織にその照準が合わせられており、その限りで、この条項は純粋に防御機能を有している。この条項は、ドイツ連邦共和国の憲法上の基本的方針が統合法律によって失われることを単に阻止しようとしているにすぎない。

40. 連邦憲法裁判所はこれに匹敵する実質的制限を統合権力に対して課してきたが、従来、それは基本法第24条第1項との関連で展開されてきた[66]。これと比べると、基本法第23条第1項第3文の憲法永続条項の斬新さは、そのような制限を今や規範的に確立したこと、そして基本法第79条第3項を明文上引き合いに出したことにある。

41. もっとも、憲法永続条項のより詳細な保障内容については、直ちに答えを出すことができない。いずれにしても、この条項を解釈する際には、当該条項違反によって深刻な事態が帰結されるだけに、特別な注意を要する[67]。決して行われるべきでないのは、ドイツ連邦共和国を現在のそのままの状態で安易に承認することである。逆に、基本法第79条第3項違反に至らないすりあわせや新たな解釈は徹底して行われてよい。ただ、基本法第79条第3項の諸原則は、その核心に据えられたままでなければならない。さらに［その諸原則を］補ってやることもまた考えられる。例えば、連邦国家原理に関しては、連邦レベル又は欧州連合レベルにおいて諸州の情報権及び参加権を強固にすることによって、諸州の失われた自治権を補填することが、ある一定の範囲で考えられる。

42. ともかく、憲法永続条項が、基本法第79条第3項の中で個別に保障しているもの以外に、ドイツ連邦共和国の国家性それ自体をも保護しているということについては、異論がない。というのも、そうでなければドイツ連邦共和国が立憲国家として存続し得ないであろうから[68]。ところが、一部では、このことから次のことが帰結された。すなわち、確かに、憲法永続条項は欧州国家連合（europäischer Staaten(ver)bund）へのドイツの参加を認めてはいるが、

しかし，欧州連邦国家（europäischer Bundesstaat）への参加までも認めているわけではない，と[69]。これに対峙したのは，欧州連邦国家——これに関してはどのみち一般的な拘束力を有するモデルは存在しない——への編入によって国家の性格が構成国から必ずしも奪われることにはならない，というまさにドイツの立場である[70]。実際にも，基本法第79条第3項と結びついた基本法第23条第1項第3文が保障しているのは，閉ざされた国民国家ではなく，発展的に開かれていくドイツの国家性であって，それが［表れているのが］基本法前文における欧州［合一］宣言及び基本法第23条第1項第1文における欧州連合という国家目的でもある[71]。しかも，統合共同体が「基本法第24条第1項の意味における国際機関から超国家的な性格を持つ独自の国家機関へと」移行することは，基本法第23条第1項第1文の創設によって，憲法上明らかに可能であろう[72]。欧州連合の発展に向けてドイツの協力義務が確立されたことで，欧州連合の法形態が制限される可能性はなくなったのである[73]。従って，ドイツが欧州連邦国家に参加することと憲法永続条項は，矛盾しない[74]。この見解は正当である。因みに，その段階的な発展をも含めた欧州統合及び欧州政治結合は新たな類の構造及び手続を有するが，これを国家連合と連邦国家との概念上の差異という不適切なものさしで安易に計ろうとすること，そしてこのことから時として——現行ドイツ憲法によっては——克服しがたい，さらなる統合の禁止を導き出そうとすることは，実質的にも不適切であろう[75]。

43. いったん憲法永続条項違反が認定されると，実際上，深刻な事態が帰結されることになるであろう。つまり，これに該当する統合法律は，取り返しのつかない基本法違反になるものと思われる。従って，そのような法律は可決されてはならないであろうし，それでも仮にそのような法律が可決され，その後，連邦憲法裁判所に提訴された場合には，無効とされなければならないであろう。［憲法永続条項に違反する］統合法律をなんとか可能にすることを目的とした基本法改正もまた許されないものと思われる。というのも，基本法第79条第3項の保障は，憲法改正によっても揺るがないものだからである。それゆえ，そのような統合法律が合法化されるとしたら，それはもはや——基本法の中では

規定されていない，その限りで法的には革命的な——新たな憲法制定行為によってしか可能とはならないであろう。

44. 以上のような［憲法永続条項違反という］帰結に至ったことは，従来，なかった。連邦憲法裁判所がこの憲法永続条項を引き合いに出したのは，マーストリヒト判決が初めてであった——かつこれまででは唯一のものである——。この判決の中で連邦憲法裁判所は，確かに，マーストリヒト条約に同意する法律を基本法第79条第3項の民主主義原理に照らして審査したが，しかし，その違反についてはこれを否定している[76]。

ff. 地方参政権に関する基本法の規定の改正

45. 1992年の欧州改正法によって，基本法第28条第1項に1つの規律が付け加えられた。それによれば，地方選挙の際には，他の欧州共同体構成国の構成員も，欧州共同体法の基準に従い，選挙権及び被選挙権を有する。これに関しては，憲法改正立法者が次のような事情を考慮に入れた。すなわち，一方で，連邦憲法裁判所が，確かに外国人に対する一般的な地方参政権を基本法違反としたものの，しかし事前に基本法の改正がなされた場合には，その後で特別に欧州連合構成国の国籍を持つ外国市民の地方参政権を導入することは，憲法上可能である，と宣言したこと，他方で，マーストリヒト条約がこの［地方参政権の］開放を今や要請しているということ，である[77]。

gg. 1992年の欧州改正法によるその他の基本法の改正

46. 最後になるが，1992年の欧州改正法は，広い範囲に渡って基本法の改正をもたらした。これらの改正は，特に連邦議会と連邦参議院に関係している。この点に関しては，以下でさらに取り上げることにする[78]。

47. さらに，ここで指摘しておかなければならないことは，基本法第88条に挿入されて明らかになったこと，すなわち，連邦銀行の任務及び権限が，——欧州共同体設立条約第105条及び第107条も確定しているように——物価安定の確保という優先目的に拘束される独立した欧州中央銀行に，欧州連合の枠内

で委譲されうるということである。

c)　州憲法の中の欧州関連規定

48．いくつかの州憲法の中でも，欧州の合一がはっきりと表明されている。それどころか，一部では，それが国家目的として規定されている[79]。

49．さらに，バーデン・ヴュルテムベルク州では，欧州連合構成国の国籍を持つ外国市民への地方参政権の開放を契機として，憲法の改正が行われた。その際に，バーデン・ヴュルテムベルク州で，憲法改正立法者が欧州連合構成国の国籍を持つ外国市民に認めたのは，地方参政権だけではなかった。地方住民投票（kommunale Plebiszite）への参加権もまた，自らの判断で認めたのである[80]。連邦政府がこの後者の措置と基本法との一致に疑念を抱いていたにも拘わらずである[81]。

2．国家組織

a)　連邦国家性

aa．欧州連合に関わる事項への連邦参議院の関与

50．連邦参議院が連邦レベルにおける統合政策決定過程に段階的に関与することについて定めた諸規律は，1992年の欧州改正法によって初めて基本法の中に——基本法第23条第2項，第4項，第5項という形で——挿入された[82]。これは諸州の要望に基づき，諸州のためになされた。確かに，連邦参議院は連邦の一機関である。しかし，連邦参議院はもっぱら州政府の構成員から成り立っており，それゆえ諸州にしてみれば連邦参議院は連邦での出来事に影響力を行使するための最も重要な機関なのである。

51．上述の諸規律は，内容的にみると，一定の歴史的展開と結びついている。当初，諸州がせいぜいできたことといえば，連邦政府が連邦参議院に対して政治統合の進展に関する情報提供義務を負うということを，1957年のローマ条約に同意する法律の中で確定することぐらいであった。しかし，その義務もそれほど厳格に定められていたわけではない[83]。これを補う形で，1979年には，州

首相会議の議長と連邦首相との間で書簡の交換がなされ，その中で諸州の直接参加手続が同意された[84]。さらに，諸州は，欧州単一議定書に同意する1986年の法律の中で，自らに有利となる規律を実現するに至った[85]。この規律は，より一層厳格なもので，全面的に連邦参議院を対象にしている。この最後に言及した規律が，基本法第23条によって憲法レベルに格上げされ，さらに強化されたのである。

52. 基本法第23条第2項は，連邦議会と並んで連邦参議院にも絶えず欧州連合の事項に関して「包括的に，かつ可能な限り早い時期に」情報を提供するよう，細部に渡って連邦政府を義務づけている。さらに，連邦参議院は，連邦政府に対する態度表明を通じて，新たな展開に影響を及ぼす機会を有している。その方法は，基本法第23条第4項及び第5項において分化され，一つ一つがかなり複雑に規律されている。それによれば，連邦政府は，常に，連邦参議院が表明した態度決定を少なくとも「考慮」しなければならない。つまり，連邦政府は連邦参議院の態度表明を吟味しなければならないものの，しかし内容的にはそれに拘束されないのである[86]。しかし，［連邦参議院の態度表明が］主として諸州の立法権限，諸州の官庁の設置又は諸州の行政手続に関わるものである場合には，連邦政府は連邦参議院の態度表明をむしろ「権威あるものとして考慮」しなければならない。このことは，その限りにおいて連邦政府が連邦参議院の態度表明に従わなければならない，ということを意味する。その結果，これらの場合には，連邦参議院は，欧州連合理事会においてその時々の連邦大臣によって代表されることになっているドイツの立場を，たとえ連邦政府の意思に反してでも，——国家としての全責任は連邦が負うということを維持しながら——最終的な拘束力をもって確定する権限を有する[87]。結果的に，このことは連邦政府と連邦参議院による限定的な「欧州政治に関する共同統治」を意味する[88]。確かに，国内において諸州の責務とされている事項については，この共同統治は十分理解できるのであるが，しかし，同時に，統合政策上，常に問題がないわけではないであろう[89]。

bb. 連邦参議院の欧州議院議会

53. 基本法第52条には，同条第3a項が付け加えられた。これによって，1992年の欧州改正法は，——連邦参議院によって既に以前より行われていたものの，しかし法的には争いのあった慣行を受け継いで[90]——欧州連合に関わる事項について欧州議院議会（Europakammer）を設置できるよう，連邦参議院に授権した。欧州議院議会の議決は，連邦参議院の議決としてみなされる[91]。これによって，連邦参議院の統合政策上の関与権が，組織上，容易に——連邦参議院によって積極的に——行使されることとなった。これまで連邦参議院は自らの態度表明をもっぱら連邦参議院本会議においてのみ行ってきたが，この本会議は，通常，3週間に1度しか開かれない[92]。従って，欧州議院議会が設置されることによって，連邦参議院は，特に迅速な態度表明をすることができるようになったし，同時に，強い影響力を及ぼすことができるようになったのである[93]。

cc. 諸州の代表者による欧州連合でのドイツ構成国権の行使

54. 最後に，欧州改正法が基本法第23条第6項において憲法上可能にしたこととして，狭く限られた範囲でではあるが，欧州連合のレベルでドイツ連邦共和国のために直接交渉するのは連邦の代表者ではなく，諸州の代表者であるということがある。そこでは，欧州連合法それ自体がこのことを許容しているということが前提とされている。このことは，欧州連合の理事会の場合について当てはまる。そうなったのは，マーストリヒト条約によって欧州共同体設立条約第146条第1項が新しい文言にされた結果，理事会がもはや構成国の中央政府の構成員のみから必ずしも構成される必要はなくなり，「閣僚級」の構成国代表者，すなわち州大臣も理事会に出席する権限を有するようになって以降のことである。

55. 欧州連合の理事会におけるドイツの参加権が——連邦大臣ではなく——州大臣によって行使され，その影響がドイツ連邦共和国に及ぶということは，これまでになかったことであり，このことがここでの問題となる[94]。基本法が

そのような取り扱いを原則として規定しているのは，何らかの企図によって欧州連合レベルで諸州の排他的立法権が相当な打撃を被る場合である。詳言すれば，教育・文化の領域において［認められている立法権］は，これに該当する可能性がある。どの州大臣にその都度従事させるべきかを決定するのは連邦参議院であり，その連邦参議院が州大臣に対する実質的な行動基準を設けうる[95]。州大臣が欧州連合の理事会で行動する場合には，確かに，州大臣が連邦の全国家責任を負わなければならないし，連邦政府を関与させ，連邦政府と意見調整をしなければならない。しかし，州大臣は，連邦政府の同意を必要とはしないのである[96]。

56. 連合レベルにおける州大臣のこの直接的な代表権について――連邦参議院が欧州連合に関わる事項に関して連邦政府に対して行う拘束力を伴った態度表明の権能についてよりも一層――いえることは，それが国内における連邦と州の権限配分を特別に考慮に入れているということ，しかし，そのことが場合によってはドイツ統合政策の統一性と効率性を阻害するかもしれないということである。これに加えて，次の点に注意する必要があろう。すなわち，州大臣は，確かに所与の前提の下でドイツ連邦共和国のために行動する権限を有しているが，しかし，場合によっては，それらの行動について，該当する州憲法の諸規律に従い当該大臣の所属する州議会によって議会との関係で責任を負わされることがあるという点である[97]。

b) 議 会 主 義
aa. 欧州連合に関わる事項への連邦議会の関与

57. 1992年の欧州改正法によって連邦議会に関する諸規律が基本法第23条に挿入されたが，それによれば，連邦政府は，連邦議会に対しても欧州連合に関わる事項に関して「包括的に，かつ可能な限り早期に」情報を提供しなければならない。さらに，連邦議会が予定された欧州連合の法定立行為について態度表明を行っている限り，連邦政府は，欧州連合の枠内で，交渉に際して，このことを「考慮に入れる」[98]。その結果，連邦政府は連邦議会の態度表明［の

内容］を認識し，それを真摯に受け止め，自らの行う決定に連邦議会の態度表明［の内容］を取り入れなければならないが，しかし，その内容に連邦政府が拘束されるわけではない[99]。

58. 基本法第23条は，これらの規律でもって，連邦議会と連邦政府の関係に関する一定の協議実務を憲法典化している。この協議実務は，ローマ条約に同意する法律が制定された1957年以来，緩やかに展開されてきたもので，その目的は，徐々に失われつつあった独自の法定立機関としての連邦議会の役割を限られた範囲で補塡すること及び統合過程の民主的要素を強化することにあった。

59. もっとも，連邦議会の統合政策権が連邦参議院のそれよりも劣って形成されているということは，基本法第23条に照らして明らかである。欧州改正法の成立に際しても，この連邦議会の統合政策権が憲法上確固たる地位を得るよう要求されたことは少なかった[100]。もっとも，連邦議会はその気になれば，連邦政府に対する，建設的不信任投票権までも含めた自らの一般的な統制・影響力行使権に基づいて，連邦政府に――欧州連合の理事会における連邦大臣の行動にも――あらかじめ政治的影響力を直接行使しうる状況にあるが，このことだけが，欧州改正法の成立に際して一定の役割を果たしたわけではないであろう[101]。むしろ，連邦議会では，連邦政府と連邦政府を支えている党派が政党政治の構造上一致しているのに対して，連邦参議院では，連邦議会で少数に止まっている政党又は連邦議会に全く議席を持たない政党から構成されている州政府が過半数の得票を全くどのようにでもできる，ということもまた考慮しなければならないのである。

bb. 欧州連合に関わる事項を管轄する連邦議会委員会

60. 連邦議会は，1983年に，統合政策に関する事項を管轄する欧州委員会（Europa-Kommission）を設立した。この委員会は，連邦議会議員及び欧州議会に出席しているドイツの議員から成っていた。もっとも，この委員会は，連邦議会に決議案を提示する権限及び欧州問題に取り組んでいるその他の委員会に直

接勧告する権限を有していなかった[102]。[その後，これには] 種類の異なる複数の委員会形態が続く。現在では，——1992年の欧州改正法によって基本法に挿入された——基本法新45条によって，欧州連合に関わる事項を管轄する委員会の選任義務が連邦議会に課されている。従って，この委員会は同時に憲法上の地位を得ているのである。この委員会に参加するのは，連邦議会議員と並んで，その他に——ただ，投票権はないのであるが——欧州議会に出席しているドイツの議員である[103]。連邦議会は，統合政策に関する自らの役割をより現実的に推し進めるため，連邦政府に対する連邦議会の諸権限を連邦議会本会議にかわって基本法第23条に従い独立して行使できるよう，この委員会に授権することができる[104]。これが1つの特徴である。つまり，これによって「議会制共同統御（parlamentarische Mitregierung）という新種の形態」が可能となる[105]。

cc. 欧州連合に関わる事項への連邦参議院の関与

61. 既に「連邦国家性」という見出しの下で，欧州連合の事項に連邦参議院が関与することについて定めた憲法上の諸規定を論述したが[106]，これらの諸規定は，基本法の議会主義システムにおいて独自の性格を有する第二院としての連邦参議院の役割にも言及している。最も重要な特色は，連邦参議院が特別市議会議員又は州議会議員から構成されるのではなく，州政府の構成員から構成されるということ[107]，それゆえ連邦参議院の役割を強化することが同時に州レベルにおける脱議会化を促進するということ，にある。

dd. 州議会の役割

62. 欧州連合に関わる事項への州議会の関与は，確かに，州によってその現われ方に違いがあるが，しかし，総じて言えば，法的にもまた実際にも，むしろ不十分な状況にある[108]。例えば，基本法自体，州議会の特別な統合政策権をなんら保障していない。16の州憲法の中で若干の州憲法のみが，欧州の問題についても早期に州議会に情報提供するよう，州政府を義務づけている[109]。さら

に，［欧州連合の事項に］関連する，州議会の態度表明を考慮することについて，州政府の義務までも規定しているのは，これまでのところ，1995年以降のバーデン・ヴュルテムベルク州憲法だけである[110]。

3. 基本権

a) 欧州共同体の高権（Hoheitsgewalt）に対する基本権保護

63. 1992年の欧州改正法によって，憲法改正立法者は，基本法の条文それ自体の中で，共同体権力に対する適切な基本権保護が望まれるということを表明した。例えば，基本法第23条第1項第1文の構造保障条項は，［後述する］ゾウランゲ判例の中で連邦憲法裁判所が用いた表現と結び付けて[111]，欧州連合が「本質的な点でこの基本法［の基本権保護］に比肩する基本権保護を保障する」ことを今や要求している。無論，どういう場合にそのような比肩性が認められうるのか，ということは未解決のままである[112]。

64. 基本法第79条第3項と結びついている基本法第23条第1項第3文の憲法永続条項は，統合がさらに推し進められることによってドイツの基本権保護の問題が実際に引き起こされることを阻止しようとするものである[113]。

b) ドイツの高権（Hoheitsgewalt）に対する外国人及び外国法人の基本権保護

65. ドイツ人及びドイツの内国法人のためだけの基本権保護を定める基本法の諸規定は，これまで改正されてこなかった[114]。

II．立法者によってとられた解決策

1. 主　権

a) 諸条約に同意する法律

66. 立法者は統合に貢献してきたが，これまでの中で最も重要な貢献は，50年代に3つの欧州共同体の基本条約に同意する法律を制定したこと，及びマーストリヒト条約を含めたその後の改正条約に同意する法律を制定したこと，であった。これらの連邦諸法律は，欧州統合に向けてドイツの国家性を徐々に開

放することによってその都度，実質的に憲法の改正をもたらした[115]。しかし，欧州石炭鉄鋼共同体設立条約に同意する法律は，基本法第24条第1項に即して成立し，しかも連邦の単なる異議申立法律という形で成立した[116]。この異議申立法律の場合，連邦参議院は連邦議会が行った法律の議決に対して停止的効果を持つ拒否権の可能性しか有していない。これに対して，1957年のローマ条約に同意する法律及び1986年の欧州単一議定書に同意する法律の場合は，基本法第24条第1項と並んで適用される余地のある基本法第59条第2項に基づき[117]，連邦議会による法律の議決以外に連邦参議院の同意も要求されると解された。そして連邦参議院は，この同意をその都度与えたのである[118]。その後，マーストリヒト条約に同意する法律で，初めて基本法第23条第1項第3号に基づき，連邦議会及び連邦参議院における憲法改正に必要な多数が要求され，そして，実際にも，その要求は満たされたのである[119]。

67. およそ従来の同意法律が，欧州統合に逆行して留保されることなど全くなかった。しかし，マーストリヒト条約に同意する法律の執行は，一時的に停止せられた。というのも，この法律は，その施行の後に，基本法の［改正を行う］ための欧州改正法とともに連邦憲法裁判所で争われ，これを受けて連邦大統領が，申請による仮命令に基づいて，連邦憲法裁判所の判決が下されるまで主要事項に関して批准文書の署名を控えるということを宣言したからである[120]。その後，連邦大統領は，マーストリヒト判決が下された日になってようやく，ローマへと直ちに送達された批准文書に署名をしたのである。

b) 欧州連合構成国の国籍を持つ外国市民への官吏法の開放

68. 欧州共同体委員会はドイツ連邦共和国を相手に1991年に条約違反手続を開始したが，これにおされる格好で，1993年から1994年にかけてドイツ官吏法が欧州連合構成国の国籍を持つ外国市民に開放された[121]。このことは，まず連邦レベルで起こり，その後で，諸州の官吏法もこれにならった。連邦及び諸州の現在の官吏法の規定によれば，ドイツ人又はドイツ以外の欧州連合構成国の国籍を有する者は，官吏関係に入ることができる。但し，このことは，共

同体法を明らかに引き継いでいる例外規定，すなわち，「業務上，必要であれば，基本法第116条の意味におけるドイツ人のみが官吏関係に入ることができる（欧州経済共同体条約第48条第4項）」という規定によって補足されている[122]。

69. 共同体法の差別禁止にドイツ法が抵触している箇所は，これらの新たな規律によって，大幅に調整されたかもしれない。しかし，平等に公職に就くことを基本法が保障していても，それがドイツ人に限定されている点は，未だに改正されていない[123]。また，第三国の国籍を持つ家族構成員を未だ無視していることも問題であるように思われる。というのも，共同体派生法は，彼らの立場が平等であるということを要求していたであろうからである[124]。さらに，条約違反を回避するために官吏法に挿入された，ドイツ語の修得という要求[125]は，共同体法に沿うような解釈でもって木目細かく運用されなければならないであろう[126]。最後に問題として指摘しうるのは，ドイツ官吏法の中で上述の例外規定を通じて行われているように，一般的な方法で欧州共同体設立条約第48条第4項の授権［規定］を用いることが許されるのかどうか，ということである。

c) 欧州連合構成国の国籍を持つ外国市民への諸州における
地方選挙法の開放

70. これ［すなわち，外国市民の参政権］に関連する基本法の改正に続いて[127]——バーデン・ヴュルテムベルク州の場合は，州憲法の改正に続いて[128]——，州の立法者は，地方選挙における選挙権並びに市町村議会議員及び郡議会議員の被選挙権を欧州連合構成国の国籍を持つ外国市民にまで広げた。これに対して，市町村長及び郡長のポストに関する被選挙権については，確かに，多くの州の立法者が欧州連合構成国の国籍を持つ外国市民に保障しているものの，しかし，その他の州の立法者は，地方選挙指令の中のしかるべき権能の行使について，これを拒否している[129]。因みに，ヘッセン州の立法者は，バーデン・ヴュルテムベルク州憲法の規定に合わせて[130]，欧州連合構成国の国籍を持つ外国市民に自治体における住民投票参加権をも認めた[131]。また，バイエルン州では，

法律を技巧的に用いることで，同様の権利が欧州連合構成国の国籍を持つ外国市民に認められている[132]。

2．国 家 組 織
a) 連邦国家性

71. 1993年3月12日付の欧州連合に関わる事項についての連邦と諸州の共同作業に関する連邦法律[133]は，1992年の欧州改正法によって基本法の中で憲法上保障された，統合政策決定過程における連邦参議院の関与を法律レベルにおいてより詳細に規定し，付加的に諸州に関して複数の規律をしている。これらの規定をさらに補充しているのは，1993年10月29日付の連邦政府と16の州政府との関連協定である[134]。

72. これらの規定によれば，例えば，欧州連合の企図が諸州に関わる場合，連邦政府は州の代表者に参加を求めなければならない。この州の代表者による参加は，交渉に際してのドイツの立場を確定するために行われる審議においても，また，共同体法上可能な限り，委員会と理事会の協議会における審議においても，求められなければならない[135]。

73. 基本法第23条第5項第2文に従って，連邦政府は連邦参議院の見解を「権威あるものとして」考慮しなければならないであろうが，そのような連邦参議院の見解に対しては，連邦政府は異議を申し立てることができる。この場合，連邦参議院が自らの立場を3分の2の多数でもって確認した場合に――のみ，そしてその場合に初めて――，その見解は連邦政府を最終的に拘束する[136]。

74. その上，諸州に関わる事項については，連邦政府は，連邦参議院の要求に基づき欧州裁判所に提訴し，そのような訴訟を連邦参議院と協力して遂行するよう義務づけられている。これに対応して，連邦政府は，欧州共同体裁判所において態度表明の機会を有する[137]。また，諸州が長年に渡って行ってきた実務，すなわち，州に特有な各諸利益を維持するため，欧州連合諸機関との直接的な結びつきを大事にし，ブリュッセルの州事務所を維持する，といった実務も合法化されている[138]。

b) 議会主義

75. 1993年3月12日付の欧州連合に関わる事項についての連邦政府とドイツ連邦議会の共同作業に関する連邦法律は[139]、特に連邦議会に対する連邦政府の情報提供義務をその中で詳細に規定している。そして、その第5条は、欧州連合が法定立を行おうとする場合に、連邦政府はその折衝に際して連邦議会の態度表明を根底に据えなければならない、ということを定めている。連邦政府が連邦議会の態度表明に実質的に拘束されることを規律しているようにみえる、この今述べた規定は、既に法律の制定に際して、その合憲性が争われていた[140]。この規定は、基本法第23条第3項第2文に対応する単なる考慮義務という意味で、基本法と一致するように解釈されなければならないであろう[141]。

Ⅲ. ドイツの裁判所によってとられた解決策

1. 主 権

a) 統合に向けたドイツの判例の基本的開放性

76. ドイツの裁判所の判例は、欧州統合という要求に直ちに門戸を開いた。共同体法の直接適用可能性と共同体法の優位を認めたのである。

77. このことは、連邦憲法裁判所についてもいえる。連邦憲法裁判所は、既に早くから共同体の高権（Hoheitsgewalt）を超国家的なものとして特徴づけ、共同体法の独自性を強調してきた。この独自性に基づいて、共同体法は「国内において直接効を有し、対峙する国内法に覆い被さり、この国内法を押しのける」ことができる[142]。これに従って、連邦憲法裁判所は次のような判断を下した。すなわち、欧州経済共同体規則はドイツの高権（Hoheitsgewalt）の担い手によって公布されていないので、これを連邦憲法裁判所で憲法異議によって争うことはできないが[143]、――欧州共同体裁判所によって肯定されている――共同体規則の直接適用可能性だけでなく、欧州経済共同体設立条約第95条のような条約規定の直接適用可能性をも根拠にして、ドイツの裁判所が自ら必要と考える帰結を導き出し、それにあわせてドイツの法律を無効なものとして取り扱うことは、憲法上妨げられていない[144]、と。

78. 法技術的にみると，連邦憲法裁判所は，当初，明らかに共同体法の優位を効力上の優位（共同体法に抵触するドイツ法は無効である）として理解し[145]，その後に，移行段階を経て[146] 単なる適用上の優位である（共同体法に抵触するドイツ法は有効ではあるが，適用されえない）と判断した[147]。共同体法の優位は，結局，このようにして維持されることになったのである。

79. 共同体法の直接適用可能性に関して，欧州共同体裁判所は，転用期間がなんの措置もとられることなく経過した後に，市民及び企業に個別指令規定の直接援用を認めたが，これを連邦憲法裁判所は許容できる法形態であると明言した[148]。

80. その他に，欧州(経済)共同体設立条約第177条を契機として明らかにされたことがある。それは，ドイツの裁判所が特に好んで付託を行うものの，それだけに止まっていないということである[149]。むしろ，連邦憲法裁判所は，一歩踏み込んで，ドイツ法において欧州(経済)共同体設立条約第177条第3項の付託義務違反を認めたのである。連邦憲法裁判所は，基本法第101条第1項第2文の意味における法律の定める裁判官として欧州共同体裁判所を承認することで，付託義務違反を認めた。従って，確かに，欧州(経済)共同体設立条約第177条第3項の付託義務を無視した場合に常にそうなるとはいえないが，しかし，当該義務の無視が重大である場合には，常にこのドイツの基本権［すなわち，裁判を受ける権利の］侵害——この侵害については憲法異議によって連邦憲法裁判所で審判可能である——が構成される[150]。さらに，連邦憲法裁判所は，自らも欧州(経済)共同体設立条約第177条第3項によって付託義務を負いうること，そして先決的判決を請求するに至った訴訟においては，その結果として下された欧州共同体裁判所の先決的判決に拘束されることを認めた[151]。

81. しかし，ドイツの判例にみる統合への開放性は，基本権保護[152]及び外国人に対する地方参政権[153]に関する連邦憲法裁判所の判決並びに同裁判所のマーストリヒト判決によって，相対的なものにされた。

b) マーストリヒト判決

aa. 連邦憲法裁判所のマーストリヒト判決

82. マーストリヒト判決の中で，連邦憲法裁判所は，マーストリヒト条約に同意する法律に対する憲法異議が基本法第 38 条（ドイツ連邦議会の普通，直接，自由，平等及び秘密の選挙権）に依拠して行われることを確かに許容したが，しかし，実質的には，基本法違反を否定し，従って結果的に憲法異議を理由なきものとして棄却した[154]。

83. この判決の中では，さしあたり——許容性の審理を契機として——欧州共同体の高権（Hoheitsgewalt）に対する基本権保護について，一般論が述べられている[155]。この点については，以下で立ち入ることになるであろう。

84. 基本法第 79 条第 3 項と結びついている基本法第 23 条第 1 項第 3 文の憲法永続条項によれば，基本法上の民主主義原理は，憲法を改正する統合法律によっても侵されてはならない。このことを前提にして，連邦憲法裁判所は，憲法異議が理由のあるものかどうかを基本法の民主主義原理に照らして審査した。これに関して，同裁判所は以下のことを詳細に述べている。すなわち，マーストリヒト条約は，欧州国家（europäischer Staat）を創設しているのではなく，構成国家を基軸にして結びついた単純な国家連合（Staatenverbund）を創設している。この国家連合においては，少なくとも構成各国の議会が中心となって，民主主義による正当化と民主主義による統制の任務を負う。これに対応して，欧州連合と欧州共同体は従来の諸条約によって，その都度，限定された個別の権限しか委譲されていないのであり，連合又は共同体の更なる権限はしかるべき改正条約に基づいてのみ行使しうる。しかし，従来の諸条約同様，そのような改正条約は，その都度，構成各国の議会が行う同意議決に従う。これに加えて，構成各国の議会は，その政府によって行われる欧州連合内での統合政策に対して，恒常的に影響力を行使する。例えば，連邦議会の場合，基本法第 23 条第 2 項及び第 3 項による連邦議会の関与権並びに基本法第 63 条及び 67 条による議会制度上の連邦政府の責任を通じて，議会による影響力の行使が保障されている。従って，マーストリヒト条約は，基本法の民主主義原則に抵触する

形で，ドイツ連邦議会の議決・統制権限を骨抜きにはしていない，と[156]。

85. この結論は，支持に値する。それにも拘わらず，連邦憲法裁判所のマーストリヒト判決には，賛同[157]だけでなく，――正当にも――多岐に渡る批判も寄せられているのである。このことは，上述した主要な議論について，既に言える。特に問題と思われるのは，基本法第38条の参政権を，構成国の民主主義に基づく基本権という意味において，あるいは欧州連合構成国の主権（Souveränität）に基づく基本権という意味においてまで，拡大解釈していることである[158]。さらに，国家連合（Staatenverbund）という新たに創られた概念は，その内容に関して明確さを欠いているだけではなく，それどころか，この概念は，欧州共同体における市民・企業連合という長い間の現実も等閑視しているのである[159]。

86. いうまでもなく，マーストリヒト判決の中で連邦憲法裁判所が行ったこれ以外の説明は，一層疑わしい。例えば，同裁判所は，連合及び共同体からの一方的脱退権という，誤解を生ぜしめるであろう言い回しで，構成国を「条約の主」として認めている[160]。さらに，条約上定められた理事会での多数決が原則として機能上必要で，かつ正当なものである，と確かに述べられているが，しかし，同時に，そのような多数決には法的な限界があり，その限界は，共同体が構成国の憲法原理だけでなく，構成国の重要な諸利益をも必ず考慮に入れることから生じるとされている[161]。その他，確かに，連邦憲法裁判所は，欧州の諸機関を民主的に正当化する場合に，「拠り所となる機能」を欧州議会に認めている。この機能はなおも拡大する可能性を秘めている，という。しかし，この判断が契機となって，共同体レベルにおける民主化がさらに押し進められることはない。かわりに感じ取られるのは，狭義の欧州民主主義が――相対的に均質な――欧州国民の創出を前提に構築される，といった民主主義の理解である。しかし，いずれにしても近いうちにこの前提が満たされることはないであろうから，同裁判所の考え方によれば，連合及び共同体に対する民主的正当性と民主的統制を仲介する中心的な役割は，広範囲に渡って構成各国の議会に残っている。その限りにおいて，「欧州共同体の任務と権限の拡張は民主主義原

理によって限界を付されている」[162]のである。確かに，結果的に，同裁判所はこの視点からマーストリヒト条約に異議を唱えるということをしていない。しかし，マーストリヒト条約を飛び超えてどこにその限界線を詳細に引くべきなのか，そしてこれと同時に最終的には，ドイツの側で，いかなる範囲において基本法の民主主義原理を，さらなる統合の進展を阻むものとして作用させるのがよいのかという点については，不明のままである[163]。ただ，いずれにしても，国民国家の態様を念頭においた民主主義の理解，そしてこの場合であっても，判決の根底に据えられているように，限られた範囲でしか正当でない民主主義の理解を統合に沿うように開放していくことが，望ましいであろう[164]。

87. ［問題点の指摘としては］最後になるが，マーストリヒト判決の例の部分は最も危険な爆弾を抱えている。その中で連邦憲法裁判所は，基本法上の民主主義原理に関する自らの理解から次のことを導出している。すなわち，共同体権限を踰越した共同体諸機関の法行為はドイツの高権が及ぶ範囲（Hoheitsbereich）では拘束力を持たず，それゆえドイツの国家機関は憲法上の理由からそのような共同体機関の法行為をドイツにおいて適用してはならない，と。［さらに同裁判所が言うには，］このことは共同体諸機関の行う条約解釈が実質的に条約を拡張することにつながる場合にも妥当するのであって，「権限規範の拡大解釈がドイツに対する拘束力を持つことはないであろう」[165]。この場合，そのような権限の踰越があれば，ドイツの国家機関はみな独断で共同体法への服従を拒否してよいのか，あるいは拒否しなければならないのか，はたまた——場合によっては——他の国家機関はその都度連邦憲法裁判所をまずもって介入させなければならないのか，判決でははっきりしていない。

88. ところで，確かに連邦憲法裁判所は，長期に渡って，共同体法がドイツ連邦共和国において効力を持つということの根拠を，設立条約及びそれ以後の諸条約に同意する諸法律の中にその都度含められたドイツの法適用命令に求めてきた[166]。しかし，その命令には，共同体権限の限界について最終的な拘束力をもって判断を下す共同体の裁判権——［これは］法共同体として共同体が機能するための前提をなし，欧州共同体設立条約164条以下で詳細に規定されて

いる——が必然的に含まれている[167]。ドイツの法適用命令が有するこの内容は，基本法第24条第1項及び第23条第1項を通じて憲法上，認められてきたことであるし，[現在においても]認められていることであって，ドイツの国家機関はその内容を無視してはならない。連邦憲法裁判所を含めたドイツの裁判所も，このことを尊重しなければならないのである。しかし，マーストリヒト判決は，共同体の裁判権が最終決定権を持つことを否定しており，しかも，それを——究極的には，ありえないことであるが——基本法第79条第3項と結びついた基本法第23条第1項第3文の不変保障（Unabänderlichkeitsgarantie）と共同体法が抵触する場合に限定していない。従って，マーストリヒト判決は，共同体法にも，そして正しく理解すれば，ドイツ憲法及びドイツ基本法にも違反している。その限りにおいて，マーストリヒト判決は法的に維持されえないであろう。無論，将来，委員会および理事会が不適切な方法で処理権限を不当に行使するようになり，かつ共同体裁判権がさらにまたこのことを承認するといった可能性は，全くないわけではない。そのような極端な場合には，確かに一種の緊急避難権として，共同体の当該行為に従うことを拒否する構成国の権限が考えられる。しかし，このようなわずかな可能性があるからといって，構成各国が，共同体を脅かすような方法で，法的日常の中で恒常的に共同体派生法の権限適合性について最終統制を行いうるわけでは決してない[168]。しかし残念なことに，それがマーストリヒト判決に続く判断においてドイツ連邦共和国に顕著に現われているのである。

bb. その後の判断

89. 連邦憲法裁判所は，共同体法上のバナナ市場規則に関する比較的最近の法廷決定の中で，マーストリヒト判決の諸原則を部分的に認めている。同裁判所は，ドイツの特別裁判所が審査権限を持つのは，ドイツにおいて共同体法が適用されえない，とドイツの特別裁判所で主張されている場合である，ということを強調した。この場合に連邦憲法裁判所に却下独占権（Verwerfungsmonopol）なるものが当然に与えられるのか，またどのような観点からそれが与えられる

第 2 章　ドイツ憲法と欧州統合　57

のかについて，連邦憲法裁判所はここでも態度を明らかにしていない[169]。

90. これを奇貨として，ハンブルク財政裁判所は，明示的に次のような権限を留保した。すなわち，ガットとバナナ市場規則の関係に関して財政裁判所が提起した付託問題に対して欧州共同体裁判所の行う回答が財政裁判所の見地からして不適切である場合には，共同体諸機関の不当な権限行使を理由に，当該規則をいわゆる逸脱した法行為として判断し，連邦憲法裁判所に判断を委ねる権限である[170]。同様にして，連邦財政裁判所は仮の権利保護手続において——上述した連邦憲法裁判所の法廷決定及びマーストリヒト判決を引き合いに出して——，ガットがバナナ市場規則に適用上優位するということを欧州共同体裁判所がたとえ認めなくても，バナナ市場規則がドイツ連邦共和国において適用されうるということに対する当然の疑念については，これを受け入れた。そして，本件では，バナナ市場規則をいわゆる逸脱した法行為として判定することが実際に問題となる，とする[171]。

91. その後，連邦州ハンブルクは，バナナ市場規則のガット適合性に関する疑義を俎上に載せた。連邦州ハンブルクは，連邦憲法裁判所および連邦財政裁判所の即断に関して，連邦参議院で提議を行ったのである。それによれば，連邦財政裁判所が最終判断を下すまで，バナナ市場規則の貿易規定を実施しないよう，連邦政府に要求すべきである，としている[172]。無論，連邦参議院は，この行きすぎた要求には追従せず，連邦政府に対してかなり慎重な要求をしたに止まった。かくして連邦参議院は，ハンブルクの提議を受けて行われた決議の中で強調して，次のように述べた。連邦参議院の考えによれば，「貿易を規律する市場規則規定がガットと一致しない場合には，その適用を最高司法府による本案の判断が下されるまで停止することが望ましい。連邦参議院は，この目的を達成するために法的に許容できるあらゆる措置をとるよう連邦政府に要求する」[173]，と。これによって連邦参議院の決議はぼかされた表現となったが，それにも拘わらず，この出来事はマーストリヒト判決がいかに忌々しき展開をもたらすことになったかをはっきりと示している。これによって，連邦憲法裁判所は，共同体の権限踰越に関して自らがとった立場を熟考し，かつ次の機会に明

示的にそれを放棄するか又は大幅に制限するきっかけを与えられることになったのである[174]。

c) 外国人の地方参政権に関する連邦憲法裁判所の判決

92. 連邦憲法裁判所は，1990年の2つの判決で，外国人に対する地方参政権を導入した2つの州法を無効とした[175]。その理由として連邦憲法裁判所が持ち出してきたのは，基本法の民主主義原理により，市町村権（Gemeindegewalt）を含むドイツの国権が正当化されうるのはドイツ国民によってのみである，ということであった。この──いずれにしても議論の余地があり，かつ議論されてきた[176]──原則は，諸判決の中で絶対的なものとして定式化されている。従って，それらの諸判決によれば，そもそもこの原則は，基本法第79条第3項によって憲法改正の際にも侵されてはならない，基本法上の民主主義原理の核心とみなされるはずである[177]。しかし，他面において，裁判所はある傍論で強調して曰く，そのことから，「欧州共同体の領域で当時考えられていた，外国人に対する地方参政権の導入が，基本法第79条第3項によって許容されている憲法改正の対象たりえない」という結論は生じない，と[178]。そこに裁判所の自己矛盾を認めようとしないとすると[179]，大雑把に理由づけられているその論述は，次のように理解するしかない。すなわち，その核心にあるのは，基本法第79条第3項によって保護されるドイツの国家性であるが，その中には，まさにドイツ国家の欧州化能力（Europäisierungsfähigkeit）が含まれているのである，と。逆に言えば，確かに，基本法第79条第3項は，ドイツにおける国権が国際化されることを防御しているが，しかし，（制限的に）欧州化されることについては防御していないのである。いずれにせよ，地方参政権に関しては，この意味において連邦憲法裁判所の指摘が理解された。この理解に即して基本法は改正され[180]，そうこうしているうちに，欧州連合構成国の国籍を持つ外国市民のための地方参政権も，諸州の法体系の中で整備されたのである[181]。

2. 国家組織
a) 連邦国家性

93. 共同体法上の1989年のテレビ指令[182]がきっかけとなって，連邦憲法裁判所は，欧州統合との関係で連邦国家の問題について態度表明を行うことになった。ドイツ連邦諸州は，指令を，より詳言すれば，その指令の中で規定された，欧州制作番組への放映割り当てを，自分達の放送高権（Rundfunkhoheit）を侵害するものとみなした。それゆえ，バイエルンは，連邦が指令の成立に関与したことを憲法違反として連邦憲法裁判所で攻撃し，他の8つの連邦諸州がこれを支持した。連邦憲法裁判所が連邦と州のこの争いに対して本案判決を下したのは，ようやく1995年になってからであったが[183]，それにも拘わらず，そこで基準とされたのは，基本法に関する1992年の欧州改正法が発効する以前の憲法上の法状態であった。この憲法上の法状態に関して，連邦憲法裁判所が，連邦制に対する誠実な行動を要請する不文の憲法律（連邦国家における連邦と諸州の相互誠実という基本法上の原則）から展開したのは，欧州共同体の規律が州の立法事項に関連する際の，連邦参議院に対する連邦政府の情報提供義務及び調整義務であった。［ところが，］割当規律に関しては，連邦政府は当該義務を完全に履行していたわけではなかった。それゆえ，連邦憲法裁判所は，この点において，州の基本法上の権利が侵されているということを確定したのである[184]。判例法上展開されたこの手続上の諸規律に，ここでより詳細に立ち入る必要はない。というのも，この間に，基本法第23条及びこれに対応する1993年3月12日の連邦法律といった成文法が，判例法上展開されたそれらの諸規律にとってかわったからである[185]。ただ，この判決の［以下の］3つの側面は指摘しておかなければならない。

94. まず重要なのは，この判決がマーストリヒト判決後，欧州統合の法問題について扱った最初の連邦憲法裁判所法廷判決であるという点である。もっとも，同裁判所は，共同体権限の限界及びドイツ連邦共和国における共同体法の適用不能についてしかるべき申し立てがなされたにも拘わらず，その判断のために，この機会を利用することをしなかった。

95. しかし，他面において，この判決もまた——マーストリヒト判決をはっきりと引き合いに出して——限定的個別授権という共同体法原理の厳格な理解に固執し，「…共同体権限を徐々に拡大しつつ用いることにより，構成各国に残された実質的権限及びそれと同時に諸州の権能もまた侵害しうることになる長期的展開を阻止する」[186)] 義務が，連邦国家を理由に，今や連邦の諸機関にもあるということを述べている。

96. 最後になるが，連邦憲法裁判所は——同様にマーストリヒト判決を引き合いに出して——多数決による理事会決定が制限される場合について述べている。すなわち，テレビ指令判決の中では，連邦政府に配慮して，次のように述べられているのである。極端な場合，「連邦政府は，——確かに，共同体法は多数決による決定それ自体を許容しているものの，しかし，連邦国家性という憲法原理（基本法第79条第3項）がそのような決定に対置するのだから——相互考慮という，共同体誠実［の原則］から導かれる命令を有効に機能させなければならない」であろう[187)]，と。［ただ，］連邦憲法裁判所のこの態度表明及びそこで述べられた危惧には根拠がないように思われる。確かに，連邦政府には共同体の権限踰越を阻止する権限が認められる。それどころか，そのような権限の踰越が国内において諸州に不利に働く限り，諸州に有利となるような憲法上の拒絶義務までもが連邦政府には認められる。この点には，連邦憲法裁判所と共に多くの論者が賛成している。しかし，共同体は，ドイツの連邦国家性それ自体を意図的に侵害するだけの権限を持っていないし，さらにその動機もない。また，他面において，一般的な，すなわち共同体規模の諸規律については，欧州共同体設立条約第3b条の要件があり，条約法の中で多数決によることが規定されているが，そのような諸規律を多数決により可決することが，連邦と諸州の基本法上の権限配分を考慮に入れることで，どの程度，理事会によって法的に阻まれうるのか，ほとんど明らかでないのである。

b) 議 会 主 義

97. 確かに，連邦憲法裁判所は，マーストリヒト判決の中で，総論的に構成

各国の議会の民主主義的正当化機能及び民主主義的統制機能を,そして各論的に連邦議会のそれを強調した[188]。しかし,このことは,裁判所が——例えば,連邦議会又は欧州議会の権限強化を要求することによって——脱議会化の傾向に歯止めをかけようとしたということのあらわれというよりも,むしろ構成国が主権(Souveränität)を保持するということをあらわしたものであった[189]。

3. 基 本 権

a) 欧州共同体の高権(Hoheitsgewalt)に対する基本権保護

98. 欧州共同体裁判所は欧州共同体の高権(Hoheitsgewalt)に対する基本権保護を発展させてきたが[190],そのような基本権保護は連邦憲法裁判所からすると不十分なものであった。むしろ,連邦憲法裁判所は,——判例を積み重ねていく中で,様々な方法によって——基本法上の基本権を基準にそのような高権行為(Hoheitsakt)の補充的審査を留保し,それによって共同体法の優位と共同体法の画一的効力に根本的な問題提起を行ってきた。もっとも,実際に,連邦憲法裁判所が,基本法上の基本権違反を理由に,ドイツ連邦共和国で共同体法上の高権行為(Hoheitsakt)を直接適用できない,と宣言したことは,今まで1度もない。

99. まず,連邦憲法裁判所は極端な立場をとった。連邦憲法裁判所は,1974年のゾウランゲ決定Iの中で,ドイツ連邦共和国における共同体派生法の適用可能性を,欧州共同体裁判所による基本権統制に後続するドイツの全面的基本権統制に委ねている。このことは,「基本法上の基本権カタログに相当する,議会によって議決され,有効に定式化された基本権カタログを共同体法が有するまでに共同体の統合過程が進展していない限り」[191],妥当する,という。これに即して連邦憲法裁判所は,欧州共同体裁判所が問題ないと判断したドイツ連邦共和国において適用されるべき欧州経済共同体規則を,基本法上の基本権を基準に全面的に審査した。もっとも,それにも拘わらず,連邦憲法裁判所がそこで行ったのは,より狭い意味での国民の基本権保護ではない。むしろ,連邦憲法裁判所が明示的に認めたのは,共同体利益もまたドイツの基本権を制限す

る正当化根拠となりうるということであった[192]。そして結果的に，同裁判所は，欧州経済共同体規則を基本法の観点から同様に問題なきものとみなしたのであった。

100. さて，このように，共同体権（Gemeinschaftsgewalt）に対しても適切な基本権保護を要求することは，正当なことであったし，[現在においても]正当なことである。それにも拘わらず，ゾウランゲ決定Ⅰの中で連邦憲法裁判所がとった解決策，すなわち――確かに，欧州共同体裁判所による統制の後にではあるが，しかし，その後に――共同体の法行為及びその国内適用を構成国の基本権を基準に直接かつ実質上全面的に審査するという解決策は，手続法的観点からも実体法的観点からも批判にさらされた[193]。連邦憲法裁判所は，さらに多くの中間段階[194]を経て，最終的に1986年のゾウランゲ決定Ⅱの中で，「欧州共同体，とりわけ共同体裁判所の裁判が，共同体の高権（Hoheitsgewalt）に対する効果的な基本権保護を一般的に保障しており，その保護が基本法によって不可欠なものとして要求された基本権保護と本質的に同等とみなすことが可能で，特に基本権の本質的内実を一般的に担保している限り」[195]，連邦憲法裁判所が基本法上の基本権を基準に共同体派生法を審査することはもはやないであろう，と述べた。これによって，連邦憲法裁判所は，今や共同体法上の基本権保護を十分なものとして受け入れたかのようにみえた。実際，同裁判所はゾウランゲ決定Ⅱそれ自体の中でも，またその直後に下された決定[196]の中でも，自ら基本権審査を行うということを全くしなかった。もっとも，欧州共同体裁判所にとって都合のよい，連邦憲法裁判所によって表明された統制権の放棄が，実体法的に確定したのか，あるいは，もっぱら手続法的にのみ考えられ，およそそのようなものとして許容されたのか，ということは争われ続けてきた[197]。さらに問題とされたのは，無条件の放棄ということではなく，むしろ，ゾウランゲ［という言葉］を用いた新たな言い回しそのものの中に様々な制限が依然として含まれていたということ，しかもそれらの制限は不明確なものであったということ，である[198]。

101. これらの諸制限に基づき，あるいはゾウランゲⅡ裁判の上告請求にも後

押しされてか[199]，連邦憲法裁判所は，比較的最近，複数の判断の中で再び一層強調して，自ら統制することを要求した[200]。このことが特に顕著にあらわれたのは，マーストリヒト判決である。同判決において連邦憲法裁判所は，ドイツの基本権がマーストリヒト条約に同意する法律によって侵害されたとの訴えを退けた。［同裁判所が述べるところによれば，］重大な基本権侵害が欧州諸機関によっても行われるとして，その場合に欧州の基本権保護が妥当するという事態と「基本権の水準が著しく低下するということは，結びつかない。連邦憲法裁判所がその管轄権を通じて保障していることは，共同体の高権（Hoheitsgewalt）に対しても効果的な基本権保護がドイツの住民のために一般的に確保されているということ，そして，この基本権保護が基本法によって不可欠とされた基本権保護と本質的には同等に尊重されるべきこと，特に基本権の本質的内実を一般的に担保するということ，である。かくして，連邦憲法裁判所は，共同体の高権（Hoheitsgewalt）に対してもこの本質的内実を確保する。……特殊な，すなわち構成国の国権とは異なった超国家組織の公権力の行為であっても，ドイツにおける基本権の保持者は，これに関わりをもっている。それゆえ，これらの行為は基本法の保障及び連邦憲法裁判所の任務と関わり合いを持つ。この基本法の保障及び連邦憲法裁判所の任務が対象とする基本権保護は，ドイツにおける基本権保護であり，その限りにおいて，ドイツの国家機関に対する基本権保護だけが対象となるのではない。……もっとも，連邦憲法裁判所はドイツにおける共同体法の適用可能性について自らの裁判権を行使するが，この行使は，欧州共同体裁判所との『協働関係』の中で行われる。この協働関係の下では，欧州共同体裁判所は各個別事例の中で基本権保護を欧州共同体の全領域において保障しており，従って連邦憲法裁判所は基本権の絶対水準を一般的に保障することに……制限されうる。」[201]。

102. マーストリヒト判決で述べられた以上のことは，不明瞭ではあるが，新たな変化を暗に示している。例えば，連邦憲法裁判所が要求した統制管轄権は，もはや共同体法上十分な基本権保護が一時的にあるかまたは全くないということにかからしめられていない。むしろ，それが常に与えられているということ

が，明らかに前提とされている[202]。さらに，「ドイツにおける基本権保護」という新しいキーワードの下で前提とされているのは，ドイツの国家機関だけでなく，共同体機関に対しても行われる，ドイツの基本権による直接的な保護である。しかし，そこでは，法構造（共同体機関がドイツの基本権に配慮する義務？）及び訴訟上の効果（棄却する権限を持つのはドイツのあらゆる裁判所か，それとも連邦憲法裁判所のみか？ 連邦憲法裁判所の付託手続［はどうなるのか］？）が問題として残されている[203]。これに加えて，連邦憲法裁判所によって大まかに述べられた欧州共同体裁判所と連邦憲法裁判所の役割分担は，実際のところいかなる範囲で「協働関係」と呼ぶに値するのか，あるいはさらに，いかなる範囲で連邦憲法裁判所による一種の監督に服すべきなのか，明らかでない[204]。最後になるが，連邦憲法裁判所によって要求された基本権の最終統制は，あらゆる個別事例において行われるのか，それとも特別な状況にある場合にのみ行われるのか，その可能性と義務について不明瞭であるし，また，連邦憲法裁判所がドイツの基本権保護の水準を完全には貫かないで，「基本権の絶対水準を一般的に保障することに……限定」しようとしていることが何を意味するのか，不明瞭である[205]。

103. これらの不明瞭なままに残された問題点をいくらか明確にする可能性が連邦憲法裁判所に出てきたのは，共同体法上のバナナ市場規則に関する比較的最近の一事例においてである。しかし，連邦憲法裁判所はこの機会を利用せず，ドイツの各裁判所が場合によっては適用することのできる，市場規則における例外条項（Härtefallklauseln）を参照するよう，指示したのである[206]。

104. もっとも，目下，連邦憲法裁判所は，改めてバナナ市場規則［関連の問題］に直面している。フランクフルト・アム・マイン行政裁判所は，バナナ市場規則に基本権に関わる疑義があることを特に理由にして，欧州共同体設立条約第177条に従い，欧州共同体裁判所に付託した。ところが，欧州共同体裁判所はこの疑義を理由なきものとした[207]。そこで，その後に，フランクフルト・アム・マイン行政裁判所は，マーストリヒト判決を引き合いに出して——基本法第100条第1項第1文を類推適用し——連邦憲法裁判所に次のような問題

を提起したのである。その問題とは、バナナ市場規則の中の経過規定に瑕疵があるにも拘わらず、バナナ市場規則をドイツで適用することは、基本法、とりわけその第23条第1項、第14条第1項、第12条第1項、第3条第1項に適合するのかどうか、ということである。補充的に、同行政裁判所は、共同体条約に同意するドイツの法律の憲法適合性、及びその合憲解釈の可能性に関しても、疑問を呈した[208]。連邦憲法裁判所の回答が、恐らく、ここ数年のうちに示されるであろう。これによって、同裁判所が歩むことになる新たな道程が説明されることになろう。

105. ドイツ連邦共和国において行われる共同体法上の高権行為（Hoheitsakt）に対して基本法上の基本権が妥当するのか、ということに関して、連邦憲法裁判所が従来歩んできた道のりをまとめると、それは次のようなものである。すなわち、連邦憲法裁判所の要求は、当初の一時的かつ完全な基本権最終統制から、——同裁判所による基本権統制の一時的放棄を経て——現在の、持続的ではあるものの、しかし内容的には制限された基本権最終統制に至っているのである。確かに、この比較的最近の枠組みには、共同体法とドイツ憲法との紛争の火種が基本的に残っている。しかし、同時に、この点については、今後も現実の争いにならないであろうという希望を持つことができる。そのためには、一方で共同体レベルの基本権保護をさらに拡張し、そして他方で、連邦憲法裁判所が自らの統制要求を撤回しない場合でも、最低限、単に極端な場合に留保されているにすぎないという意味で自らの統制要求を精緻化し、運用することが確実に有益である。

b) ドイツの高権（Hoheitsgewalt）に対する外国人及び外国法人の
 基本権保護

106. 共同体法が欧州連合構成国の国籍をもつ外国市民及び外国法人の差別を禁止している限り、今まで改正されないで残っている基本法の文言とは裏腹に、これらの権利主体もまた基本法がドイツ人及び内国法人に保障している特別な基本権保護を享受するはずである[209]。

107. ところで，ドイツ人の基本権を用いた自然人の基本権保護に関していえば，連邦憲法裁判所は，しかるべき基本権保護を——人格の自由な発展という総則的基本権（基本法第2条第1項）を引き合いに出して——緩やかな形で外国人にも認めた[210]。そこで，これを契機として，共同体法上の差別禁止が適用される領域で，さらに発展させることが，提案されてきた。すなわち，欧州連合構成国の国籍を持つ外国市民はドイツ人と基本権に関して同等の立場であることが望まれるが，このことは，基本法第2条第1項から生じる基本権保護を共同体法に一致するように解釈し，上乗せすることによって，達成されうるし，達成されるべきである，と[211]。しかし，この解決策は不十分で，基本法第33条第2項のような平等基本権の場合や，法人の場合には全く役に立たない。

108. 従って，よりわかりやすい——かつより適切な——のは，共同体条約に同意する法律がこの点において基本法の文言を傷つけることなく，しかし実質的に憲法改正をもたらしたということから出発することである。すなわち，共同体条約に同意する法律は，ドイツ人及び内国法人のみを対象とする基本権を規定している基本法の諸規定を実質的に拡張したのである。従って，それ以来，しかるべき基本権保護は，共同体法上の差別禁止［命令］が守られていない限り，欧州連合構成国の国籍を持つ外国市民にも，そして外国法人にも，全面的に認められる[212]。基本法の条文をこの法状態に合わせる必要性は，依然としてあるのである[213]。

IV. 欧州共同体裁判所によってとられた解決策

109. 欧州共同体裁判所が自らの判例の中にどの程度ドイツ法の特殊性を考慮に入れてきたかという問いに答えるのは，困難である。すなわち，通常，欧州共同体裁判所の判断は，その理由が複雑に絡み合っているし，個々の構成国の権利から生じる諸問題に対してとられた諸々の解決策は，単純ではないのである。従って，以上のような留保を付してのみ，次のように言うことができるであろう。すなわち，欧州共同体裁判所は共同体法の基本権保護を今日まで継続的に拡張してきたが[214]，その中で，例えば比例原則及び本質的内容保障

(Wesensgehaltsgarantie) といった観念の受容をも含めて，ドイツの様々な要望に少なくとも歩み寄りを見せてきたのであり，これがあったがために，連邦憲法裁判所は自らが当初とってきた極端な立場を後に放棄することになったのである[215]，と。さらに，欧州共同体裁判所は指令規定の直接適用可能性に関する比較的最近の判例の中で慎重な態度をとっているが[216]，このことは，とりわけ，そのような直接適用可能性それ自体を否定し，その後連邦憲法裁判所によって修正された80年代の連邦財政裁判所の判例に対する反応としても，理解されるべきであろう[217]。最後に，ドイツは仮の権利保護を実行することが必要であると考えていたが，欧州共同体裁判所の比較的最近の判例によれば，特定の諸要件の下，構成国の裁判所が仮の権利保護手続の中で自ら共同体規則を一時的に適用しないことができるとしており，このことは上述のドイツの考え方に対応する。[218]。

V．共同体の立法者及び以後の条約の起草者によって とられた解決策

110．共同体の立法者は，例えば地方選挙指令の中で，ベルリン州，ブレーメン州，ハンブルク州に関する特殊な都市国家規定を通じて，ドイツの特殊性を考慮に入れた[219]。

111．この点，50年代の設立条約に続く諸条約に関していえば，――欧州共同体裁判所の判断と同様――それらの諸規律が直ちに特定の構成国と結び付く可能性はない。もっとも，――まず欧州単一議定書前文，次に欧州連合条約前文及び欧州連合条約第F条における――民主主義と基本権保護に対する近年の信奉は，ドイツの危惧と提案に配慮したものである。このような配慮は，価格の安定を確保するために欧州連合条約によって導入された共通通貨政策，通貨連合の第三段階へと入るための収斂基準の確定及び将来の欧州中央銀行に関する条約上の独立性保障についても同様になされた[220]。さらに，ドイツの要求，特に連邦諸州の要求は，条約法の中に補充性原理を定着させるといった予防措置をとること，教育に関する欧州共同体の新たな権限からいかなる調整権限も

除外すること，州大臣による理事会での構成国関与権の行使を承認すること及び地方評議会を設立することを通じて考慮された[221]。なお，この評議会におけるドイツの24のポストには，州政府関係者19人，州議会議員2人，地方団体の代表3人が直ちに任命された[222]。

C. 総合評価

I. 結　　果

112.「超国家に関する基本法のオプション」[223]は，最初，基本法第24条第1項によって切り開かれ，その後，基本法第23条第1項によって補充及び特化され，基本的にドイツ憲法と欧州共同体法の衝突防止及び衝突縮小という意味で作用している。にも拘わらず，現在のところ，以下の諸点が問題であるように思われる。

—共同体権限の妥当範囲について最終的に決定する権能，及び連邦憲法裁判所がマーストリヒト判決の中でドイツの国家機関に認めた，共同体機関の権限踰越を認定する権限[224]。

—連邦憲法裁判所がマーストリヒト判決の中で不明瞭な方法で制限しようと試みた広範な共同体権限を根拠づける可能性[225]。

—統合過程の脱議会主義化の傾向。これは，連邦議会，連邦参議院及び州議会の影響力行使の可能性を法的に強化することで統制されようとしている[226]。

—「州独自の国家性が侵食されていること」[227]。これは，統合過程における自治権の喪失による[228]。

—連邦憲法裁判所がマーストリヒト判決の中で不明瞭な方法で導き出した，共同体法上の高権行為（Hoheitsakt）に対するドイツの基本権統制[229]。但し，その高権行為（Hoheitsakt）がドイツ連邦共和国で効力を有する場合に限る。

II. 提　　案

113. 以上に述べた諸問題を解決するには，一方で，欧州共同体法のしかる

べき優位を貫徹することが必要である。しかし，他方で，以下の認識に照らせば，構成国憲法と欧州共同体法の間における著しく強調された相互開放性及び相互補充性もまた必要である。すなわち，この［構成国憲法と欧州共同体法の］関係において——および各構成国と欧州共同体との関係一般において——大事なことは「ヌルズュメンシュピール」［というカード遊びに象徴されるように両者が敵対すること］ではなく[230]，むしろ，（国家および連合）市民の名において，市民のために適切な共同作業が行われることなのであり，その市民のために一体となって貢献するのがこれらの［構成各国や欧州共同体といった］（部分）システムなのである，という認識である[231]。

114. このことと共に，ドイツにおける憲法の議論の中で必要であると思われるのは，ドイツ連邦共和国の「国家性」についてより素直な理解へと立ち返ることである。すなわち，その「国家性」は，基本法によって最初から特に欧州に対して開かれたものとして創られていたのであり，欧州連合が国家目的にまで高められた今，ようやくこの意味において理解されなければならない[232]。これにあわせて，次のことを認識し，受け入れることが肝要である。すなわち，——基本法が望んだ——欧州統合によって，欧州における新しい種類の全体システムが成立したのであって，このシステムの中では，共同体と構成国がそれぞれ独自の責任領域をかかえながらも，他方において多様な方法で機能的及び規範的に相互に結びつき，さらにその相互作用の中で，共同体と構成国は，古典的形態の国際組織においても古典的形態の国民国家においても範例を見出すことのできない，絶え間ない変化の下に置かれている，ということである[233]。このことの当然の帰結として，構成国の憲法と共同体レベルにおける憲法の関係について，適切な規定が行われるよう，新たな試みもまた必要である[234]。そのためのスローガンが「憲法秩序の闘争」であることなど，ありえない。むしろ，構成国の憲法も共同体の憲法も呑み込み，そしてそれらを相互に秩序づける「欧州憲法結合（europäischer Verfassungsverband）」が目標であり，同時に課題でもある[235]。

115. 基本法第23条第1項及び第24条第1項の解釈に関して，以上のこと

から帰結されることは，ドイツ連邦共和国における共同体法の効力が，確かに法構造的にみれば，それぞれの同意法律に含まれているドイツの法適用命令に支えられているということである[236]。しかし，注意しなければならないのは，特殊な法適用命令が問題となっているということである[237]。すなわち，基本法第23条第1項及び第24条第1項による統合法律の法適用命令は，未知の法を適用するための制限的で制御可能な（すなわち，限界を守ることが国内での統制によって可能で，原則としていつでも再度撤回可能な）かつ自主的な命令を意味しない。そうではなくて，それが意味しているのは，新たな法(生産)共同体に最終的に加盟し，同時に，他の構成国とともに，統合体に機能上必要とされるものに応じて，構成国の主権（Hoheitsrechte）をあきらめ，進展しつつある統合過程に最終的に乗り出すことなのである。この機能上必要とされるものには，共同体独自の主権（Hoheitsrechte），多数決決定によるこの主権（Hoheitsrechte）の行使，共同体法の優位，そして共同体法の有効性とその解釈に関する共同体裁判所の最終決定権がある。これと矛盾するのが，共同体レベルにおける権限の遵守及び基本権の遵守に関する，ドイツの国家機関による継続的な最終統制であろう。連邦憲法裁判所は，マーストリヒト判決の中でこの最終統制を出発点に据えているようにみえる。この点については，極端な場合という条件がせいぜい考慮されるにすぎない。

116. さらに，統合過程に変化が伴うということは，強調しておかなければならない。その変化は，従来のものに消極的に固執することによって安易に阻害されるべきものではない。むしろ，その変化は，均衡のとれた解決策が構成国の憲法においても共同体の憲法においても積極的に推し進められることを要求している。それゆえ，連邦憲法裁判所がマーストリヒト判決で根底に据えた想定，すなわち，優先的に構成国議会が統合過程を現在及び将来に渡って制御するという想定は，ますます幻想と化すであろう。ただ，「欧州連合の活動に個々の国の議会がより深く関与することを促進すること」[238]は，確かに，依然として重要である。しかし，一層重要だと思われるのは，国民国家及び国民が存在しなくても，——ここでは「共同体に参加する諸国の国民」[239]による民主

主義として——民主主義は可能かつ必要たりうるということを認識し、共同体レベルにおける議会主義化をはっきりと打ち立てることである[240]。

117. 最後にドイツ連邦諸州に関していえば、とにかく既にかなり以前から、諸州は、自らの自治権を保持することと平行して、連邦レベル及び欧州連合レベルにおける自らの関与権をより強固にすることにも努めてきた[241]。もっとも、この両者が実現するとしても、最終的には、それは限定的なものでしかないであろう[242]。

II　マーストリヒト条約発効後のドイツ憲法と欧州共同体法の関係

118. ここまで示してきたマーストリヒト条約発効以前の論争と解決策は、その多くが、［マーストリヒト条約が発効した］1993年11月1日を過ぎても広がりをみせている。ここでは、その限りにおいて、本報告のこれまでの論述と一般的に関係させることができるし、また、そうする必要がある。

A．新たに起こりうる問題

I．ドイツ憲法の展開から生じうる問題

119. 新たな問題は、特に憲法上これまで解決されずに残されてきた問題状況から生じるうる。この点についても、既述したことが広範囲に渡って参照されなければならない。

120. 例えば、今日の統合状態に関していえば、マーストリヒト判決以降、潜在的な危険が存在している。それは、権限違反又は基本権違反の共同体法が問題となっていることを理由にして、ドイツの国家機関が、自ら又は連邦憲法裁判所の介入の後、共同体派生法を適用しない、とする危険である[243]。

121. 恐らく、統合を進展させる方法に関しても、ドイツ憲法から問題が生じるであろう。その原因は、基本法第23条第1項第1文の構造保障条項が不

明瞭な要求をしているという点だけでなく[244]，とりわけ，基本法第79条第3項と結びつく基本法第23条第1項第3文の憲法永続条項の継続的保障（「永久保障」）が憲法上の障害となっているという点にもある[245]。統合の進展をドイツ憲法の観点から引き続き可能なものとするのか，それとも，統合の進展を——非現実的な——ドイツ新憲法の発布に係らしめ，これにより当面，不可能なものとするのかは，基本法第79条第3項（例えば，ドイツ連邦共和国に必要とされる独自の国家性について，及び民主主義の要請から連邦議会に留保されなければならない決定権について）の今後の解釈次第である。

122. 最後になるが，マーストリヒト判決は今までにないスタイルをとっている。すなわち，同判決は，欧州共同体裁判所に対して警告を発し，かつドイツ国籍を持つ当時の欧州共同体裁判所裁判官の言葉を不適切に引用しているのである[246]。このようなマーストリヒト判決のスタイルが欧州共同体裁判所に対する連邦憲法裁判所のある種の対抗意識［のあらわれ］であることは，明らかである。今後の論争に向けた新たな素材はここから生じるであろうし，また，法的諸問題を憲法的に捉える，ドイツ法において形成されてきた傾向からも生じるものと思われる。

Ⅱ．欧州連合の展開から生じうる問題

123. 理事会における票決のルールとそのありうる修正に関して，相反する2つの情景があらわれてきている。一方で，連邦憲法裁判所がその比較的最近の判例の中で理事会における多数決を受け入れているのは，明らかに一定の条件下においてのみ，である[247]。しかし他方で，理事会での多数決を要求するより詳細な憲法上の規定が存在しないということは，明らかである。それゆえ，ドイツ憲法の見地からすれば，多数決に関する二重の要請を取り入れることは確かに問題ないのであろうが，しかし必要なことでもないであろう。実際，人口の少ない連邦諸州が連邦参議院で「平均値を上回る代表権（Überrepräsentation）」を有するということは，基本法によって従前から認められている。例えば，ノルトライン・ヴェストファーレン州は1,779万人の人口で6票を，ブレーメン

は68万人で3票を，現在，連邦参議院の中で有している[248]。

124. 通貨連合を実現する際には，様々な問題が生じるであろう。というのも，連邦議会と連邦参議院は，通貨連合の第三段階への移行について理事会で決定を下す場合に連邦政府がとる投票行動を1992年の決議で議会の留保に係らしめたからである[249]。連邦憲法裁判所は，これを引き合いに出して，マーストリヒト判決の中で次のことを強調している。すなわち，通貨連合に向けた制御不能な「自動性（Automatismus）」はもはや存在しないのであり，むしろ，統合に関わる重要な進展については，さらなる，すなわち議会の影響を受けることとなる連邦政府の同意に係らしめられている，と[250]。同裁判所が言うには，第三段階への移行時点（共同体設立条約第109j条第4項）は，「法的に貫徹されうる日付としてよりも，むしろ目標基準として理解される」べきものであり，条約上の諸規定は「共同体の安定が見込めない場合，最終的に――最後の手段として――共同体から脱退するということもまた妨げてはいない」[251]。いずれにせよ，連邦憲法裁判所の以上の論述が通貨連合に関する条約上の諸規律と合致するのかどうかは定かでなく，今後の展開次第では，新たな論争の火種となるかもしれない[252]。

B．ありうる解決方法

I．序列的解決策：ドイツ憲法に対する共同体法の優位

125. 統合条約に同意するドイツの法律が，その憲法適合性について，原則として連邦憲法裁判所の審査に服しうるということは，以前から明らかであった。しかし，1967年に連邦憲法裁判所は，これに応じて行われた［下級裁判所から連邦憲法裁判所への］裁判官付託を，個別事例の事情に基づいた，問題のある理由づけでもって，許容できないものとした[253]。これに対し，1993年に同裁判所は，マーストリヒト条約に同意する法律に対する憲法異議を――同様に問題のある理由づけでもって，すなわち，基本法第38条をかなり拡張することによって[254]――許容できるものとみなし，これについて実体的な判断を

下した[255]。確かに、この種の憲法異議は延期効果を有しておらず、従って、そのようなものとして統合条約の批准を妨げることはありえない。しかし、連邦憲法裁判所が仮命令を下すことによって、又は――マーストリヒト判決の場合のように――他の国家機関が自発的に手控えることによって、連邦憲法裁判所による統制の予防的性格は、確保されうるのである[256]。

126. 他面において、一旦発効した統合条約及びそれに基づく派生法が、ドイツ法に優位しなければならないということは、同様にして長い間認められてきた。従って、統合条約に同意するドイツの諸法律の中に、それぞれ共同体法の優先適用を命じる命令が含まれているものとして、それらの諸法律は理解されなければならない[257]。

127. もっとも、連邦憲法裁判所は、共同体派生法が共同体権限の限界を遵守しているかどうか、そして共同体派生法が基本権保護の要求を十分満たしているかどうか、ということについて審査する権限をドイツの国家機関に認めている。この判決それ自体、再考が必要であるように思われる[258]。

II. 同列的解決策：
共同体法とドイツ法の関係における相互考慮

128. まず、留意しなければならないことは、欧州連合が欧州連合条約第F条第1項により構成国の国家としての独自性について尊重義務を負っているということ、及び欧州共同体裁判所が欧州共同体に対する構成国の誠実義務だけでなく、構成国に対する欧州共同体の誠実義務をも欧州共同体設立条約第5条から導き出したということである[259]。連邦憲法裁判所は、マーストリヒト判決の中で、欧州共同体の高権行為（Hoheitsakt）に対する基本権保護に際して欧州共同体裁判所と連邦憲法裁判所の間で必要となる「協働関係」を強調した。但し、この場合、この性格づけがドイツ側の要求した基本権最終統制と合致するのかどうか、問題であるように思われる[260]。

129. さらに、基本法第79条第3項と結びつく基本法第23条第1項第3文の憲法永続条項が特に原因となって、欧州共同体法とドイツ法の衝突が起こり

うるが，この衝突は回避されるか又は緩和されるべきであり，それは2つの法秩序がそれぞれ主張していること及び保障していることをある程度相互に歩み寄らせることによって行われるべきである[261]。共同体レベルでは，このことは，例えば民主主義の原則や法治国原理，基本権保護の原則をはっきり打ち出し，強調する欧州憲法なるものを構築することによって，実現されうるし，実現されなければならない。ドイツ憲法のレベルでは，ドイツ連邦憲法裁判所が，欧州に向けたドイツ国家性の開放という表現の下で，今まで以上に次のことを認めなければならない。すなわち，基本法第79条第3項において保護するよう基本法上要求されていることが，ドイツ憲法の伝統的な形式においてだけでなく，他の形式によってもかなえられうるということ，そしてその際には統合過程の独自性とその発展が考慮されなければならないということ，である。

130. さらに，衝突を回避するための2つの方策が，特に言及しておくに値する。一方で，欧州共同体裁判所は，まさにドイツの一事例をもとに，構成国の法を共同体法に適合的に解釈することが必要であると強調し[262]，ドイツの裁判所もまたこれを実際に受容している[263]。他方で，時として見られるのであるが，ドイツの行政は，転用期間が満了してもドイツ法へと転用されなかった指令規定を直接適用している[264]。

Ⅲ．個別の解決策

131. 連邦参議院は，欧州連合条約第N条第2項による修正会議［条約規定の修正を検討する会議］において連邦政府が表明する交渉の立場を確定するに際して影響を及ぼすため，1995年12月15日の議決において，一連の「1996年政府会議にむけた諸州の要求」を示した[265]。

132. これらの要求には，例えば，構成国及び地方に不利とならないように共同体法上の補充性原理を捉えること，共同体への段階的権限配分に関する詳細なカタログと結び付けて共同体の権限を共同体に明示的に配分せられた権限へと限定すること，共同体が自らの権限を行使する際に構成国の利益と構成国の内部構造を考慮しなければならないという規定によって欧州共同体設立条約第

5条を明示的に補充すること，欧州連合条約において地方自治行政権を定着させること，地方評議会をさらに発展させること，がある。

133. 地方評議会の権能の保持又は補充性原理の貫徹ということが重要である限り，地方評議会は，欧州共同体裁判所への独自の提訴権を持つべきである。さらに，連邦議会及び連邦参議院といった国民議会，並びに欧州連合の措置によって独自の立法権を侵される地方が，欧州共同体裁判所への独自の提訴権を持つべきである。但し，仮にこの最後の要求を実現するとなると，欧州共同体裁判所は，困惑させないようにするため，恐らく国内における権限配分の問題とともに構成国憲法の問題にも判断を下さなければならないであろうが，このことは，もしかすると，その最後の要求をする際に考慮に入れられてこなかったことかもしれない。

134. さらに連邦参議院が要求しているのは，例えば，政府間で共同作業が行われている重要な問題領域を共同体へと移すこと，地方と関連させて欧州議会選挙のための統一欧州選挙手続を設けること，法定立手続における欧州議会［の地位］を強化すること，である。

---

* 本章は，第 17 回ヨーロッパ法国際会議（ベルリン，1996 年 10 月 9 日－12 日）において，著者が「欧州統合の視点を伴った国内憲法」というテーマに関して行ったドイツ側の報告に加筆したものである。報告の構成及び問題提起の仕方は，その大半が会議主催者のアンケート用紙に従って，設定されたものである。

1) これに関しては，項目番号 14 以下を見よ。
2) Das Genehmigungsschreiben der drei Militärgourverneure zum GG vom 12. 5. 1949, Verordnungsblatt für die Britische Zone 1949, 416, i. V. m. dem Besatzungsstatut vom 12. 5. 1949, Europa-Archiv 1949, 2074 を見よ。
3) Vertrag über die Beziehungen zwischen der Bundesrepublik Deutschland und den Drei Mächten vom 26. 5. 1952 i. d. F. vom 23. 10. 1954, in Kraft getreten am 5. 5. 1955, BGBl. 1955 II S. 305.
4) Art. 7 Abs. 2 des Vertrags über die abschließende Regelung in bezug auf Deutschland vom 12. 9. 1990, BGBl. 1990 II S. 1318.
5) Die Schlußfolgerungen des Europäischen Rates von Dublin vom 28. 4. 1990,

Europa-Archiv 1990/2, D 284 f. を見よ。
6) 項目番号 82 以下を見よ。
7) この規定に関する基本権の問題に関しては，項目番号 13 を見よ。
8) 例えば，§ 7 Abs. 1 Bundesbeamtengesetz vom 14. 7. 1953, BGBl. 1953 I S. 551, § 4 Abs. 1 Beamtenrechtsrahmengesetz vom 1. 7. 1957, BGBl. 1957 I S. 667 といったかつての諸規律が存続している場合，及び諸州の官吏法。
9) 例えば，EuGH, Urteil vom 17. 12. 1980 — Rs. 149/79 — Kommission/Belgien, Slg. 1980, 3881; EuGH, Urteil vom 3. 7. 1986 — Rs. 66/85 — Lawrie-Blum, Slg. 1986, 2121 を見よ。
10) これに関しては，項目番号 13, 65, 68, 69, 106 以下を見よ。
11) Vorschlag für eine Richtlinie des Rates über das Wahlrecht der Staatsangehörigen der Mitgliedstaaten bei den Kommunalwahlen im Aufenthaltsort vom 24. 6. 1998, ABl. EG 1988 Nr. C 246 S. 3.
12) 項目番号 45, 49, 70, 92 を見よ。
13) かつての基本法 24 条第 1 項，現在の基本法第 23 条第 1 項。
14) 基本法第 32 条第 1 項，例外は現在の基本法第 23 条第 6 項。
15) これに関して，より詳細なのは，Meißner, Die Bundesländer und die Europäischen Gemeinschaften, 1996, S. 33 ff.
16) これに関して，より詳細なのは，Seidel, Deutsche Verfassung und Europa, in: Bitburger Gespräche, Jahrbuch 1995/I , S. 97, 100 ff.
17) これに関しては，項目番号 22, 32 以下, 50 以下, 71 以下, 93, 113 以下を見よ。
18) これに関しては，項目番号 57 以下, 75, 82 以下, 97 を見よ。
19) 基本法第 79 条第 3 項。
20) §§ 90 ff. BVerfGG vom 12. 3. 1951, jetzt i. d. F. vom 11. 8. 1993, BGBl. 1993 I S. 1473. 基本法第 93 条第 1 項第 4a 号。
21) 1992, 93 年の欧州連合条約第 F 条第 2 項で，ようやく明示的な規律が条約法の中に取り入れられた。しかし，その規律は，関連する欧州共同体裁判所の判例を単になぞったものであり，その上，欧州連合条約第 L 条によれば，この規律に関する訴えを提起することはできない。
22) 例えば，EuGH, Urteil vom 15. 7. 1960 — Verb. Rsn. Nrn. 36-38 und 40/59 — Nold u. a./Hohe Behörde, Slg. 1960, 885, 920 f. を見よ。
23) 特に，項目番号 98 以下を見よ。
24) 基本法第 12 条第 1 項及び基本法第 33 条第 2 項。基本法第 33 条第 2 項で同時に問題とされる主権の問題（Souveränitätsproblematik）に関しては，上掲項目番号 4 以下を見よ。厳密に言えば，基本法第 1 条ないし第 19 条を除いた基本法上の個別の権利保障で問題となるのは，基本権に匹敵する権利であるが，ただ，その権利は基本

法第1条ないし第19条の中に含まれている基本権と法的に同等の権利である。基本法第93条第1項第4a号，及び，例えば，Pieroth/Schlink, Grundrechte. Staatsrecht Ⅱ, 12. Aufl. 1996, S. 16 Rn. 51 を参照。
25) 基本法第19条第3項。もっとも，判例によれば，法律の定める裁判官への権利（基本法第101条第1項第2文）及び法律上の審問を請求する権利（基本法第103条第1項）の場合は，例外として認められている。BVerfG, Beschluß vom 12. 4. 1983―National Iranian Oil Company, BVerfGE 64, 1, 11 を見よ。
26) 欧州共同体設立条約第6条，第48条，第52条，第59条を見よ。
27) これに関しては，項目番号65, 106 以下を見よ。
28) これに関して詳細には，例えば，H. Dreier, in: ders., Grundgesetz-Kommentar, Bd. 1, 1996, Präambel, Rn. 25 ff. これに対応する規定が，いくつかの州憲法の中に見られる。項目番号48を見よ。
29) BVerfG, Urteil vom 22. 10. 1986―Solange Ⅱ, BVerfGE 73, 339, 386 を見よ。BVerfG, Beschluß vom 31. 3. 1987―Auslieferung, BVerfGE 75, 1, 17 も見よ。
30) Art. 4 des Vertrages zwischen der Bundesrepublik Deutschland und der Deutschen Demokratischen Republik über die Herstellung der Einheit Deutschlands―Einigungsvertrag―vom 31. 8. 1990, BGBl. 1990 Ⅱ S. 889, i. V. m. Art. 1 des Gesetzes vom 23. 9. 1990 zu dem Vertrag vom 31. 8. 1990 zwischen der Bundesrepublik Deutschland und der Deutschen Demokratischen Republik über die Herstellung der Einheit Deutschlands―Einigungsvertragsgesetz―und der Vereinbarung vom 18. 9. 1990, BGBl. 1990 Ⅱ S. 885.
31) Pernice, Deutschland in der Europäischen Union, in: HStR Ⅷ, 1995, S. 225, 227 ff. も見よ。
32) 基本法第24条に関する議会評議会（der Parlamentarische Rat）の審議報告書 in: JöR Band 1, 1951, S. 222, 223 を見よ。
33) H. P. Ipsen, Europäisches Gemeinschaftsrecht, 1972, S. 52.
34) 既に BVerfG, Urteil vom 29. 5. 1974―Solange Ⅰ, BVerfGE 37, 271, 280 で述べられていることを見よ。
35) 同様に Badura, Staatsrecht, 2. Aufl. 1996, S. 344, Teil D Rn. 143.
36) これに関して詳細なのは，例えば，Randelzhofer in: Maunz/Dürig, Grundgesetz-Kommentar, Stand Okt. 1996, Art. 24 Abs. Ⅰ Rn. 37 ff.; Streinz in: Sachs, Grundgesetz. Kommentar, 1996, Art. 24 Rn. 26; Tomuschat in; Kommentar zum Bonner Grundgesetz (Bonner Kommentar), Stand Oktober 1994, Art. 24 Rn. 25.
37) これに関しては，例えば，Streinz in: Sachs, Grundgesetz. Kommentar, 1996, Art. 24 Rn. 25; Tomuschat in: Bonner Kommentar, Std. Okt. 1994, Art. 24 Rn. 28 ff.; Zuleeg in: Alternativ-Kommentar zum Grundgesetz, 2. Aufl. 1989, Art. 24 Rn. 19.

第 2 章　ドイツ憲法と欧州統合　79

さらに項目番号 66 を見よ。
38) これに関しては，BVerfG, Beschluß vom 23. 6. 1981 — Eurocontrol I, BverfGE 58, 1, 36 の中で強調されている。
39) 基本法第 24 条に関する議会評議会の審議報告書 in: JöR Band 1, 1951, 223, 228 を見よ。
40) BVerfG, Urteil vom 22. 10. 1986 — Solange II, BVerfGE 73, 339, 375 f.　既に BVerfG, Urteil vom 29. 5. 1974 — Solange I, BVerfGE 37, 271, 279 で述べられていることも見よ。
41) H. P. Ipsen, Europäisches Gemeinschaftsrecht, 1972, S. 58.
42) Art. 5 des Einigungsvertrag vom 31. 8. 1990, BGBl. 1990 II S. 889 は，そのような再検討を促している。
43) 共同憲法委員会の報告書 BT-Drs. 12/6000 vom 5. 11. 1993, S. 20 を見よ。これに関しては Breuer, Die Sackgasse des neuen Europaartikels (Art. 23 GG), NVwZ 1994, 417, 420; Classen, Maastricht und die Verfassung: kritische Bemerkungen zum neuen „Europa-Artikel" 23 GG, ZRP 1993, 57; Di Fabio, Der neue Art. 23 des Grundgesetzes, Der Staat 32, 1993, 191, 193 f.; Fischer, Die Europäische Union im Grundgesetz: der neue Artikel 23, ZParl. 1993, 32, 36 f.; Scholz, Europäische Union und Verfassungsreform, NJW 1993, 1690, 1691 も見よ。さらに項目番号 42 を見よ。
44) 注 43 に掲げた報告書 19 頁以下を見よ。
45) Gesetz zur Änderung des Grundgesetzes vom 21. 12. 1992, BGBl. 1992 I S. 2086.
46) Gesetz zum Vertrag vom 7. Februar 1992 über die Europäische Union vom 28. 12. 1992, BGBl. 1992 II S. 1251.
47) 例えば，Badura, Staatsrecht, 2. Aufl. 1996, S. 330 f., 344, Teil D Rn. 122 und 143; Jarass in: Jarass/Pieroth, Grundgesetz-Kommentar, 3. Aufl. 1995, Art. 23 Rn. 2; Rojahn in: von Münch/Kunig, Grundgesetz-Kommentar, Band 2, 3. Aufl. 1995, Art. 23 Rn. 3 を見よ。
48) 共同憲法委員会の報告書 BT-Drs. 12/6000 vom 5. 11. 1993, S. 2 を見よ。さらに例えば，Badura, Das Staatsziel „Europäische Integration" im Grundgesetz, in: FS Schambeck, 1994, S. 887, 889 ff.; Jarass in: Jarass/Pieroth, Grundgesetz-Kommentar, 3. Aufl. 1995, Art. 23 Rn. 3; Scholz in: Maunz/Dürig, Grundgesetz-Kommentar, Stand Okt. 1996, Art. 23 Rn. 36 ff.; Sommermann, Staatsziel „Europäische Union", DÖV 1994, 596, 597 ff.; Streinz in: Grungesetz. Kommentar, 1996, Art. 23 Rn. 10.
49) 連邦議会によって設置された「欧州連合（マーストリヒト条約）」特別委員会 BT-Drs. 12/6000 vom 5. 11. 1993, S. 30; Scholz in: Maunz/Dürig, Grundgesetz-Kommentar, Stand Okt. 1996, Art. 23 Rn. 4, 12, 41 ff. も同様。Sommermann, DÖV

1994, 596, 598 も見よ。
50) 項目番号22, 42 を見よ。このような「質的飛躍」を，マーストリヒト条約が実際にもたらすことはなかったということに関して，例えば，Pernice, Maastricht, Staat und Demokratie, Die Verwaltung 1993, 449, 454 ff. を参照。
51) この問題は，基本法第23条第1項第3文の観点からも提起されている（これに関しては項目番号42を見よ）。この問題に対する考え方には争いがある。ここで述べたことと同様なのは，例えば，Fischer, ZParl. 1993, 32, 37; Grewe, L'arrêt de la Cour constitutionnelle fédérale allemande du 12 october 1993 sur le Traité de Maastricht: L'Union européenne et les droits fondamentaux, RUDH 1993, 226, 230 f.; Magiera, Die Grundgesetzänderung von 1992 und die Europäische Union, Jura 1994, 1, 8; Pernice, Europäische Union: Gefahr oder Chance für den Föderalismus in Deutschland, Österreich und der Schweiz, DVBl. 1993, 909, 922 ff.; Scholz in: Maunz/Dürig, Grundgesetz-Kommentar, Stand Okt. 1996, Art. 23 Rn. 63, 87 ff. 異なる見解として，例えば，Breuer, NVwZ 1994, 417, 422; Di Fabio, Der Staat 32, 1993, 191, 206, 214; Herdegen, Die Belastbarkeit des Verfassungsgefüges auf dem Weg zur Europäischen Union, EuGRZ 1992, 589, 590 f.; Rojahn in: von Münch/Kunig, Grundgesetz. Kommentar, Band 2, 3. Aufl. 1995, Art. 23 Rn. 11; Sommermann, DÖV 1994, 596, 599; Streinz in: Sachs, Grundgesetz. Kommentar, 1996, Art. 23, Rn. 20, 68, 84. 連邦憲法裁判所が，マーストリヒト判決の中でこの問題に言及しなかったのは明らかである。BVerfG, Urteil vom 12. 10. 1993—Maastricht, BVerfGE 89, 155, 188 を見よ。
52) 共同憲法委員会の報告書 BT-Drs. 12/6000 vom 5. 11. 1993, S. 20.
53) Breuer, NVwZ 1994, 417, 422.
54) Streinz in: Sachs, Grundgesetz. Kommentar, 1996, Art. 23 Rn. 17 も見よ。
55) 既に Scharpf, Europäisches Demokratiedefizit und deutscher Föderalismus, Staatswissenschaften und Staatspraxis 1992, 293 ff. で述べられていることを見よ。さらに，Everling, Überlegungen zur Struktur der Europäischen Union und zum neuen Europa-Artikel des Grundgesetzes, DVBl. 1993, 936, 944 f.; Badura, in: FS Schambeck, 1994, S. 887, 889 f. を見よ。
56) このことは，基本法との「構造の適合に関する原則一致（strukturangepaßten Grundsatzkongreuenz)」への要求，及びこれに関して提示された Streinz in: Sachs, Grundgesetz-Kommentar, 1996, Art. 23 Rn. 20 ff. の解説にも，最終的にあてはまる。さらに Scholz in: Maunz/Dürig, Grundgesetz-Kommentar, Stand Okt. 1996, Art. 23 Rn. 54 ff. の解説を見よ。
57) 項目番号18以下を見よ。
58) 項目番号19, 66 を見よ。

59) これに関しては, Scholz in: Maunz/Dürig, Grundgesetz-Kommentar, Stand Okt. 1996, Art. 23 Rn. 80. 批判的なのは, Rupp, Grundgesetzänderungen durch völkerrechtlichen Vertrag — ein vernachlässigtes Problem des Maastrichter Unionsvertrags, in FS 180 Jahre Heymanns Verlag, 1995, S. 499, 506 ff. これに対応する基本法第24条第1項の法状態に関しては, 既に項目番号19で述べられていることを見よ。
60) 基本法第79条第2項, 第121条。
61) 項目番号19を見よ。
62) この意味で, 例えばMagiera, Jura 1994, 1, 9. 同様に, Streinz in: Sachs, Grundgesetz. Kommentar, 1996, Art. 23 Rn. 77 ff. これに関しては, Badura, Staatsrecht, 2. Aufl. 1996, S. 346, Teil D Rn. 144; Enders, Offene Staatlichkeit unter Souveränitätsvorbehalt — oder: Vom Kampf der Rechtsordnungen nach Maastricht, in: FS Böckenförde, 1995, S. 29, 38 f.; Everling, DVBl. 1993, 936, 943; Fischer, ZParl. 1993, 32, 40; Geiger, Die Mitwirkung des deutschen Gesetzgebers an der Entwicklung der Europäischen Union, JZ 1996, 1093, 1097; Jarass in: Jarass/Pieroth, Grundgesetz-Kommentar, 3. Aufl. 1995, Art. 23 Rn. 10; Oschatz/Risse, Die Bundesregierung an der Kette der Länder?, DÖV 1995, 437, 438 ff.; Scholz, Europäische Union und deutscher Bundesstaat, NVwZ 1993, 817, 821 f.; ders. in: Maunz/Dürig, Grundgesetz-Kommentar, Stand Okt. 1996, Art. 23 Rn. 83 ff.; Sommermann, DÖV 1994, 596, 601 も見よ。
63) これに関しては, 項目番号19を見よ。
64) これに関しては, 基本法第29条, 第118条, 第118a条を見よ。
65) Breuer, NVwZ 1994, 417, 422.
66) 項目番号20を見よ。
67) 同様に, Lerche, Europäische Staatlichkeit und die Identität des Grundgesetzes, in: FS Redeker, 1993, S. 131, 147.
68) 例えば, Lerche, in: FS Redeker, S. 131, 134 f.; Scholz, in: Maunz/Dürig, Grundgesetz-Kommentar, Stand Okt. 1996, Art. 23 Rn. 88を見よ。
69) 同様に, 例えば, Di Fabio, Der Staat 32, 1993, 191, 206; Herdegen, EuGRZ 1992, 589, 590; Ossenbühl, Maastricht und das Grundgesetz — eine verfassungsrechtliche Wende?, 1993, 629, 632 f.
70) 同様に, Magiera, Jura 1994, 1, 8.
71) 項目番号15, 25, 26を見よ。
72) 同様に, 憲法共同委員会の報告書BT-Drs.12/6000 vom 5. 11. 1993, S. 20. さらにScholz in: Maunz/Dürig, Grundgesetz-Kommentar, Stand Okt. 1996, Art. 23 Rn.3. 既に項目番号22で述べられていることも見よ。
73) 項目番号26を見よ。

74) これに関しては，既に項目番号26で述べられていることを見よ。
75) この問題に関しては，Blanke, Der Unionsvertrag von Maastricht — Ein Schritt auf dem Weg zu einem europäischen Bundesstaat?, DÖV 1993, 412, 418 ff.; Lerche, in: FS Redeker, S. 131, 141 ff. を見よ。
76) これに関してより詳細には，項目番号82以下。
77) BVerfG, Urteil vom 31. 10. 1990 — Schleswig-Holsteinische Kommunalwahlen, BVerfGE 83, 37, 59 ; Art. 8b Abs. EGV. を見よ。さらに項目番号7, 70, 92を見よ。
78) 項目番号50以下，57以下を見よ。
79) ブランデンブルク州，メクレンブルク・フォアポンメルン州，ザクセン・アンハルト州，テューリンゲン州の各憲法前文及びニーダーザクセン州，ザクセン・アンハルト州の各憲法第1条を見よ。州議会が欧州連合に関わる事項について果たす役割に関して，その州憲法上の規定については，項目番号62を見よ。
80) Art. 72 der Verfassung des Landes Baden-Württemberg i.d.F. vom 15. 2. 1995, GBl. 1995 S. 269.
81) これに関しては，Engelken, Änderung der Landesverfassung unter der Großen Koalition, VBlBW 1995, 217, 229; Engelken, Einbeziehung der Unionsbürger in kommunale Abstimmungen (Bürgerentscheide, Bürgerbegehren), NVwZ 1995, 432 ff.; Meyer Teschendorf/Hans Hofmann, Teilname von Unionsbürgern nicht nur an Kommunalwahlen, sodern auch an kommunalen Plebisziten?, ZRP 1995, 290 ff.; Burkholz, Teilname von Unionsbürgern an kommunalen Bürgerentscheiden?, DÖV 1995, 816 ff.; Scholz in: Maunz/Dürig, Grundgesetz-Kommentar, Stand Okt. 1996, Art. 28 Rn. 41 f. を見よ。項目番号70も見よ。
82) これに関して詳細には，Schede, Bundesrat und Europäische Union, 1994, S. 86 ff.
83) Art. 2 des Gesetzes vom 27. 7. 1957, BGBl. 1957 II S. 753.
84) 交換された書簡は，Hrbek/Thaysen (Hrsg.), Die Deutschen Länder und die Europäischen Gemeinschaften, 1986, S. 237 f. に掲載されている。
85) Art. 2 des Gesetzes zur Einheitlichen Europäischen Akte vom 19. 12. 1986, BGBl. 1986 II S. 1102.
86) 同様に共同憲法委員会の報告書 BT-Drs. 12/6000 vom 5. 11. 1993, 22.
87) 基本法第23条第5項第2項及び後述の項目番号73を見よ。これに関しては，例えば，Di Fabio, Der Staat 32, 1993, 191, 208; Kunig, Mitwirkung der Länder bei der europäischen Integration: Art. 23 des Grundgesetzes im Zwielicht, in: FS 180 Jahre Heymanns Verlag, 1995, S. 591, 599 ff.; Oschatz/Risse, DÖV 1995, 437, 442 f.; Ossenbühl, DVBl. 1993, 629, 636. これとは逆に，連邦参議院の当該最終決定権を承認することに反対しているのは，Streinz in: Sachs, Grundgesetz. Kommentar, 1996, Art. 23 Rn. 112.

88) H. H. Klein, Kontinuität des Grundgesetzes und seine Änderung im Zuge der Wiedervereinigung, in: HStR Ⅷ, 1995, S. 557, 595.
89) この疑念については，例えば，Badura, Die „Kunst der föderalen Form"—Der Bundesstaat in Europa und die europäische Föderation, in: FS Lerche, 1993, S. 369, 380 f.; Everling, DVBl. 1993, 936, 947; Oppermann/Classen, Die EG vor der Europäischen Union, NJW 1993, 5, 12; Scharpf, StWStP 1992, 293, 298 f.; Schwarze, Das Staatsrecht in Europa, JZ 1993, 585, 590; T. Stein, Europäische Union: Gefahr oder Chance für den Föderalismus in Deutschland, Österreich und der Schweiz, VVDStRL 53, 1994, S. 26, 36 を見よ。但し，Wilhelm, Europa im Grundgesetz: Der neue Artikel 23, BayVBl. 1992, 705, 708 ff. も見よ。
90) Schütz, Die EG-Kammer—Delegationsbefugnis und Geschäftsordnungsautonomie des Bundesrates, NJW 1989, 2160 ff. を見よ。
91) より詳細な規定については，§§ 45b ff. der Geschäftsordnung des Bundesrates i.d.F. vom 26. 11. 1993 I S. 2007, mit Änderungen vom 25. 11. 1994, BGBl. 1994 I S. 3736 による。これに関しては，Hilf, Europäische Union: Gefahr oder Chance für den Föderalismus in Deutschland, Österreich und der Schweiz ?, VVDStRL 53, 1994, S. 7, 18 f.; Oschatz/Risse, DÖV 1995, 437, 448 ff. を見よ。
92) Krebs in: von Münch/Kunig, Grundgesetz-Kommentar, Band 2, 3. Aufl. 1995, Art. 52 Rn. 6 を見よ。
93) Krebs in: von Münch/Kunig, Grundgesetz-Kommentar, Band 2, 3. Aufl. 1995, Art. 52 Rn. 10.; Scholz in: Maunz/Dürig, Grundgesetz-Kommentar, Stand Okt. 1996, Art. 52 Rn. 26 も見よ。
94) 関連する諸問題について，より詳細には，Oschatz/Risse, DÖV 1995, 437, 447 f.; Schede, Bundesrat und Europäische Union, 1994, S. 158 ff.
95) § 6 Abs. 2 EUZBLG (Gesetz über die Zusammenarbeit von Bund und Ländern in Angelegenheiten der Europäischen Union) vom 12. 3. 1993, BGBl. 1993 Ⅰ S. 313; Punkt Ⅳ. 5 der Vereinbarung zwischen der Bundesregierung und den Regierungen der Länder über die Zusammenarbeit in Angelegenheiten der Europäischen Union vom 29. 10. 1993, Banz. 1993, Nr. 226, S. 10425; § 45 i der Geschäftsordnung des Bundesrates i.d.F. vom 26. 11. 1993, BGBl. 1993 Ⅰ S. 2007, mit Änderungen vom 25. 11. 1994, BGBl. 1994 Ⅰ S. 3736.
96) Scholz, NVwZ 1993, 817, 824; ders., in: Maunz/Dürig, Grundgesetz-Kommentar, Stand Okt.1996, Art. 23 Rn. 138 も見よ。
97) この問題に関しては，Breuer, NVwZ 1994, 417, 428; Classen, ZRP 1993, 57, 60; Herdegen, EuGRZ 1992, 589, 593 f.; Hilf, VVDStRL 53, 1994, S. 7, 16; Pernice, DVBl. 1993, 909, 917; Scholz in: Maunz/Dürig, Grundgesetz-Kommentar, Stand Okt.

1996, Art. 23 Rn. 137; Streinz in: Sachs, Grundgesetz. Kommentar, 1996, Art. 23 Rn. 118 も見よ。
98) 基本法第23条第2項及び第3項。項目番号75も見よ。
99) これに関して，1993年11月5日の共同憲法委員会の報告書 BT-Drs. 12/6000, S. 22; Jarass in: Jarass/Pieroth, Grundgesetz-Kommentar, 3. Aufl. 1995, Art. 23 Rn 24 を見よ。
100) これに関して批判的なのは，Di Fabio, Der Staat 32, 1993, 191, 210.
101) Everling, DVBl. 1993, 936, 946; Hilf, VVDStRL 53, 1994, S.7, 19; Pernice, Die Verwaltung 1993, 449, 467; Scholz, NVwZ 1993, 817, 820 も見よ。
102) これに関して，Kabel, Die Mitwirkung des Deutschen Bundestages in Angelegenheiten der Europäischen Union, in: GS Grabitz, 1995, S. 241, 249 を見よ。
103) Art. 93 a Abs. 6 der Geschäftsordnung des Bundestages i.d.F. vom 30. 9. 1995, BGBl. I S. 1246.
104) これに関して詳細には，Kabel in: GS Grabitz, 1995, S. 241 ff.; Möller/Limpert, Informations- und Mitwirkungsrechte des Bundestages in Angelegenheiten der Europäischen Union, Zparl. 1993, 21, 31 ff.; Rojahn in: von Münch/Kunig (Hrsg.), Grundgesetz-Kommentar, Band 2, 3. Aufl. 1995, Art. 45 Rn.7 ff.; Scholz, NJW 1993, 1690, 1691. Bedenken bei Badura, in: FS Schambeck, 1994, S. 887, 901.
105) Badura, Staatsrecht, 2. Aufl. 1996, S. 407, Teil E Rn.37.
106) 項目番号50以下を見よ。
107) 基本法第51条第1項。
108) これに関して，Algiere/Schmuck/Wessels, Die Landtage im europäischen Integrationsprozeß nach Maastricht, Schriften des Landtages Nordrhein-Westfalen Band 5, 1992 の分析と提案を見よ。さらに，Schweitzer, Europäische Union: Gefahr oder Chance für den Föderalismus in Deutschland, Österreich und der Schweitz ?, VVDStRL 53, 1994, S. 48, 61 f. とこれに関する Hilf, VVDStRL 53, 1994, S. 88, 91 の返答を見よ。
109) 例えば，メクレンブルク・フォアポンメルン州憲法第39条，ニーダーザクセン州憲法第25条，ザクセン・アンハルト州憲法第62条，シュレースヴィッヒ・ホルシュタイン州憲法第22条，テューリンゲン州憲法第67条第4項を見よ。
110) Art. 34 a der Verfassung von Baden -Württemberg i.d.F. vom 15. 2. 1995, GBl. 1995 S. 269.
111) BVerfG, Urteil vom 22. 10. 1986 — Solange II, BVerfGE 73, 339, 340 Leitsatz 2. その結びつきについては，1993年11月5日の共同憲法委員会の報告書 BT-Drs. 12/6000, S. 21 を見よ。
112) 上掲項目番号27以下を見よ。
113) 上掲項目番号38以下を見よ。

第 2 章　ドイツ憲法と欧州統合　85

114) これに関して，項目番号 13 及び項目番号 106 以下を見よ。
115) 主権の委譲（Hoheitsrechtsübertragungen）に関する憲法改正の性格については，既に項目番号 19 で述べられていることを見よ。
116) Gesetz betreffend den Vertrag vom 18. April 1951 über die Gründung der Europäischen Gemeinschaft für Kohle und Stahl vom 29. 4. 1952 II S. 445.
117) 項目番号 19 を見よ。
118) Gesetz zu den Vorträgen vom 25. März 1957 zur Gründung der Europäischen Wirtschaftsgemeinschaft und der Europäischen Atomgemeinschaft vom 27. 7. 1957, BGBl. 1957 II S. 753; Gesetz zur Einheitlichen Europäischen Akte vom 28. Februar 1986 vom 19. 12. 1986, BGBl. 1986 II S. 1102.
119) Gesetz zum Vertrag vom 7. Februar 1992 über die Europäische Union vom 28. 12. 1992, BGBl. 1992 II S. 1251.
120) これに関しては，BVerfG, Urteil vom 12. 10. 1993 — Maastricht, BVerfGE 89, 155, 164 f. の指摘を見よ。
121) 詳細については，Schotten, Der Zugang von Unionsbürgern zum deutschen Beamtenverhältnis, DVBl. 1994, 567, 568 を見よ。従来の立場に関しては，Schotten, Die Auswirkungen des Europäischen Gemeinschaftsrechts auf den Zugang zum öffentlichen Dienst in der Bundesrepublik Deutschland, 1993, S. 103 ff. を見よ。項目番号 4 以下も見よ。
122) § 7 Bundesbeamtengesetz und § 4 Beamtenrechtsrahmengesetz i.d.F des 10. Gesetzes zur Änderung dienstrechtlicher Vorschriften vom 20. 12. 1993, BGBl. 1993 I S. 2136. さらに，例えば「欧州共同体条約」に関して，Art. 9 Bayerisches Beamtengesetz i.d.F. vom 23. 7. 1994, GVBl. 1994 S. 611 を見よ。
123) これに関しては，項目番号 13, 65, 106 以下を見よ。
124) これに関しては，Schotten, DVBl. 1994, 567, 573 を見よ。
125) § 20 a Abs. 2 Bundesbeamtengesetz i.d.F vom 20. 12. 1993, BGBl. 1993 I S. 2137.
126) これに関しては，EuGH, Urteil vom 28. 11. 1989 — Rs.C-379/87 — Groener, Slg. 1989, 3967.
127) 項目番号 45, 92 を見よ。
128) 項目番号 49 を見よ。
129) もっとも，欧州共同体指令第 5 条第 3 項（Richtlinie 94/80EG des Rates vom 19. 12. 1994 über die Einzelheiten der Ausübung des aktiven und passiven Wahlrechts bei den Kommunalwahlen für Unionsbürger mit Wohnsitz in einem Mitgliedstaat, dessen Staatsangehörigkeit sie nicht besitzen, Abl. EG 1994 Nr. L368 S. 38）に含まれている権限が欧州共同体設立条約第 5 条第 3 項と両立するかどうかは問題である。これに関しては，例えば，Wollenschläger/Schraml, Kommunalwahlrecht für

nichtdeutsche Unionsbürger, BayVBl. 1995, 385, 388 を見よ。
130) 項目番号49を見よ。
131) § 30 Hessische Gemeindeordnung i.d.F. vom 12. 9. 1995
132) 地方自治体における住民請求及び住民決定への参加権を市町村民としての属性及び市町村選挙への参加権と法律上結び付けている。Art. 15, 18 a Bayerische Gemeindeordnung i.d.F. vom 27. 10. 1995, GVBl. 1995 S. 730, i.V.m. Art. 1 Bayerisches Gemeinde- und Landkreiswahlgesetz i.d.F. vom 27. 8. 1995 S. 590 を見よ。Wehr, Rechtsprobleme des Bürgerbegehrens（Art. 18 a BayGO）, BayVBl. 1996, 549 f. は，欧州連合構成国の国籍を持つ外国市民による住民請求及び住民決定への参加の合憲性につき，異議を唱えている。これに関しては，項目番号49，92も見よ。
133) EUZBLG, BGBl. 1993 I S. 313.
134) BAnz. 1993 Nr. 226 S. 10425.
135) §§ 4 Abs. 1, 6 Abs. 1 EUZBLG. これに関しては，Oschatz/Risse, DÖV 1995, 437, 445 ff.
136) § 5 Abs. 2 EUZBLG. これに関しては，Oschatz/Risse, DÖV 1995, 437, 443 ff.; Pernice, DVBl. 1993, 909, 918 f.
137) § 7 EUZBLG. これに関しては，Oschatz/Risse, DÖV 1995, 437, 447 f.
138) § 8 EUZBLG.
139) BGBl. 1993 I S. 311.
140) 連邦議会によって組織された「欧州連合（マーストリヒト条約）」特別委員会での議論 BT-Drs. 12/6000 vom 5. 11. 1993, S. 28 f. を見よ。
141) 同様にして，例えば，Oschatz/Risse, DÖV 1995, 437, 441; Rojahn in: von Münch/Kunig, Grundgesetz-Kommentar, Band 2, 3. Aufl. 1995, Art. 23 Rn. 62; Streinz in: Sachs, Grundgesetz. Kommentar, 1996, Art. 23 Rn. 101. これに関しては，Badura, Staatsrecht, 2. Aufl. 1996, S. 407, Teil E Rn. 37; Scholz in: Maunz/Dürig, Grundgesetz-Kommentar, Stand Okt. 1996, Art. 23 Rn. 116 も見よ。
142) BVerfG, Urteil vom 9. 6. 1971—Lütticke, BVerfGE 31, 145, 174.
143) BVerfG, Beschluß vom 18. 10. 1967, BVerfGE 22, 293; さらに，連邦憲法裁判所によって認められないと宣言された裁判官付託に関して，BVerfG 31, Beschluß vom 5. 7. 1967—Finanzgericht Neustadt, BVerfGE 22, 134 を見よ。
144) BVerfG, Urteil vom 9. 6. 1971—Lütticke, BVerfGE 31, 145.
145) BVerfG, Urteil vom 9. 6. 1971—Lütticke, BVerfGE 31, 145, 174 f.
146) 例えば，BVerfG, Beschluß vom 22. 10. 1986—Champignon-Konserven, BVerfGE 73, 339, 375: „Geltungs- oder Anwendungsvorrang" を見よ。
147) BVerfG, Urteil vom 8. 4. 1987— Kloppenburg, BVerfGE 75, 223, 244; BVerfG, Urteil vom 28. 1. 1992—Nachtarbeitsverbot, BVerfGE 85, 191, 204.
148) BVerfG, Urteil vom 8. 4. 1987— Kloppenburg, BVerfGE 75, 223 を見よ。BVerfG,

Urteil vom 28. 1. 1992 — Nachtsarbeitsverbot, BVerfGE 85, 191, 205 も見よ。
149) 1953 年から 1995 年にかけて構成国の裁判所が欧州共同体裁判所に提起した先決的判決の請求は 3,144 件であるが、その内訳は、ドイツ 952 件、フランス 541 件、オランダ 434 件、イタリア 423 件、ベルギー 343 件、イギリス 206 件、デンマーク 60 件、スペイン 51 件、ギリシャ 42 件、ルクセンブルク 35 件、アイルランド 33 件、ポルトガル 16 件、スウェーデン 6 件、オーストリア 2 件となっている。Lenz, Die Rolle des EuGH im Prozeß der Europäisierung der mitgliedstaatlichen Rechtsordnungen, in: Kreuzer/Scheuing/Sieber (Hrsg.), Die Europäisierung der mitgliedstaatlichen Rechtsordnungen in der Europäischen Union, 1997, S. 161, 174 を見よ。
150) BVerfG, Beschluß vom 22. 10. 1986 — Solange II, BVerfGE 73, 339, 336 ff.; BVerfG, Urteil vom 8. 4. 1987 — Kloppenburg, BVerfG 75, 223; BVerfG Beschluß vom 31. 5. 1990 — Absatzfondsgesetz, BVerfGE 82, 159, 192 ff.; BVerfG Beschluß vom 16. 12. 1993 — Paris-Gewinnspiel, NWJ 1994, 2017 を見よ。恣意的な場合に制限されることについて批判的なのは、Giegerich, Die Verfassungsbeschwerde an der Schnittstelle von deutschem, internationalem und supranationalem Recht, in: Grabenwarter u.a.(Hrsg.), Allgemeinheit der Grundrechte und Vielfalt der Gesellschaft, 1994, S. 101, 121.
151) BVerfG, Beschluß vom 29. 5. 1974 — Solange I, BVerfGE 37, 271, 282; BVerfG, Beschluß vom 25. 7. 1979 —, Absatzfondsgesetz BVerfGE 52, 187, 200 f. を見よ。
152) 項目番号 98 以下を見よ。
153) 項目番号 92 を見よ。
154) BVerfG, Urteil vom 12. 10. 1993 — Maastricht, BverfGE 89, 155. これに関しては、Holscheidt/Schotten, Von Maastricht nach Karlsruhe, 1993 及び Winkelmann, Das Maastricht-Urteil des Bundesverfassungsgerichts vom 12. Oktober 1993, 1994 の記録を見よ。
155) BVerfG, Urteil vom 12. 10. 1993 — Maastricht, BverfGE 89, 155, 174 f. これに関しては項目番号 101 以下を見よ。
156) 通貨連合に関する判決理由については、項目番号 124 を見よ。
157) 例えば、Breuer, NVwZ 1994, 417, 425; Götz, Das Maastricht-Urteil des Bundesverfassungsgerichts, JZ 1993, 1081 ff.; P. M. Huber, Der Staatenverbund der Europäischen Union, in: FS 180 Jahre Heymanns Verlag, 1995, S. 349 ff.; Rupp, Der Vertrag von Maastricht — nach der Entscheidung des Bundesverfassungsgerichts vom 12. Oktober 1993, List-Forum 19, 1993, 294 ff.; Schachtschneider, Das Maastricht-Urteil. Die neue Verfassungslage der Europäischen Gemeinschaft, Recht und Politik 30, 1994, 1 ff. を見よ。連邦憲法裁判所の管轄法廷の主任裁判官による判決概要の補足説明 Kirchhof, Das Maastricht-Urteil des Bundesverfassungsgerichts, in: Hommelhoff/Kirchhof

(Hrsg.), Der Staatenverbund der Europäischen Union, 1994, S. 11 ff. 並びに既に以前に Kirchhof, Deutsches Verfassungsrecht und europäisches Gemeinschaftsrecht, EuR 1991, Beiheft 1, 11 ff.及び Kirchhof, Der deutsche Staat im Prozeß der europäischen Integration, in: HStR Ⅶ, 1992, S. 855 ff. で述べられていることも見よ。

158) これに関しては、例えば, Fromont, Europa und nationales Verfassungsrecht nach dem Maastricht-Urteil. Kritische Bemerkungen, JZ 1995, 800, 801; Grewe, RUDH 1993, 226, 228; Häde, Das Bundesverfassungsgericht der Vertrag von Maastricht, BB 1993, 2457, 2458; H. P. Ipsen, Zehen Grossen zum Maastricht-Urteil, EuR 1994, 1, 2; E. Klein, Grundrechtsdogmatische und verfassungsprozessuale Überlegungen zur Maastricht-Entscheidung des Bundesverfassungsgerichts, in: GS Grabitz, 1995, 271, 276; König, Das Urteil des Bundesverfassungsgerichts zum Vertrag von Maastricht —ein Stolperstein auf dem Weg in die europäische Integration?, ZaöRV 54, 1994, 17, 19 f., 26 ff.; Schwarze, Europapolitik unter deutschem Verfassungsrichtervorbehalt, NJ 1994, 1, 2 を見よ。もっとも, Epiney, Der status activus des citoyen, Der Staat 1995, 557 ff.; M. Schröder, Das Bundesverfassungsgericht als Hüter des Staates im Prozeß der europäischen Integration, DVBl. 1994, 316, 319 も見よ。

159) これに関しては, Beutler, Offene Staatlichkeit und europäische Integration, in: FS Böckenförde, 1995, S. 109 ff.; Everling, Das Maastricht-Urteil des Bundesverfassungsgerichts und seine Bedeutung für die Entwicklung der Europäischen Union, integration 1994, 165, 167; Frowein, Das Maastricht-Urteil und die Grenzen der Verfassungsgerichtsbarkeit, ZaöRV 54, 1994, 1, 6 f.; Hobe, The German State in Europe. After the Maastricht Decision of the German Constitutional Court, Germann Yearbook of International Law 37, 1994, 113 ff., 125 ff.; H. P. Ipsen, EuR 1994, 1, 8 f.; D. König, ZaöRV 54, 1994, 17, 31 ff.; Müller-Graff, Diskussionsbeitrag, in: Hommelhof/Kirchhof(Hrsg.), Der Staatenverbund der Europäischen Union, 1994, S. 67, 71 f.; Pernice, HStRV Ⅷ, 1995, S. 225, 273 f.; Schwarze, La ratifikation du Traité de Maastricht en Allemagne, l'arrêt de la Cour constitutionnelle de Karlsruhe, Revue du Marché commun et de l'Union européenn 1994, 293, 300; Steindorff, Das Maastricht-Urteil zwischen Grundgesetz und europäischer Integration, Europäisches Wirtschafts- und Steuerrecht 1993, 341, 344 f. を見よ。

160) BVerfG, Urteil vom 12. 10. 1993—Maastricht, BVerfGE 89, 155, 190, 204. これに関しては, 例えば, Bleckmann/Pieper, Maastricht, die grundgesetzliche Ordnung und die „Superrevisionsinstanz", RIW 1993, 969, 975; Commichau, Grundgesetz und Europäische Union, JA 1994, 600, 604; Everling, Zur Stellung der Mitgliedstaaten der Europäischen Union als „Herren der Verträge", in: FS Bernhardt, 1995, 1161 ff.; Frowein, ZaöRV 54, 1994, 1, 11 ff.; Götz, JZ 1993, 1081, 1085; H. P. Ipsen, EuR 1994,

1, 15 ff Kokott, Deutschland im Rahmen der Europäischen Union — zum Vertrag von Maastricht, AöR 119, 1994, 207, 223 ff.; Schwarze, NJ 1994, 1, 4; Tomuschat, Die Europäische Union unter der Aufsicht des Bundesverfassungsgerichts, EuGRZ 1993, 489, 494 f. を見よ。
161) BVerfG, Urteil vom 12. 10. 1993 — Maastricht, BVerfGE 89, 155, 183 f.
162) BVerfG, Urteil vom 12. 10. 1993 — Maastricht, BVerfGE 89, 155, 186. これに関して批判的なのは，例えば，Steinberger, Die Europäische Union im Lichte der Entscheidung des Bundesverfassungsgerichts vom 12. Oktober 1993, in: FS Bernhardt, 1995, S. 1313, 1329.
163) これに関しては，D. König, ZaöRV 54, 1994, 17, 38 f.; Pernice, HStR Ⅷ, 1995, S. 225, 267 を見よ。
164) これに関しては，例えば，Classen, Europäische Integration und demokratische Legitimation, AöR 119, 1994, 238 ff.; Fromont, JZ 1995, 800, 802; Magiera, Das Europäische Parlament als Garant demokratischer Legitimation in der Europäischen Union, in: FS Everling, 1995, Band 1, S. 789, 798; Weiler, The State „über alles". Demos, Telos and the German Maastricht Decision, in: FS Everling, 1995, Band 2, S. 1651 ff. を見よ。
165) BVerfG, Urteil vom 12. 10. 1993 — Maastricht, BverfGE 89, 155, 188, 210. これに関して批判的なのは，Däubler, EG-Recht nach deutschen Vorgaben?, Informationsdienst Europäisches Arbeits- und Sozialrecht 11/1993, 5 f.; Everling, integration 1994, 165, 171; Everling, Bundesverfassungsgericht und Gerichtshof der Europäischen Gemeinschaften nach dem Maastricht-Urteil, in: GS Grabitz, 1995, S. 57, 66 ff.; Fromont, JZ 1995, 800, 802 f.; Frowein, ZaöRV 54, 1994, 1, 8 ff.; Gattini, La Corte costituzionale tedesca e il Trattato sull'Unione europea, Rivista di diritto internazionale LXXⅦ, 1994, 114, 126 f.; Hailbronner, The European Union from the Perspective of the German Constitutional Court, German Yearbook of International Law 37, 1994, 93, 110; Hilf, Die Europäische Union und die Eigenstaatlichkeit ihrer Mitgliedstaaten, in: Hommelhoff/Kirchhof(Hrsg.), Der Staatenverbund der Europäischen Union, 1994, S. 75, 80 f.; E. Klein in: GS Grabitz, 1995, S. 271, 280 ff.; Meesen, Maastricht nach Karlsruhe, NJW 1994, 549, 552 f.; Oppermann, Zur Eigenart der Europäischen Union, in: Hommelhoff/Kirchhof(Hrsg.), Der Staatenverbund der Europäischen Union, 1994, S. 87, 97; M. Schröder, DVBl. 1994, 316, 323 f.; Schwarze, NJ 1994, 1, 3; Tomuschat, EuGRZ 1993, 489, 494; Zuleeg, Die Rolle der rechtsprechenden Gewalt in der europäischen Integration, JZ 1994, 1, 3 f., 6 f.
166) BVerfG, Beschlus vom 9. 6. 1971 — Lütticke, BVerfGE 31, 145, 173 ff.; BVerfG, Urteil vom 8. 4. 1987 — Kloppenburg, BVerfGE 75, 223, 244; BVerfG, Urteil vom

28. 1. 1992—Nachtarbeitsverbot, BverfGE 85, 191, 204 を見よ。
167) Frowein, ZaöRV 54, 1994, 1, 9; E. Klein, Der Verfassungsstaat als Glied einer europäischen Gemeinschaft, VVDStRL 50, 1991, S. 56, 66 f.; Sommermann, DÖV 1994, 596, 602 f. も見よ。
168) Rodriguez Iglesiaz, Zur Verfassung der Europäischen Gemeinschaft, EuGRZ 1996, 125, 127; G. Hirsch, Europäischer Gerichtshof und Bundesverfassungsgericht—Kooperation oder Konfrontation, NJW 1996, 2457, 2466 も見よ。
169) BVerfG, Beschluß vom 26. 4. 1995—Bananenmarktordnung, EuZW 1995, 412. その他，項目番号103 を見よ。
170) FG Hamburg, Beschluß vom 19. 5. 1995, EuZW 1995, 413.
171) BFH, Beschluß vom 9. 1. 1996—Bananenmarktordnung, EuZW 1996, 126; これに関して批判的なのは，Voss, Das „Maastricht"-Urteil und die Folgen, RIW 1996, 324 ff. さらに項目番号104 を見よ。
172) Antrag der Freien und Hansestadt Hamburg vom 24. 9. 1996, BR-Drs. 694/96, Anlage.
173) Entschließung des Bundesrates vom 8. 11. 1996 „zur Aussetzung der Anwendung der Außenhandelsvorschriften der EU-Bananenmarktordnung", BR-Drs. 694/96 (Beschluß), Anlage.
174) 確かに，1993年のバナナ市場規則及びそれを追認した1994年の欧州共同体裁判所の判決 (EuGH, Urteil vom 5. 10. 1994—Rs. C-280/93—Bundesrepublik Deutschland/ Rat der Europäischen Union, Slg. 1994, I-4973) は，徹底して批判的に考察されるべきであるが，しかし，それは，ドイツ連邦共和国がバナナ市場規則に従わないことを正当化しうるであろう共同体不法 (Gemeinschaftsunrecht) といった極端な場合ではない，ということに関して，参照，Everling, Will Europe slip on bananas? The bananas judgment of the Court of Justice and national courts, Common Market Law Review 33, 1996, 401 ff.
175) BVerfG, Urteil vom 31. 10. 1990—Schleswig-Holsteinische Kommunalwahlen, BVerfGE 83, 37; BVerfG, Urteil vom 31. 10. 1990—Wahlen zu den Hamburger Bezirksversammlungen, BVerfGE 83, 60 を見よ。これに関しては，Isensee/Schmidt-Jortzig (Hrsg.), Das Ausländerwahlrecht vor dem Bundesverfassungsgericht. Dokumentation der Verfahren, 1993 を見よ。
176) 例えば，Zuleeg, Die Vereinbarkeit des Kommunalwahlrechts für Ausländer mit dem deutschen Verfassungsrecht, in: ders. (Hrsg.), Ausländerrecht und Ausländerpolitik in Europa, 1987, S. 153 ff. を見よ。
177) 部分的に異なる見解は，Löwer in: von Münch/Kunig, Grundgesetz-Kommentar, Band 2, 3. Aufl. 1995, Art. 28 Rn. 28; Pieroth in: Jarass/Pieroth, Grundgesetz-

Kommentar, 3. Aufl. 1995, Art. 28 Rn. 4 a; Scholz in: Maunz/Dürig, Grundgesetz-Kommentar, Stand Okt. 1996, Art. 28 Rn. 41d.
178) BVerfG, Urteil vom 31. 10. 1990 — Schleswig-Holsteinische Kommunalwahlen, BVerfGE 83, 37, 59.
179) 恐らく同様なのは, Hasso Hofmann, Zur Verfassungsentwicklung der Bundesrepublik Deutschland, Staatswissenschaften und Staatspraxis 1995, 155, 168.
180) 項目番号45を見よ。
181) 項目番号49, 70を見よ。
182) Richtlinie 89/552/EWG des Rates vom 3. 10. 1989 zur Koordinierung bestimmter Rechts- und Verwaltungsvorschriften der Mitgliedstaaten über die Ausübung der Fernsehtätigkeit, Abl. EG 1989 Nr. L 298 S. 23, berechtigt ABl. EG 1989 Nr. L 331 S. 51.
183) この訴訟の中で行われた連邦政府に対する仮命令発布の申立は, 裁判所によって既に早期に退けられた。BVerfG, Urteil vom 11. 4. 1989 — Fernseh-Richtlinie, BVerfGE 80, 74を見よ。
184) BVerfG, Urteil vom 22. 3. 1995 — Fernseh-Richtlinie, BVerfGE 92, 203. これに関して, 例えば, Deringer, Pyrrhussieg der Länder, ZUM 1995, 316 ff.; Trautwein, Das BVerfG, der EuGH und das Fernsehen, ZUM 1995, 614 ff.; Winkelmann, Die Bundesregierung als Sachwalter von Länderrechten, DÖV 1996, 1 ff.; Zuleeg, Urteilsanmerkung, JZ 1995, 673 ff.
185) 項目番号50以下, 71以下を見よ。
186) BVerfG, Urteil vom 22. 3. 1995-Fernseh—Richtlinie, BVerfGE 92, 203, 239.
187) BVerfG, Urteil vom 22. 3. 1995-Fernseh—Richtlinie, BVerfGE 92, 203, 237.
188) 項目番号84を見よ。
189) Gattini, Riv. dir. int. LXXⅦ, 1994, 114, 122 f. も見よ。
190) 始まりは, EuGH, Urteil vom 12. 11. 1969 — Stauder/Stadt Ulm, Slg. 1969, 419.
191) BVerfG, Beschluß vom 29. 5. 1974 — Solange Ⅰ, BVerfGE 37, 271, Leitsatz.
192) BVerfG, Beschluß vom 29. 5. 1974 — Solange Ⅰ, BVerfGE 37, 271, 289.
193) 既に, ルップ, ヒルシュ, ヴァンド裁判官の少数意見 in: BVerfGE 37, 291 ff. で述べられていることを見よ。さらに, 例えば, H. P. Ipsen, BVerfG versus EGH re „Grundrechte", EuR 1975, 1 ff.; Scheuner, Der Grundrechtsschutz in der Europäischen Gemeinschaft und die Verfassungsrechtsprechung, AöR 100, 1975, 30 ff.; Zuleeg, Das Bundesverfassungsgericht als Hüter der Grundrechte gegenüber der Gemeinschaftsgewalt, DÖV 1975, 44 ff.
194) 例えば, BVerfG, Beschluß vom 25. 7. 1979 — Vielleicht-Beschluß, BVerfGE, Beschluß vom 14. 2. 1983 — Lenkzeiten, NJW 1983, 1258を見よ。比較的最近の決定に関し

ては，Scheuing, Rechtsprobleme bei der Durchsetzung des Gemeinschaftsrechts in der Bundesrepublik Deutschland, EuR 1985, 229, 269 f.
195) BVerfG, Beschluß vom 22. 10. 1986—Solange II, BVerfGE 73, 339, Leitsatz 2.
196) BVerfG, Beschluß vom 10. 4. 1987—Melchers, EuR 1987, 269.
197) これに関しては，例えば，Everling, Brauchen wir „Solange II"?. EuR 1990, 195, 201 ff.; Frieauf, Die Bindung deutscher Verfassungsorgane an das Grundgesetz bei Mitwirkung an europäischen Organakten, in: Frieauf/Scholz, Europarecht und Grundgesetz, 1990, 11, 29; Herdegen, Europäisches Gemeinschaftsrecht und die Bindung deutscher Verfassungsorgane an das Grundgesetz, EuGRZ 1989, 309 f.; Kirchhof, EuR Beiheft 1/1991, 11, 22 ff.; Randelzhofer in: Maunz/Dürig, Grundgesetz-Kommentar, Stand Okt. 1996, Art. 24 Abs. I Rn. 157; Scholz, Europäisches Gemeinschaftsrecht und innerstaatlicher Verfassungsrechtsschutz, in: Friauf/Scholz, Europarecht und Grundgesetz, 1990, 53, 81 f. を見よ。
198) これに関しては，Hilf, Solange II: Wie lange noch Solange?, EuGRZ 1987, 1 ff.; Schere, Solange II: Ein grundrechtspolitischer Kompromiß, JA 1987, 483, 489 を見よ。
199) 例えば，Scholz, Wie lange bis „Solange III"?, NJW 1990, 941 ff. を見よ。
200) 判例評釈 Sachs, JuS 1993, 596 とともに法廷決定 BVerfG, Beschluß vom 12. 5. 1989 — Etikettierungs-Richtlinie für Tabakerzeugnisse, NJW 1990, 974 及び BVerfG, Beschluß vom 9. Juli 1992—Tabaksteuer-Richtlinie, DÖV 1992, 1010 を見よ。
201) BVerfG, Urteil vom 12. 10. 1993—Maastricht, BVerfGE 89, 155, 174 f.
202) これに関しては，Horn, „Grundrechtsschutz in Deutschland"—Die Hoheitsgewalt der Europäischen Gemeinschaften und die Grundrechte des Grundgesetzes nach dem Maastricht-Urteil des Bundesverfassungsgerichts, DVBl. 1995, 89, 90 を見よ。
203) これに関しては，Bleckmann/Pieper, RIW 1993, 969, 972; Commichau, JA 1994, 600, 606; Frowein, ZaöRV 1994, 1, 4 f.; Horn, DVBl. 1995, 89, 93 f.; E. Klein in: GS Grabitz, 1995, 271, 276 ff.; Kokott, AöR 119, 1994, 207, 216 ff.; Rupp, List-Forum 19, 1993, 294, 303 f.; Tietje, Europäischer Grundrechtsschutz nach dem Maastricht-Urteil, „Solange III"?, JuS 1994, 197, 199 を見よ。
204) これに関して，Commichau, JA 1994, 600, 606; Enders in: FS Böckenförde 1995, S. 29, 43 f.; Everling in GS Grabitz, 1995, 57 ff.; Gersdorf, Das Kooperationsverhältnis zwischen deutscher Gerichtsbarkeit und EuGH, DVBl. 1994, 674 ff.; Häde, BB 1993, 2457, 2461 f.; Hasso Hofmann, StWStP 1995, 155, 167; H. P. Ipsen, EuR 1994, 1, 9 ff.; Pernice, Karlsruhe locuta—Maastricht in Kraft, EuzW 1993, 649; J.-P. Schneider, Effektiver Rechtsschutz Privater gegen EG-Richtlinie nach dem Maastricht-Urteil des Bundesverfassungsgerichts, AöR 119, 1994, 294 ff.; Streinz, Das Kooperationsverhältnis

zwischen Bundesverfassungsgericht und Europäischem Gerichtshof nach dem Maastricht-Urteil, in: FS 180 Jahre Heymanns Verlag, 1995, 663 ff.; Zuck, Das Gerede vom gerichtlichen Kooperationsverhältnis, NJW 1994, 978 f. を見よ。

205) BVerfG, Urteil vom 12. 10. 1993―Maastricht, BVerfGE 89, 155, 175. これに関して，部分的にマーストリヒト判決以前の法状態に関しても，Everling, EuR 1990, 195, 203, 224; Grimm, Europäischer Gerichtshof und nationale Arbeitsgerichte aus verfassungsrechtlicher Sicht, RdA 1996, 66, 68; Horn, DVBl. 1995, 89, 90 f.; P. M. Huber, Bundesverfassungsgericht und Europäischer Gerichtshof als Hüter der Gemeinschaftsrechtlichen Kompetenzordnung, AöR 116, 1991, 210, 242; Isensee, Grundrechtsvoraussetzungen und Verfassungserwartungen an die Grundrechtsausübung, in: HStR V, 1992, S. 353, 389 ff.; D. König, ZaöRV 1994, 17, 25 f.; Scholz in: Maunz/Dürig, Grundgesetz-Kommentar, Stand Okt. 1996, Art. 23 Rn. 24; Tietje, JuS 1994, 197, 200; Wittkowski, Das Maastricht-Urteil des Bundesverfassungsgerichts vom 12. 10. 1993 als „Solange III"-Entscheidung, BayVBl. 1994, 359 ff., 361, 363 を見よ。

206) BVerfG, Beschluß vom 25. 1. 1995―Bananenmarktordnung, EuZW 1995, 126. これに関して，Pache, Das Ende der Bananenmarktordnung, EuR 1995, 95 ff.; Everling, CML Rev. 33, 1996, 401, 430 ff. これに続いたのが，カッセル行政裁判所が欧州共同体裁判所への先決的判決を求めた裁判であった。Beschluß vom 9. 2. 1995, EuZW 1995, 222. 欧州共同体裁判所はこれについて先決的判決を下したが，その中で連邦憲法裁判所の決定とは逆のことを強調した。すなわち，例外規律の認定に関しては欧州委員会が唯一の権限を持つこと，そしてそれに対応する権利保護を共同体裁判権に集約すること，である。EuGH, Urteil vom 26. 11. 1996―Rs. C-68/95―Port, EuZW 1997, 61 を見よ。さらに項目番号89，88 を見よ。

207) VG Frankfurt am Main, Beschluß vom 1. 12. 1993, EuZW 1994, 157; EuGH, Urteil vom 9. 11. 1995―Rs. C-466/93―Atlanta, Slg. 1995, I-3799. さらに関係するのは，EuGH, Urteil vom 5. 10. 1994―Rs. C-280/93―Bundesrepublik Deutschland/Rat der Europäischen Union, Slg. 1994, I-4973.

208) VG Frankfurt am Main, Beschluß vom 24. 10. 1996, EuZW 1997, 183. しかし，他方で，EuGH, Urteil vom 26. 11. 1996―Rs. C-68/95―Port, EuZW 1997, 61, 63 Rn. 35 ff. における警告を見よ。それによれば，バナナ市場規則は一貫して経過措置の発布を意図しており，その判断に際して委員会は信頼保護の視点を考慮に入れなければならない。

209) これに関しては，既に項目番号13，65 で述べられていることを見よ。

210) 例えば，BVerfGE, Beschluß vom 10. 5. 1998―Heilpraktiker, BVerfGE 78, 179, 196 f. を見よ。

211) Bauer/Kahl, Europäische Unionsbürger als Träger von Deutschen-Grundrechten ?,

JZ 1995, 1077 ff.; H. Dreier in: ders., Grundgesetz-Kommentar, Bd. 1, 1996, Vorb. vor Art. 1. Rn. 75; Rüfner, Grundrechtsträger, in: HStR V, 1992, S. 485, 490 を見よ。

212) Breuer, Freiheit des Berufs, in: HStR Ⅵ, 1989, S. 877, 895 f.; Giegerich, in: Grabenwarter u. a.(Hrsg.), Allgemeinheit der Grundrechte und Vielfalt der Gesellschaft, 1994, S. 101, 123 ff.; Jarass in: Jarass/Pieroth, Grundgesetz-Kommentar, 3. Aufl. 1995, Art. 19 Rn. 15; Pernice, in: HStR Ⅷ, 1995, S. 225, 274 Fn. 312; ders. Harmonization of Legislation in Federal Systems: Constitutional, Federal and Subsidiarity Aspects, in: ders.(Hrsg.), Harmonization of Legislation in Federal Systems, 1996, S. 9, 33 も見よ。法人に関しては同様に，H. Dreier in: ders., Grundgesetz-Kommentar, Bd. 1, 1996, Art. 19 Ⅲ Rn. 14.

213) そのような法整備を行う共同体法上の義務に関しては，既に EuGH, Urteil vom 4. 4. 1974—Kommission/Frankreich, Slg. 1974, 359 が認めている。当面の関係では，同様に，Pernice, Bestandssicherung der Verfassungen: Verfassungsrechtliche Mechanismen zur Wahrung der Verfassungsordnung, in: Bieber/Widmer(Hrsg.), L'espace constitutionnel européen, 1995, S. 225, 263. H. Dreier in: ders., Grundgesetz-Kommentar, Bd. 1, 1996, Art. 19 Ⅲ Rn. 14 は，基本法第 19 条第 3 項の共同体法適合解釈の可能性について言及しているが，法人が問題となる限り，これではうまくいかないであろう。

214) これに関して一般的なのは，Rengeling, Grundrechtsschutz in der Europäischen Gemeinschaft, 1993.

215) これに関しては，項目番号215 以下を見よ。

216) 例えば，EuGH, Urteil vom 26. 2. 1986—Rs. 152/84—Marshall, Slg. 1986, 723; EuGH, Urteil vom 14. 7. 1994—Rs. C-91/92—Faccini Dori, Slg. 1994, Ⅰ-3325.

217) クロッペンブルク事件に関する 2 つの判断 BFH, Beschluß vom 16. 7. 1981, BFHE 133, 470; BFH, Urteil vom 25. 4. 1985, BFHE 143, 383 を見よ。後者の判決に反対するのは，例えば，Tomuschat, Nein, und abermals Nein!—Zum Urteil des BFH vom 25. April 1985 (VR 123/84), EuR 1985, 346 ff. さらに BVerfG, Beschluß vom 8. 4. 1987 —Kloppenburug, BVerfGE 75, 223 を見よ。

218) EuGH, Urteil vom 21. 2. 1991—Verb. Rsn. C-143/88 und C-92/89—Zuckerfabriken Süderdithmarschen und Soest, Slg. 1991, Ⅰ-415; EuGH, Urteil vom 9. 11. 1995— Rs. C-465/93—Atlanta, Slg. 1995, Ⅰ-3799 を見よ。

219) 指令94/80/EG（上掲項目番号70）ABl. EG 1994, L 368, 38, 44 に関する補遺を見よ。Sieveking, Europäisches Gemeinschaftsrecht und Stadtstaaten, DÖV 1993, 449 ff.; Scholz in: Maunz/Dürig, Grundgesetz-Kommentar, Stand Okt. 1996, Art. 28 Rn. 41g も見よ。

220) 欧州共同体設立条約第 105 条，第 107 条，第 109 j 条。

221) 欧州共同体設立条約第 3 b 条第 2 項，第 126 条第 4 項，第 127 条第 4 項，第 146

条第 1 項, 第 198 a 条ないし第 198 c 条。
222) これに関しては, Hrbek/Weyand, betrifft: Das Europa der Regionen, 1994, 197 f. を見よ。§ 14 EUZLBG (Gesetz über die Zusammenarbeit von Bund und Ländern in Angelegenheiten der Europäischen Union) vom 12. 3. 1993, BGBl. 1993 I S. 313 も見よ。
223) Stern, Das Staatsrecht der Bundesrepublik Deutschland, Band I, 2. Aufl. 1984, S. 512.
224) 項目番号 87, 88 を見よ。
225) 項目番号 86 を見よ。
226) これに関しては, 項目番号 9, 50 以下, 57 以下, 62 を見よ。
227) Erbguth, Erosion der Ländereigenstaatlichkeit, in: FS 180 Jahre Heymanns Verlag, 1995, S. 549 ff.
228) これに関しては, 総論として項目番号 8 を見よ。
229) 項目番号 101 以下を見よ。
230) 例えば, Steinberger, in: FS Bernhardt, 1995, S. 1313, 1326 f. もそうである。
231) 市民の雑多なアイデンティティに関する, しかるべき可能性及びその必然性については, Weiler, The Reformation of European Constitutionalism, in: Kreuzer/Scheuing/Sieber(Hrsg.), Die Europäisierung der mitgliedstaatlichen Rechtsordnungen in der Europäischen Union, 1997, S. 9, 27 ff. を見よ。
232) これに関しては, 項目番号 14 以下, 25, 26 を見よ。
233) これに関しては, Frowein, Die Verfassung der Europäischen Union aus der Sicht der Mitgliedstaaten, EuR 1995, 315, 316 ff.; Nicolaysen, Der Nationalstaat klassischer Prägung hat sich überlebt, in: FS Everling, Bd. 2, 1995, S. 945 ff.; Pernice, Bestandssicherung der Verfassungen: Verfassungsrechtliche Mechanismen zur Wahrung der Verfassungsordnung, in: Bieber/Widmer(Hrsg.), L'espace constitutionnel européen, 1995, S. 225, 261; ders., Die Dritte Gewalt im europäischen Verfassungsverbund, EuR 1996, 28, 31 も見よ。
234) 共同体諸条約の――争いのある――憲法的性格に関しては, 例えば, EuGH, Gutachten vom 14. 12. 1991―Gutachten 1/91―EWR, Slg. 1991, I-6079, 6102 Rn. 21; Bieber, Steigerungsform der europäischen Union: Eine europäische Verfassung, in: FS 180 Jahre Heymanns Verlag, 1995, S. 291 ff. を参照。
235) Pernice, EuR 1996, 27, 29 ff. 及び既に ders., in: HStR Ⅷ, 1995, S. 225, 245 f., 274 f. Giegerich, in: Grabenwarter u.a.(Hrsg.), Allgemeinheit der Grundrechte und Vielfalt der Geselschaft, 1994, S. 101, 102 f. で述べられていることも見よ。Bieber, Die Europäisierung des Verfassungsrechts, in: Kreuzer/Scheuing/Sieber(Hrsg.), Die Europäisierung der mitgliedstaatlichen Rechtsordnungen in der Europäischen Union, 1997, S. 71 ff. も見よ。
236) 既に項目番号 88 で述べられていることを見よ。
237) 例えば, Badura (Supranationalität und Bundesstaatlichkeit durch Rangordnung

des Rechts, in: Starck [Hrsg.], Rangordnung der Gesetze, 1995, S. 107, 110) もそうである。彼によれば, 共同体組織が憲法秩序に規範的に「固定される」ことによって,「構成国の国家制度は…もはや構成国の能力の範疇を超えた超国家制度に組み込まれ, その下に置かれる」。さらに, Giegerich, in: Grabenwarter u.a.(Hrsg.), Allgemeinheit der Grundrechte und Vielfalt der Gesellschaft, 1994, S. 101, 116, 120 を見よ。

238) 個々の国の議会が欧州連合の中で果たす役割に関しては, 欧州連合条約に付加された宣言番号13 第1項。

239) 欧州共同体設立条約第137条。

240) Hilf in: Hommelhoff/Kirchhof(Hrsg.), Der Staatenverbund der Europäischen Union, 1994, S. 75, 82; Magiera in: FS Everling, 1995, Band 1, S. 789 ff.; Pernice, Die Verwaltung 1993, 449, 476 ff.; Weiler in: FS Everling, Band 2, 1995, S. 1651, 1683 ff. も見よ。

241) これに関しては, 既に項目番号41で述べられていることを見よ。

242) Scharpf, STWStP 1992, 293, 303 ff. 及び既に Graf Vitzthum, Der Föderalismus in der europäischen und internationalen Einbindung der Staaten, AöR 115, 1990, 281, 285 ff. で述べられていることを見よ。

243) 項目番号87以下, 101以下を見よ。

244) 項目番号29, 28を見よ。

245) 項目番号38以下を見よ。

246) BVerfG, Urteil vom 12. Oktober 1993―Maastricht, BVerfGE 89, 155, 210 を見よ。不適切な引用に関しては, die Anmerkung der Schriftleitung zur Urteilsveröffentlichung in: NJW 1993, 3047, 3058 を見よ。さらに, Everling in: GS Grabitz, 1995, S. 57, 72 ff.; Wieland, Germany in the European Union―The Maastricht Decision of the Bundesverfassungsgericht, EJILaw 5, 1994, 259, 264。

247) 項目番号86, 96を見よ。

248) 基本法第51条第2項。

249) Entschließung des Bundestages vom 2. 12. 1992, BT-Drs. 12/3906, Stenographische Berichte 12/126, S. 10879 ff. Entschließung des Bundesrates vom 18. 12. 1993, BT-Drs. 810/92, S. 6 f. これに関して批判的なのは, Badura, in: FS Schambeck, 1994, 887, 905 f。

250) BVerfG, Urteil vom 12. Oktober 1993―Maastricht, BVerfGE 89, 155 Leitsatz 9 c, 199 ff。

251) BVerfG, Urteil vom 12. Oktober 1993―Maastricht, BVerfGE 89, 155, 204. これに関しては既に項目番号87以下で述べられていることも見よ。欧州共同体設立条約第109j条第4項第2文による理事会の決定に対して, 連邦憲法裁判所が訴えを提起することができるか否かの問題に関しては, G. Meier, Die Europäische Währungsunion als Stabilitätsgemeinschaft und das Grundgesetz, NJW 1996, 1027 ff.; Zwissler, Das BVerfG und die Europäische Währungsunion, NJW 1997, 179 f. を見よ。

252) これに関しては，例えば，Gattini, Riv. dir. int. LXXVⅡ, 1994, 114, 124 ff.; Häde, BB 1993, 2457, 2459 ff.; H. J. Hahn, Das Entstehen der Europawährung—Szenarien ihrer Einführung, JZ 1996, 321 ff.; Hailbronner, GYL 37, 1994, 93, 106; Kokott, AöR 119, 1994, 207, 226 ff.; D. König, ZaöRV 54, 1994, 17, 40 ff.; Pernice, Das Ende der währungspolitischen Souveränität Deutschlands und das Maastricht-Urteil des BVerfG, in: FS Everling, Band 2, 1995, S. 1057, 1060 ff.; A. Weber, Die Wirtschafts- und Währungsunion nach dem Maastricht-Urteil des BVerfG, JZ 1994, 53 ff. を見よ。
253) BVerfG, Beschluß vom 5. 7. 1967—Finanzgericht Neustadt, BVerfGE 22, 134 を見よ。
254) これに関しては，項目番号84 を見よ。
255) BVerfG, Urteil vom 12. Oktober 1993—Maastricht, BVerfGE 89, 155. これに関しては，項目番号82 以下，101 以下を見よ。
256) これに関しては，項目番号67 を見よ。
257) Rojahn in: von Münch/Kunig(Hrsg.), Grundgesetz-Kommentar, Band 2, 3. Aufl. 1995, Art. 23 Rn. 45 も見よ。さらに項目番号88, 115 を見よ。
258) 項目番号88, 91, 102 以下を見よ。
259) 例えば，EuGH, Urteil vom 10. 2. 1983—Rs. 230/81—Luxemburg/Europäisches Parlament, Slg. 1983, 255, 287; EuGH, Urteil vom 15. 1. 1986—Rs. 44/84—Hurd/Jones, Slg. 1986, 29, 81; EuGH, Urteil vom 2. 2. 1989—Rs. 94/87—Kommission/Deutschland, Slg. 1989, 175, 192; EuGH, Beschluß vom 13. 7. 1990—Rs. C-2/88 Imm.—Zwartveld, Slg. 1990, I-3365, 3372 を見よ。
260) 既に項目番号102, 115 で述べられていることを見よ。
261) 既に項目番号105 で述べられていることを見よ。
262) EuGH, Urteil vom 10. 4. 1984—Rs. 14/83—von Colson und Kamann, Slg. 1984, 1891.
263) 上述の欧州共同体裁判所の場合と比較しうる［ドイツの裁判所の］情勢について，BAG, Urteil vom 14. 3. 1989, NJW 1990, 65 を見よ。
264) これに関しては，Scheuing, Europarechtliche Impulse für innovative Ansätze im deutschen Verwaltungsrecht, in: Hoffmann-Riem/Schmidt-Aßmann(Hrsg.), Innovation und Flexibilität des Verwaltungshandelns, 1994, 289, 317 f. の指摘を見よ。
265) BR-Drs. 667/95(Beschluß) vom 15. 12. 1995. これに関しては，Schwarze, Kompetenzverteilung in der Europäischen Union und föderales Gleichgewicht, DVBl. 1995, 1265 ff. を見よ。

〔土田伸也 訳〕

第3章　ドイツ行政法の変革の契機となるヨーロッパ法の影響

Ⅰ　はじめに
　A．欧州理事会法
　B．欧州共同体法
Ⅱ　現象形態
　A．手段化
　　Ⅰ．調整による手段化
　　Ⅱ．統一による手段化
　B．方針転換
　　Ⅰ．開放
　　Ⅱ．新形成
Ⅲ　展望

　ヨーロッパ法は国内法を法的に拘束することがある。あるいはヨーロッパ法が国内法に対して動機づけとしての効果を発揮することがある。こういったヨーロッパ法の国内法に対する影響は多種多様である。この影響は今や欧州連合構成国各国の行政法総論にまで及んでおり，この影響により構成各国の行政法の総論の変革が進むこともありうるし，あるいは反対に変革が抑制されることも考えられる。序論においては，この状況を簡潔に示すことにする。そして続く本論では，ドイツ行政法，とりわけ総論に対する影響をその多様な現象形態に着目して体系的に整理する。最後のⅢではさらに，今後の展望を示すことにしよう。

I　はじめに

国内法に対して影響を与えうるものとして、特に、欧州理事会法（das Recht des Europarats）及び欧州共同体法（das europäische Gemeinschaftsrecht）がある[1]。

A．欧州理事会法

但し、本稿との関係では、欧州理事会法はこれまでのところそれほど重要でない。

欧州人権条約について主に問題となるのは、ドイツ行政法が予定する各種の権利保護形態がそれぞれ本条約第6条に抵触しないかどうかである。欧州人権条約第6条は「民事法上の権利及び義務」に関する争いに際して権利保護を保障するものであるが、欧州裁判所は事実上、この保障を特定の公法上の地位にまで拡張していた[2]。このことに依拠して、欧州人権裁判所は1978年6月の判決で、ドイツにおける2つの行政訴訟が不当に長い期間を要したとして欧州人権条約第6条違反を認定した[3]。この判決については、しかしながら、欧州人権裁判所は当該事例の個別事情を考慮に入れたのであって、行政裁判所法それ自体を批判していないことが重要である。そればかりか、欧州人権裁判所は、ドイツにおける行政法上の権利保護のシステムについて判断することは欧州人権裁判所の任務ではないと明文で強調したのである。すなわち欧州裁判所によれば、ドイツのシステムにおける審級制度・上訴手段の多重性の結果として遅滞効果が生じることを確認し、場合によって規定を修正することは、むしろ「国家の任務」でしかない[4]。

裁判所決定についての行政裁判所法第84条の規定によれば、一定の場合に、上訴審において初めて口頭審理を行うことが認められている。欧州人権条約第6条による権利保護の保障が行政裁判手続にも適用され、公開審理をもとめる

権利を与えているとするならば、この規定は欧州人権条約第6条の権利保護保障と抵触することになる[5]。また、行政裁判所法第116条が、判決の言渡しに代えて当事者への送達を認めているとすれば、公開での判決の言渡しを保障する欧州人権条約第6条は遵守されていないことになる[6]。とはいっても、双方の場合とも、問題となる条約違反はどちらかといえばむしろ付随的なものである。

さらに付言しておくと、支配的見解によれば、欧州人権条約の規定はドイツ連邦共和国においては一連邦法律としてのランクでしか適用されない[7]。従って、欧州人権条約の規定は国内的にみれば、行政裁判所法のように時間的に後に成立した連邦法により再び効力を失うことになりうるのである。但し、連邦憲法裁判所が無罪の推定に関して行ったように、基本法の解釈の際に条約を考慮することにより、同条約に憲法としてのランクが確保される場合は別であるが[8]。他の多くの――同じく重要な――欧州理事会協定（Europaratskonvention）は、どちらかといえばむしろ行政法各論の分野に関するものである[9]。

これに対して、行政法総論に関わる重要な言及をしているのは、欧州理事会の閣僚委員会（der Ministerkomitee des Europarats）により決議された様々な文書である。たとえば、行政機関の措置に関する個人保護についての1977年決議（die Resolution von 1977 über den Schutz des Individuums in bezug auf die Akte von Verwaltungsbehörden）及び行政機関による裁量権行使に関する1980年勧告（die Empfehlung von 1980 betreffend die Ausübung von Ermessenbefugnissen durch Verwaltungsbehörden）がある[10]。しかしながら、ドイツ行政法に関していえば、これらの文書が拘束力を欠いているのみならず、[ドイツ行政法はこれらの文書の要請にすでにかなりの範囲で対応しているため]実質的に、変更の必要性もないがゆえに、ドイツ行政法にとっては、言及に値するような大きな推進的効果（Impulswirkungen）をもたらすものではない[11]。

B．欧州共同体法

　欧州共同体法と構成国国内法の関係においては様相が全く異なる。従って，以下の記述はこの関係に焦点を絞る。欧州共同体法と構成国国内法の関係においては，継続的に――かつ常に段階を経て――［両者が互いに］接触（Berührung）し，対立（Konfrontation）し，刺激（Irritation）しあい，そして発展（Fortentwicklung）していく。これを通じて同時に，欧州共同体法は，構成国国内行政法を順応させかつ変革する第一の要素となるのである。

　このことは，欧州共同体の設立が追求していた特別な――そして，特殊な――目的と関係がある。重要なのは個別分野から統合過程をスタートさせることであった。この統合過程は，進展し，徐々に深みを増し，範囲を拡大していったのであるが，その展開を速め，かつ，制度上，この展開を主に担うことになったのが，3つの形式をとるヨーロッパの共同体――欧州石炭鉄鋼共同体，欧州原子力共同体そして欧州経済共同体――である。そのような試みが成功を収めることができるのは，全ての共同体において共同体法が統一的に適用され，かつ共同体法の完全な効力が保障され，そのような共同体法が推進力となって統合過程を推進していく場合のみである。だからこそ，欧州共同体裁判所は，すでに早い時期に，超国家的な統合体としての共同体の機能的要請から，したがって共同体法それ自身から，憲法も含めた全ての構成国国内法に対して共同体法が優位するという必要不可欠な考え方を導き出したのである[12]。ドイツ法に関していえば，連邦憲法裁判所は，このある意味で革命的な共同体法の優位という要求を，ドイツ連邦共和国がそのアイデンティティーを失う限界のところまでは受け入れた。すなわち，ドイツ基本法の分野において，このようなアイデンティティーの喪失［を意味する共同体法の優位］は，ドイツ基本法の基本権水準が守られていない場合には認められず[13]，ドイツ基本法が不可欠なものとして要求する基本権保護が共同体法の水準に達していないという特殊な場合に初めて認めたのである[14]。

権限を逸脱・濫用することなく成立した共同体法を国内法に優位させるというこの要請が，共同体法への忠誠義務を定める欧州共同体設立条約第5条から導かれる構成国の義務——共同活動を忠実に促進し，共同体法の効果的な行政的執行を保障する義務[15]——と相まって，国内法との関係に極めて多くの紛争の可能性をもたらすこと——これは，従って同時に，構成国国内法に推進力をもたらすことにもなる——は明らかである。

例えば，共同体法と構成国国内法が同一の規律対象を有し，それぞれが異なる，すなわち，互いに矛盾する解決を定めることがありうる。このように両者が直接に抵触する場合，共同体の優位の原則により，共同体法に定められた解決のみが意味を持ち，国内法の適用が保留されなければらない[16]。さらに，共同体法は，それまでは国内法に存在しなかった，拘束力を有する新しい規定を定めることができる。このように，共同体法は，構成国国内行政法に対して決定的な影響を与えたり，構成国国内法の方向性を変えたりすることができるのである（mit- und umprägen）。確かに，共同体は，しかるべき立法権限を欠くがゆえに，構成国国内における行政法通則それ自体を規律することは許されない[17]。しかしながら，共同体が規制権限を有する規定，例えば，域内市場や，環境に関する諸規定と関連して，行政法通則の問題を規律することは許される[18]。

その他に，推進的効果（Impulswirkung）を伴った間接的な矛盾というものが考えられる[19]。すなわち，ある特定の事実関係について，共同体法に加えて，構成国の国内法も適用されうる場合で，国内法は共同体法とは異なる規律対象を有しており，したがって共同体法に直接違反するわけではないが，共同体法の統一的・効果的な執行を妨害する効果を及ぼす場合である。共同体法の行政的執行に関しては，こちらがまさに典型的である。

この根底にあるのは，共同体と構成国の権限分配である。この権限分配によれば，共同体は，無制限でないとはいえかなり広範な立法権限を行使できるのに対して，行政権限を行使できる場合は非常に限定される[20]。共同体自身が共同体法を行政的に執行することは例外的である。共同体自身によって共同体法の行政的執行がなされることを予定しているものとしては以下のようなものが

挙げられる。すなわち、共同体内部事項については、例えば、共同体の公勤務及び共同体財政の執行がある。これに対して共同体外部事項としては、1つには各構成国を対象とするものとして、例えば、各構成国が給付する経済補助金についての統制が挙げられ、もう1つに企業を対象とするものとして、欧州共同体競争法及び共同体が給付するある種の補助金の給付許可が挙げられる[21]。しかしながら、それ以外は——従って、原則としては——共同体は、各構成国行政が共同体法を執行することに依存している。すなわち、共同体忠誠の原則は、各構成国が確実にこれを執行すること及びそれぞれの行政法を共同体法にあわせて調整することをも義務づけているのである[22]。

　構成国による共同体法の行政的執行については、通常、これを間接的執行と直接的執行とに区別する[23]。直接的執行が問題となるのは、構成国の行政が、直接適用可能な共同体法を執行しなければならない場合である。これに当たるものとしては、例えば、構成国の関税及び農業に関する所轄行政庁による、共通関税や農業市場規則——これらはその都度、欧州共同体規則として発せられるのであるが[24]——の執行がある。間接的執行が問題となるのは、構成国行政が構成国国内法を執行するのではあるが、その国内法が欧州共同体指令の転換のために制定されたものであり、したがって、指令と同一に解釈・適用されるべき場合である[25]。この例としては、共同体によって発せられた付加価値税に関する指令（Mehrwertsteuer-Richtlinien）を背景として行われる、各構成国の課税行政庁による構成国付加価値税法の適用がある[26]。実務においてはこの2つの混合形態も見られる。例えば、構成国の外務省が、欧州共同体規則と指令が要請する構成国の国内法を同時に適用しなければならない場合[27]や、欧州共同体環境情報指令（Umweltinformations-Richtlinie der EG）[28]がまだドイツ法に転換されていないにもかかわらず、ドイツの環境省が、全ての人に対し、自らの有する環境に関する情報へのアクセスを保障しなければならない場合がそうである[29]。さらにこれ以外にも、これとの関係で興味深い状況がある。すなわち、構成国の行政が、共同体法を実際に実施しなくてもよいが、自国の活動の制限として共同体法を考慮しなければならない場合である。例えば、欧州経済共同

第3章　ドイツ行政法の変革の契機となるヨーロッパ法の影響　105

体設立条約第92及び93条によれば，構成国は，原則として，委員会による補助金統制の特別手続を経て認められる場合にしか経済補助金を給付することができない[30]。より広い意味では，そのような規律を構成国行政当局が遵守することも，共同体法の「執行」——実のところ適切な用語法ではないが[31]，定着している表現を踏襲する——とすることができよう[32]。その限りでは，「尊重的執行（respektierender Vollzug）」については，直接的執行及び間接的執行という下位形式を持つ実施的執行（durchführender Vollzug）とは区別して語ることができるものと思われる。すなわち，これら3つの形式が構成国行政活動の共同体に関連する部分を構成しているのである。

さて，すでに示したように，共同体に関連する構成国の行政活動の特徴が最もよく現れているのは，共同体法と構成国国内法を，同時に，それぞれ部分的に適用することが可能であるということである。これは，例えば行政組織，行政法の一般原則，制裁などについての共同体法の個別規定が構成国国内法と重複する結果生じている[33]。この場合，共同体法の優位の結果，構成国の国内法は共同体法に反することが許されず，場合によっては，制限及び修正を甘受しなければならない。従って，そのような状況からもまた，構成国国内法に対するはかりしれない影響が生じるのである。

しかしながら，絶えず緊張と発展をもたらしているのは，共同体法を共同体自身が行政的に執行するために発展してきた狭義のヨーロッパ行政法[34]よりもむしろ，共同体による法定立と構成国による共同体法の行政的執行が交差する中で必然的に進んできた，共同体関連事項について行われる構成国の行政活動に関する構成国国内行政法のヨーロッパ化のほうである。

そのようなヨーロッパ化への推進力（Impulse）には，その性質に着目すれば，法規的性質を有するものと判例法的性質を有するものが存在すると考えられる。前者は，共同体法の第一次法としての条約法及び共同体法の一般原則，並びに間接的に適用されうる規則及びその都度国内法に転換されることが必要とされる指令（あるいはそれに相当する決定）といった形式をとる共同体の第二次法から生じている[35]。後者，すなわち判例法的推進力を様々なかたちでもたらし

ているのは，欧州共同体裁判所の判例である。というのは，欧州共同体裁判所は，しばしば共同体法におけるかなり多くの法の欠缺や不備を考慮して法形成をしているように思われるからである。

　ドイツ行政法に対する共同体法の影響のうち，どの範囲にまで真の意味での革新的性質を認めるかは，おおよそ主観的評価の問題である。この主観的評価の問題については，ここで前もって判断を下すべきではない。というのは，さもなくば，不当な視野の縮小につながるからである。むしろ，以下では，この推進力（Impulse）全体を視野に入れることが賢明である。というのは，革新を促進する推進力に加えて，革新を抑制する——そして革新に中立的な——推進力というものが考えられ得るのであり，それらの推進力（Impulse）は，本稿との関連では同様に見逃してはならないものであるからである。結局のところ，非常に一般的かつ基本的な意味で，超国家的統合体である「欧州連合」それ自身は革新的なものと理解され得るのであるから，そのような観点から，共同体法による全ての推進力（Impulse）を視野に入れることとしよう。

II　現象形態

　ドイツ行政法への共同体法の影響は，その発展の過程において，一体，どのような現象形態をとっているのであろうか。そして，それらの現象形態はどのように説明されうるであろうか。子細に見ると，これらの現象形態を 2 つの主要な観点で分類することにより，その多様性にある種の秩序をもたらすことが可能である。その 2 つの観点を，ドイツ行政法の「手段化（Instrumentalisierung）」，及び，ドイツ行政法の「方針転換（Umorientierung）」と表現することができよう。「手段化」は，どちらかといえば形式的な側面に着目したものであり，共同体法の行政的執行という目的のためにドイツ行政法に法技術的な義務を課することを指す。これに対して，ドイツ行政法の「方針転換」は，どちらかといえば実質的な側面に着目したもので，すなわち，共同体法を通してある特定の目的のために新しい内容が与えられることである。そして，この形式的・実質

第3章 ドイツ行政法の変革の契機となるヨーロッパ法の影響　107

的ヨーロッパ化は互いに排他的なものではなく相互補完的な関係に立ち，部分的には重複するものである。

A. 手 段 化

　ドイツ行政そして同時にドイツ行政法が，共同体法の行政的執行のための効果的な手段となることを目指す共同体法の作用は，手段化に分類されうる。

　他の全構成国の行政法と同様に，ドイツ行政法もこの機能の一端を引き受けていたことは，上述の超国家的統合過程における基礎となる判例——この過程は，国内法に優位する法を集権的に制定し，欧州経済共同体設立条約第5条において明文で定められている共同体忠誠についての構成国の義務とあいまって，主として分権的に行政的執行を行うことにより，超国家的統合を進めていくものであった——から，すでに明らかである。ドイツ連邦共和国は，この判例を承認していた[36]。

　他方で，構成国国内法が必然的に任務の範囲を拡大することによって，構成国国内法における変更・改正が必要となりうる。このことは，初めから予想し得たことであるが，まさに今日になって顕著になってきている。

　共同体法の目的のために，構成国の国内行政法を手段化するには，より詳細には，2つの異なった方法がある。第一の可能性として考えられるのは，「調整による手段化（Instrumentalisierung durch Koordinierung）」と呼ばれうるところのもので，構成国の行政活動の共同体関連分野につき，現行の構成国国内行政法を排除するのではなく，単に，特定の点について制限をおき，共同体法に合わせるというものである。もう1つの可能性は，「統一による手段化（Instrumentalisierung durch Vereinheitlichung）」と表現されうるもので，これは，現行の構成国国内法を考慮せず，統一的な共同体法の基準を設定し，この基準を構成国国内法に組み込むというものである。共同体の立法実務及び裁判実務においては，双方の方法がとられており，従って，ここでもまた——順を追って——双方につき検討すべきであろう。その際にそれぞれについて，以下のよ

うな，行政法における主要な分野での手段化の現象形態を問題とすることにしよう。主要分野とはすなわち，行政法の法源，行政組織，行政手続，及び権利保護である。

I．調整による手段化

1．法　源

法源論につき，共同体法から導かれる結論は——1991年に欧州共同体裁判所がドイツ連邦共和国に対して発した4つの判決において明らかにしているように——，欧州共同体指令の転換が問題となる限り，ドイツ行政法において機能している特定の規律形態を用いることは許されないということである。

これに当たるのは，1つには，例えば環境法における，法律の一般条項の適用である。個人保護に関する欧州共同体指令が細目にわたる要求をしている場合，それらの一般条項は，いずれにせよ，転換規定として不十分である。例えば，地下水に関する指令についての1991年2月の欧州共同体裁判所の判決[37]によれば，当該指令の詳細な諸禁止事項や手続諸規定は，ドイツ法にも，指令に対応する詳細な諸禁止事項と手続諸規定を要請した。ドイツ連邦共和国は，不当にもそれらを導入せずに放置していたのであるが。

そしてもう1つには，欧州共同体裁判所によれば，単なる行政規則，つまり，大気清浄維持のための技術基準（TA-Luft）のようなものさえも，個人保護に関する欧州共同体指令の転換のための手段としては除外される[38]。この解釈の根拠として，欧州共同体裁判所は，1991年5月の大気清浄維持に関する2つの指令（Luftreinhalte-Richtlinie）についてのそれぞれの判決[39]，及び1991年10月の飲料水に関する2つの指令（Trinkwasser-Richtlinie）についての判決[40]において，ドイツの行政規則が，市民や裁判所に対して，確実な外部効果を有していないことを挙げている。私見では，以下のように言及していたならば，さらに説得力があっただろうと思う。すなわち，確かに，ドイツの学説及び判例は，ドイツの行政規則が部分的に——例えば，その規範具体化機能や平等原則に基づく自己統制機能を引き合いに出して——外部効果を有することを認めている

が，その際には原則として，単に限定的かつ弾力的な拘束的効果が付随的に生じているにすぎない[41]，と。例えば，連邦行政裁判所によれば，規範具体化機能を有する行政規則さえも，その都度，裁判所により，少なくとも，それらの行政規則が恣意性を排除した調査に基づくものかどうか，そして，時の経過とともに，学問や技術における知識の発展により時代遅れになっていないかどうかという点につき審査されなければならない[42]。従って，そのような行政規則がおおよそ独自のカテゴリーとして存在したとして[43]，そのような行政規則によっても，共同体法に予定された基準の国内における効力は——そして場合によって認められる構成国における保護強化規定[44]に基づく，より高い基準の効力も——制約を受けざるを得ない。しかしながら，一定の法則に従った指令の転換が要求しているのは，共同体法が予定する基準の国内での効力を保証することであって，このことは，指令が個人保護の性質を有するか否かとはむしろ関わりがない[45]。特に，指令の定める基準の修正は，単なる構成国の裁判所による審査を通してではなく，共同体レベルでの指令改正及びそれに続く構成国での転換によって実現されうるものである。そして，その場合には，共同体法はこの種の改正について，時として，むしろ簡略な手続を用いることを予定しているのである[46]。結果としては，従って，欧州共同体裁判所に以下の点で同意する。すなわち，ドイツの行政規則は——せいぜい，行政組織及び行政手続についての行政規則を別にすれば[47]——欧州共同体指令の正確な転換のためには不適切である。

　構成国国内法への転換法についての共同体法の要求に関わるこの欧州共同体裁判所の判例からは，その直接的適用領域を越えて，さらに進行したドイツ行政法の「法化（Verrechtlichung）」へ向けての推進力（Impulse）が生じえたであろうと思われる。しかしながら，これまでのところそうなってはいない。判例が「法化」への推進力となる代わりに，判例を批判する立場が，諸判例により引き起こされた対立的議論[48]において，地下水に関する指令（Grundwasser-Richtlinie）についてのルクセンブルグ判決に目を向け，極端ともいえる主張を展開した。すなわち，「歴史的に成立し，かつもっぱら執行効率のよい国内法の

規範構造への権利濫用的かつ占領権にも似た介入」は阻止されなければならないとしたのである[49]。そして，連邦政府は，この大気清浄維持指導基準（Luftreinhalte-Richtlinie）についての２つの欧州共同体裁判所判決に対するリアクションとして，例えば，大気清浄維持のための技術基準（TA-Luft）それ自身の「法化」（Verrechtlichung）に着手はせず，最小限の解決方法を採った。すなわち，単に，指令が要求した，SO_2，粉塵，空気中の鉛，NO_2 についての環境汚染限界値[50]の確定規定を，特別法規命令（besondere Rechtsverordnung）に示すこととしたのである[51]。明らかになっている限りでは，当該欧州共同体裁判所判決以降，２年以上が経過しているにもかかわらず，それに対応する連邦大気汚染防止規則（BImSchV）はこれまで，草案としてしか存在していない。そうだとすれば，ドイツ行政法にとっての「不利益を最小限にする（Schadenbegrenzung）」ための消極的姿勢と努力が，ここに見られることになる。

　公共事業の発注（öffentliche Auftragsvergabe）についての法にも類似のことが言える。ここでもまた，転換不足（Umsetzungsdefizit）が存在し，その転換不足は，すでに長きにわたって解消されなければならないものとされてきた。確かに，VOL（Verdingungsordnung für Leistungen（ausgenomme Bauleistungen）；建設分野を除く契約約款）とVOB（Verdingungsordnung für Bauleistungen）；ドイツ建設法の契約約款）は，共同体法の発注に関する指令（Vergaberichtlinien）[52]に則した内容となっている[53]。しかしながら，これらの契約約款は単なる規定の集合にすぎず，それ自身は，公行政体，経済団体，労働組合の代表者から構成される委員会により作成された後，行政規則により拘束力を付与されるのである[54]。指令が要請しているように，公の発注者を拘束し，かつ，関連入札者の法的地位を確保するためには[55]，この契約約款ではなく，欧州共同体指令が法規にあたるものに転換されることが必要であるが[56]，これがこれまでなお欠けているのである[57]。しかしながら，これに関しては，包括的な法律による規律が必要とされていない。すなわち，法律に基づく法規命令による規律でも十分であるとされているのである[58]。

2. 行政組織

確かに，これまでのところ，構成国における行政組織の創設は，構成国による共同体関連の行政活動の分野であっても，原則として構成国の管轄事項にとどまっている。しかしながら，各構成国は，その際に，共同体法の効果的な行政的執行の必要性を十分に考慮しなければならない。その限りにおいてここでもまた，ある種の調整が行われる。

例えば，ある時期，商品についての共同体内の国境検問がなお認められていたのであるが，いずれにせよ，この各構成国による国境検問を——例えば，国境検問所の数やその受付時間を対象とした制限を行うことによって[59]——共同体内活動（der innergemeinschaftliche Handel）を過度に制限するような形で行うことは許されなかった。

ドイツ連邦共和国に関していえば，例えば，80年代には，他の共同体構成国からの鶏肉の輸入に際し，保健衛生上の危険がないことを調べるために，組織的・体系的な入荷審査をしていた。この措置につき欧州共同体裁判所は，1988年9月共同体法に統一化されたシステム——出荷国においてドイツにおける審査に相当する審査が行われる——があることに配慮してこれを認めないものとし，国境での行政による形式的書類審査（添付書及び商品証明書の審査）のみがなお許された[60]。以後，ドイツ連邦共和国は，この行政による形式的書類審査を獣医によって実施させることにした。これにつき，欧州共同体裁判所は1989年11月，正当にも以下のような判断を下した。すなわち，行政による形式的書類審査を，それにつき高度専門的な資格を有する公務員によって行わせることは，確かに，ドイツ連邦共和国の自由である。しかしながら，［当該審査に］従事できる獣医の数が限られていることにより，その都度当該輸入についての事前申請をする必要性が生じ，その必要性が組織に関する措置と結びつく場合，その組織に関する措置は共同体法に違反している[61]，と。

行政監督（Verwaltungsaufsicht）もまた，共同体法に——調整的に——方向づけられている。特に，連邦政府が，行政権限が基本法によりラントに与えられていることに言及して，十分に共同体法が行政的に執行されていないことを正

当化することはおおよそ不可能である。確かに，ドイツ連邦共和国においては，基本法に基づきラントの行政管轄に属するとされている事項については，当該共同体法を行政的に執行することを義務づけられるのもまた各ラントである[62]。しかしながら，場合によっては，連邦政府が，共同体法の執行に資するために，各ラントに対して，基本法が予定する連邦強制（Bundeszwang）に至るまでの全ての監督手段を講じる義務を負うことがある[63]。ドイツ連邦共和国を相手方とする若干の条約違反訴訟においても，ラントの行政活動のいくつかにつき共同体法との適合性が議論になったが，知る限りでは，欧州共同体裁判所においてドイツ連邦共和国を代表する資格のある連邦政府は，ラントの管轄であることを示すことにより無過失であるとの立証をしようと試みなかった[64]。

3．行政手続

　広義の行政手続の分野については，構成国によって共同体法が行政的に執行される。この分野に関しては，欧州共同体裁判所が一般的な調整の公式──共同体法によって設けられた限界内での各構成国による行政手続法の適用──をすでに早くに発展させてきており，その大部分が今日まで踏襲されている。裁判所がここで，とりわけドイツのケースにおいて直面している問題は，一方では，共同体法が，各構成国による共同体法の執行についての行政手続法の規定をほとんど有しておらず，その限りにおいて，各構成国の行政手続法に立ち戻ることにより広範に補完されるべきでありながら，他方では，各構成国の行政手続法間に大きな相違が存在し，その相違が，共同体法の行政的執行に著しい相違をもたらす結果にもなりうるということである。

　そのような状況が見られるのは，例えば，各構成国が個人に対し，共同体法に違反して関税や手数料のような公課を要求した場合の，個人によるそれらの返還請求権についてである。ドイツ法によれば，そのような請求の前提として，1ヶ月以内，あるいは（救済手段の教示に瑕疵がある場合には）1年以内に公課決定（Abgabenbescheid）が取消されなければならない。しかしながら，他の構成国の規定は──公課の支払いにつき法的根拠がないことが問題になる場合

に，公課決定ではなく，規範的法状態（die normative Rechtslage）に着目するがゆえに——即時の取消を必要としていないのであって，[請求権については] 10～30年後に初めて不当利得法上の消滅時効が完成する[65]。

　各構成国が個々の企業に対して共同体法に違反して補助金を給付し，共同体法に基づき，その補助金の返還請求を義務づけられるという逆の場合にもまた，大きな相違がある[66]。この場合，行政行為の職権取消，特定の形式及び期間の遵守，そして信頼保護の実現についての，それぞれの構成国における様々な規定が，場合によっては，そのような返還請求の妨げになりうる[67]。

　そのような相違によって，共同体法の統一的な適用や完全な効力に疑問が投げかけられることは明らかである。従って，この困難を回避するために，欧州共同体裁判所が，構成各国により行われる全ての共同体関連行政活動に対して，あるいは少なくとも構成国による直接的な共同体法の行政的執行に対して，狭義のヨーロッパ行政法[68]——共同体法の行政的執行のために共同体自身によって適用されるもの——を適用したとすれば，それはごく自然なことだったはずである[69]。そしてこのことは同時に，ヨーロッパ行政法を創設する際に，実効性の視点を考慮する必要性のみならず，市民及び私企業の法律上の地位をしかるべく保護する必要性についての視点をも先鋭化させることにもなったであろう。裁判所は，このような方法を以下のような議論——他の事例において，裁判所はこの議論を完全に受け入れている——を用いて正当化し得たはずなのである。すなわち，いかなる場合にも，各構成国法の特殊性の結果として共同体法の統一的な適用や完全な効力が削減されることを認めないとすることができたはずである[70]。

　しかしながら，欧州共同体裁判所はそのような議論を展開せず，これに関しては明らかに消極的な態度をとった。長年の判例において，欧州共同体裁判所は以下のように述べている。すなわち——ある判決においては明文で「残念なことに」[71]と言っているのであるが——行政手続法の統一のための共同体規定が欠けている限り，相違があると考えられるにもかかわらず，原則として各構成国それぞれの行政手続法が適用されるべきである，と[72]。

但し，2つの限界に注意が払われねばならないとされる。それらを「侵害の禁止（Beeinträchtigungsverbot）」及び「差別待遇の禁止（Diskriminierungsverbot）」と表現することができよう[73]。前者は，すなわち，構成国国内法を適用することによって共同体法の射程範囲及び効果を侵害してはならず，特に，共同体法の実現を事実上不可能なものにしてはならない[74]とするものである。そして後者は，構成国国内法を適用する際に，同種の，全く純国内的な法的紛争について決定される手続との相違があってはならないとするものである。但し，この2つの禁止は，特殊事例にのみ適用されてきたように思われる。すなわち，欧州共同体裁判所は，例えば1976年12月のRewe判決[75]，1983年9月のDeutsche Milchkontor GmbH判決[76]においては，ドイツ法における取消訴訟の出訴期間の短さにも，連邦行政手続法第48条の定める比較衡量及び期間についての規定にも異議を唱えていない。しかしながら，少なくともドイツ公課法の衡平規定は，すでに早い時期に制限を受けていた。すなわち，ドイツ行政庁は，内容の不衡平を理由として，共同体法により義務づけられた公課の徴収をやめてはならないとされる。というのは，それによって，共同体法上の公課規定の射程範囲を侵害することになるからである[77]。

しかしながら，統合の過程でさらなる展開があった。これについては，子細にみると，欧州共同体裁判所の判例も十分な足がかりとなっていた。例えば，70年代及び80年代の前半から，欧州共同体裁判所は判決において，調和的調整の公式についての自らの慎重な姿勢を，しばしば明文で「共同体法の現在の発展状況」に結びつけていた[78]。さらに，欧州共同体裁判所は，明確にではないとはいえ，2つの禁止に，相当要求（Entsprechungsgebot），考慮要求（Berücksichtigungsgebot）という形で2つの要求を付け加えた。相当要求（Entsprechungsgebot）として欧州共同体裁判所が挙げているのは，信頼保護や法的安定性のような構成国の規律事項（Regelungsanliegen）を共同体法においても承認すること，あるいは，共同体法の一般原則に基づき構成国国内法を再審査することである[79]。考慮要求（Berücksichtigungsgebot）として要請されるのは，構成国国内行政手続法を適用する際，例えば比較衡量を行う際に，欧州

共同体裁判所が形成した「共同体の利益に十分に考慮する」ことである[80]。

　これに基づいて——おそらく，各構成国における共同体法の行政的執行が，いいかげんではあるが，決して妨害的なものではないという印象のもとで——欧州共同体裁判所は，調整の公式の枠組み内で，多様性を甘受することから，多様性の甘受に限界を設けることへと重点を次第に移していく。そしてその際に，実効性の要請（Effektivitätsgebot）のための相当・考慮要求（Entsprechungs- und Berücksichtigungsgebot）とともに，侵害の禁止（Beeinträchtigungsverbot）を強化したのである。少なくとも，補助金の返還請求，衡平の観点からの公課の免除，行政法上の制裁の実施に関する判例においてはそのような傾向がみられる。

　構成国により給付される補助金の返還請求について，欧州共同体裁判所は，比較的最近のドイツの2つの事例——1989年2月のAlcan事件[81]及び1990年5月のBUG-Alutechnik事件[82]——において，連邦行政手続法第48条に基づく信頼保護を例外的にしか主張させないとする限定的ルールを定めた[83]。この判例によれば，各構成国は，形式的確定力が生じたEC委員会の決定に対しては——構成国は，この決定により，共同体法に違反する補助金の返還請求を義務づけられていたのであるが——この委員会決定の実施が絶対的に不能であることを主張することしかできない[84]。しかしながらここでは，連邦行政手続法第48条に基づく構成国による信頼保護は，絶対不能を根拠とはならないとされた。というのは，さもなくば，構成国は共同体法上の諸義務の履行を免れるために，共同体法に違反する自国の活動によりどころを求めることができることになるからである。従って，構成国が補助金受領企業の信頼保護を主張することはおおよそ不可能であり，企業自らが裁判所において主張することができる場合があるにとどまる。しかし，給付の際に欧州経済共同体設立条約第93条の補助金適性化手続（Subventionskontrollverfahren）が遵守された給付金に限っては，原則として信頼保護が顧慮される。というのは，賢明な企業活動者がこの手続が遵守されたかどうかを確認するということは，通常ありうるからである[85]。さらに，共同体法それ自身に基づき，連邦行政手続法第48条第4項のような期間

についての規定が適用される際には、期間についての定めにより共同体法に予定された返還請求が実質的に不可能なものになってはならず、共同体の利益は十分に考慮されなければならないとしている。ドイツの判例及び学説が様々な結論を導き出す源となってきた[86]、これらの欧州共同体裁判所の結論は十分な説得力を持っていない。これらの欧州共同体裁判所の結論には、各構成国の信頼保護を最小限にすることによって、共同体法上の補助金適正化法（Subventionskontrollrecht）の実効性を高める傾向がみられる。しかもまた、欧州共同体裁判所の結論は、このことに明確に言及したり、十分に議論を展開したりせずして、ヨーロッパ法の信頼保護基準を国内法に導入しているのである。単なる調整から、そのようなヨーロッパの信頼保護が拘束力のあるものであるとの宣言による正真正銘の統一へ、という実際に踏みだされるべき歩みを、全ての構成国の法秩序がまだまったく踏み出せないままでいる[87]。さらに、最終的に諸企業に対して認められる信頼保護については、これが非常に狭く解釈されているのみならず[88]、徹底した構成がなされていないように思われる。信頼保護は、まず、いずれにせよ裁判所において、徹底的に扱われるべき問題である。従って、このようなケースにおいては、補助金の返還請求をすることによって、わかっていながらみすみす不当をなすことを構成国行政庁はまず義務づけられることになる[89]。

次に言及すべきは、共同体法自身は何ら衡平規定を有していない場合において、共同体法により義務づけられた公課を構成国が免除するという問題である。すでに触れたように、欧州共同体裁判所は、内容の不衡平を理由とした、構成国国内法に基づくそのような公課の免除につき、侵害禁止（Beeinträchtigungsverbot）違反を認定していた[90]。それに対して、人的不衡平を理由とした免除は、どうやら、なお、構成国国内法の基準に基づき行われうるようであった。最近では、欧州共同体裁判所はこれを原則として認めているが、同時に人的不衡平を理由とする免除もまた、当該共同体システムの目的を侵害してはならないということを強調した。ドイツ公課法第227条に基づく、人的不衡平を理由としてなされた牛乳製造業に課される公課の免除につき、欧州共同体裁判所は諸般の事情

第3章 ドイツ行政法の変革の契機となるヨーロッパ法の影響 117

に基づき,そのようなシステム侵害を認定した。従って,欧州共同体裁判所はここで結果として,ドイツの衡平規定を援用することを,実効性という理由から,また,その限りにおいて排除したのである[91]。

最後に,注目すべき発展は,行政制裁の分野に確認される。各構成国が行政的に執行するべき共同体法上の諸規定が,規定に違反した場合につき制裁を予定していない場合,従来から,各構成国は,制裁を導入して,共同体法の規定が遵守されるよう保障しなければならなかった。もっとも,導入すべき制裁の選択については,原則として構成国の自由であるが[92]。しかしながら,これに加えて,欧州共同体裁判所は 1989 年 9 月の griechischen Maisfall 事件判決において,各構成国が,いずれにせよ——勤務法及び刑法上の訴追に至るまで——共同体法違反に,国内法違反と同等に厳しい制裁を与えなければならないことを明確にした[93]。そしてこれにとどまらずさらに,裁判所は,共同体法違反に対する各構成国の制裁が「常に,効果的,比例的,抑止的で」なければならないことを強調したのである[94]。これは,単に,構成国国内法への違反に,法的にあるいは事実上十分に制裁が課されていない場合でも,各構成国が共同体法違反に効果的に制裁を与えなければならないということを意味しうるにすぎない[95]。そして同時に,欧州共同体裁判所は,その調整の公式(Koordinierungsformel)である 2 つの禁止の枠組みの中で,むしろ差別待遇禁止(Diskriminierungsverbots)をある程度相対化した上で[96]侵害の禁止(Beeinträchtigungsverbot)を実効性の要請(Effektivitätsgebot)に高めたのである。そしてここから「これらの措置が国内法においてすでに予定されているか,あるいはなお採用されなければならないかどうかとは関係なく,国内的強制手段を設けるべきである……」[97]という要請までの道のりは,もはや遠くはなかったのである。

4. 権 利 保 護

各構成国における権利保護については,すでに早くに,共同体法の諸目的のための調整的手段化が見られた。欧州共同体裁判所は,欧州共同体規則法に加えて,条約法それ自身の重要な部分,すなわち,基本的自由(資本移動の自由

を例外として）についても直接適用可能性を認定し，従って，構成国の裁判所に提訴することができると判断していたが[98]，このことにより，各構成国における行政法上の権利保護は，構成国による共同保障，というよりむしろ共同体法優先の保障に適合させる方向への調整が飛躍的に進んだのである。

さらに，欧州共同体裁判所が，結局のところ，指令の一部についても直接適用可能なものとして扱うよう直ちに移行したことにより，この傾向はかなり強くなった[99]。全ての指令の規定について，それぞれの転換期限が経過した後，無条件にかつ十分正確にこのような扱いをしたことは，首尾一貫していたといえよう。これに反対して，フランスのコンセーユ・デタにより引き起こされ[100]，ドイツ連邦財政裁判所（BFH）により引き継がれたのが[101]「判事戦争（Krieg der Richter）」[102]である。確かに，この「判事戦争」において，欧州共同体裁判所はある制約を設けた。すなわち，このような指令規定の直接適用可能性を，市民間相互の関係においてではなく，国家に対する市民の関係においてのみかつ，市民の不利益ではなく，利益のためにのみ考慮するとした。しかしながら，それ以外の判例では，欧州共同体裁判所は，内容を見るに，自らの判例を踏襲していた[103]。そして，連邦憲法裁判所の側は，正当にも，指令規定の直接適用可能性を法的に認めるとする欧州共同体裁判所の判例を，裁判官の法創造という適法な行為と評価し，ドイツ連邦財政裁判所（BFH）がこの判例を無視することは「客観的にみて恣意的なもの」であると判断したのである[104]。欧州共同体裁判所は，最近になって以下のことを明らかにした。すなわち，当該判例は，各構成国裁判所での市民の権利保護可能性を拡大しようとするのみであって，同時に制限しようとするものではなく，従って，指令の諸規定が直接適用可能な場合であっても，国内法上の出訴期間及び時効期間の問題が生じる場合には，これらの起算点は，最も早くて，正しく指令が転換された時点である[105]。

共同体法が直接適用可能なものであったり，あるいは，直接適用可能なものとして扱われるべきであるとする。この場合，共同体法上，権利保護が保障されていれば，各構成国の国内裁判所によっても効果的に権利が保護されることが必要となる[106]。そして，そのような構成国による権利保護は，共同体法のた

めに2つの機能を果たす。すなわち，共同体法により要求される個人の権利保護の強化に資するとともに，共同体法の順守につき，何重もにわたって，分権的に，統制のための努力がなされることになるのである。

さらに，主観的な公法上の権利の保護の傾向を持つドイツの行政法上の権利保護にとって重要なのは，大気清浄維持のための技術基準（TA-Luft）に関する判決において，当該大気清浄保持指令（Luftreinhalterichtlinie）を一定の基準に従って転換することをもとめるにつき，とりわけ，以下のような根拠を欧州共同体裁判所が示したことである。すなわち，当該指令に基づく限界値（Grenzwert）の設定は人類の健康の保護に資するものであり，従って「この限界値を超過することにより人類の健康が脅かされうる全ての場合に，関係者が権利を主張することができるよう強行規定を援用できる状態でなければ」ならない[107]，と。確かに，ここから，ドイツ法に民衆訴訟の必要性が導かれることはなく，むしろ「関係者」に確実な訴訟の可能性を与えることで十分である[108]。しかしながら他方でこの判決によれば，そのような欧州共同体指令の限界値が，ドイツ法において，第三者保護機能を欠いた単なる努力値（Vorsorgewerte）として示されたり理解されたりしてはならない。また，大気清浄保持指令（Luftreinhalterichtlinie）の転換のための新大気汚染防止規則（BImSchV）草案においては，明文で，これらの限界値は保護値（Schutzwert）と示されている[109]。共同体法の見地からすれば，その保護値によってもたらされる（「第三者」）保護があまりに狭く解釈されるのでなければこの方法で足りる[110]。

一般に，共同体関連の構成国行政活動の場合の訴権については，ドイツの裁判所による寛大な扱いが，ほとんど欧州共同体裁判所判例に合致していたようである。ちなみに，欧州共同体裁判所の判例は，従来から，客観的適法性統制や，「訴えの利益（intérêt pour agir）」そのものの必要性についてのフランスの議論により強く影響を受けたものであった[111]。

但し，公共事業の発注（die öffentliche Auftragsvergabe）についての法においては，ある種の特殊性がみられる。共同体法上の発注に関する指令（die gemeinschaftrechtliche Vergaberichtlinie）は，ドイツ法の伝統に反し[112]，個人の法的地

位について，入札者の利益を配慮した定めをおいている。従って，その個人の法的地位は，ドイツ法への転換の過程においても採用されなければならず，ドイツ法において実現可能な (durchsetzbar) ものとされなければならない[113]。しかしながら，その実現可能性は，ドイツの裁判所で通常の法的救済手段を認めるのとは異なる方法でも保障されうる。すなわちドイツの希望は[114]，各構成国が裁判所ではない特別審での効果的な再審査手続を定めることが，明文で認められることであった。但し，その場合には，「条約第177条の意味する裁判所である」[115]独立審による再審査が保証されなければならないのであるが。このような状況のもとでは，共同体法の観点からは，ドイツの構想——この分野における第一次的権利保護を，特別の入札審査担当組織 (Vergabenprüfstelle)，及び，裁判類似の委託監視委員会にゆだねるとする——に対して，もちろん何ら異論の余地はない[116]。但しドイツ法の観点からは，そのような方法が基本法第19条第4項の既定をうけるドイツの権利保護システムとどのように適合するかが問われている[117]。

II．統一による手段化

統一による手段化により，構成国国内法は，単なる調整よりも厳格に共同体法に規律されることになる。ここで問題となるのは，現行の構成国国内法を考慮することなく，統一した共同体法上の諸要求が示され，それをその他の依然として適用可能な構成国国内法に共同体法上の規定の一部分として組み込むことである。

共同体法の統一的適用にとって，そのような方法が特に有益であることは明らかである。一見，共同体の立法者のみが，構成国国内行政法の手段化のためにこの方法を用いることができるように思われるが，実際には，ごく最近の欧州共同体裁判所の判決のいくつかにもこの傾向が見られる。

1．法　源

例えば法源に関して，欧州共同体裁判所は，法のヒエラルキーを強調しよう

第3章　ドイツ行政法の変革の契機となるヨーロッパ法の影響　121

とし，共同体法の優位の原則から，構成国国内行政が構成国国内法を審査・破棄する義務を導き出した。それによれば，構成国行政庁は，共同体法に基づき，自らに適用されるべき国内法を共同体法に則して解釈しなければならず[118]，国内法に基づくと共同体法に則した解釈ができない場合には[119] 共同体法に違反する国内法で法律としてのランクを持った法を，要するに適用せずにおかなければならない[120]。この方法は，ドイツ法に基づく行政の規範審査権限及び規範破棄権限をはるかに越えるものである[121]。この方法は，ドイツにおける行政の法律への拘束を相対化するものであり，受容範囲の問題及び責任の問題を投げかけることになる[122]。というのは，この方法は，ゲマインデレベルも含めた全ての構成国行政庁に適用されるのであり[123]，また，行政庁は，裁判所とは異なり，共同体法の解釈についてのしばしば全く困難な問題につき欧州共同体裁判所の判断を求めることができないからである[124]。共同体法の行政的執行の重要な部分が州レベルに——そして，専門的中央行政庁[125]に——集中しているゆえに，確かにこの問題が軽減されうる。しかしながら，問題を排除することはできない。確かに例外がないわけではないが，多くの場合，ドイツ行政は自らの義務を果たす努力をしている。例えば，ある欧州共同体指令がすでに転換されていなければならないにもかかわらずなお転換されておらず，その規定が直接適用可能なものとされている場合，正式に国内法を改正する前にそれを適用できるよう努力している。近時の例[126]としては，自動車許可（Kfz-Zulassung）についての欧州共同体指令の諸規定を，道路交通許可法（StVZO）の正式な改正前に適用することについての，連邦自動車局（Kraftfahrt-Bundesamt）に対する連邦運輸大臣の指示[127]があり，また——部分的には公表されたが——州及びラントの環境大臣の通達（Rundschreiben）及び省令（Erlasse）[128]により，なおEC環境情報指令の転換が行われていないにもかかわらず，1993.1.1から適用が確保されることとなった例がある。

　ここにはもちろん矛盾が残されている。第一に，覊束的行政活動についてであるが，ドイツ法が共同体法に違反しており，共同体法に則して解釈することはできない場合でも，それが直接適用可能性を持たない共同体法にしか抵触し

ない場合，ドイツ法によれば，ドイツ行政庁は，少なくとも，個人に利益を与える（individualbegünstigend）ドイツ法についてはそれを適用することを義務づけられる[129]。

　第二に，欧州共同体裁判所は，自らのテーゼを部分的に，共同体第一次法（条約及び法の一般原則）と共同体第二次法（指令及び命令）の序列関係にもまた転用している。例えば確かに，欧州共同体裁判所は，共同体第二次法を第一次法に則して解釈・適用することが構成国行政庁の義務であると考えている[130]。しかしながら，構成国行政庁に対して，第一次法に反する指令及び命令，また第一次法に則した解釈ができない指令及び命令に対する破棄権を与えていない[131]。このことは，矛盾でもあるが，理解できるものでもある[132]。

　実際には，共同体法に違反する構成国国内法についての構成国行政庁の審査・破棄義務——これは，正当にも欧州共同体裁判所自身が要請したものであるが——には，すでに混沌とした展開が見られる。これを見るに実際に想起される問題は，これについて，構成国国内法あるいは共同体法によって規律したり，一定の方向に先導したりすることはできないか，あるいは，それが必要ではないかということである。但し，欧州経済共同体設立条約第177条に基づき，事案付託権あるいは場合によっては事案付託義務のある裁判所に構成国の行政トップあるいはその他の構成国行政機関を加えたり，欧州経済共同体設立条約第177条に基づく欧州共同体裁判所の権限を構成国国内法の無効宣言にまで拡大したりするには，正式な条約改正が必要であろう。

2．行政組織

　稀にではあるが，行政組織の分野にもまた統一化への傾向がみられる。例えば，共同体は，かなり以前から，統計的データは主に構成国の統計当局によって処理され，共同体に送付されなければならないとしている[133]。さらに，構成国に対し，命令により農業簿記（landwirtschaftliche Buchführung）についての情報網の確立が指示されたが，これは，構成国に，地域委員会及び農林業関連事案取り扱い証明（Landwirtschaftliche Buchstelle）のシステムの構築を義務づ

けるものであった[134]。最近，共同体は，構成国の所轄行政庁のもとにデータバンクを設立することを求めている[135]。また，ごく最近では，ある規則により，諸要件を満たした場合には，飛行計画に合った空港への着陸及び離陸時刻の割り当てに関するいわゆる調整担当者をおくことが，構成国に対し義務づけられた[136]。

それどころかさらに，単なる欧州委員会提案がドイツでの行政組織の新設につながる場合もある。1977年5月欧州委員会が，欧州理事会に対して，ある指令案を提出した。その指令によれば，共同体法上の石油貯蔵義務を果たすために，構成国において貯蔵を義務づけられた企業が収益目的のない貯蔵組織にこれを委託することが認められるべきであるとされ，この貯蔵組織は「独立した法人格と財産的自立性」を有するものとされたのである[137]。この委員会提案[138]を受けて，1978年7月の連邦法律により，ドイツ「石油貯蔵団体（Erdölbevorratungsverband）」が，連邦直属の権利能力を有する公法上の団体として設立された[139]。しかしながら明らかになっている限りでは，欧州理事会は，欧州委員会により提案された指令を結局のところ採択しなかったのである。

これに対し，最近，たばこ業界について，行政組織の種類についての詳細な共同体規定が発せられた。それによれば構成国は，共同体のたばこ原料市場においては監督機関を設けなければならず，その監督機関は「完全な行政的自立（völlige Verwaltungsautonomie）」を認められ，共同体財政から全体の2分の1の資金を受け，委員会による特別な監視――この監督機関の管理委員会（Leitungsgremien）及び協議委員会（Beratungsgremien）の地位にある，議決権を持たない委員会の代表者が参加する――の下におかれる[140]。

しかしながら一般に確認されるべきは，共同体が，構成国における行政組織につき，目指されるべき要件を定めることは，確かに原則としては禁止されていないが[141]，そのような要件を設定するについては，その都度，特別な法的根拠を必要とするのであり，これまでのところむしろ例外的なものにとどまっているということである。

3. 行政手続

　行政手続法からは，特に，関税法における法規定の統一が挙げられるであろう。関税法における法規定は，初めは個別規則において統一されていたが[142]，これに代わって，1994.1.1.以降，規則集（Kodifikationsverordnung）である，いわゆる1992年10月の関税法典が発効した[143]。この法典化の過程で，共同体立法者がまず決定しなければならなかったのは，特定分野に関する全構成国国内の行政法を統一するために，諸構成国の行政制度のうちどれを採用し，どれを排除すべきかということであった。ドイツ連邦共和国が成果を得たのは，例えば，共同体法の規定に，他の構成国において広範には知られていない点，すなわち，関税率情報（Zolltarifauskünften）に拘束力を持たせたり，衡平の観点から関税債務の免除したりする可能性が認められたことである[144]。関税法上の決定も，いまや完全に，ドイツ連邦行政手続法第35条の［行政行為の］概念の枠内に定義づけられている[145]。これに対し，税関による受益的行政行為の撤回及び職権取消についての関税法典の規定は，用語法についても，内容についても，ドイツ行政手続法の規定とは著しく異なる。従ってその限りでは，ドイツの関税担当行政庁は，1994.1.1以降，ドイツにおける行政行為の発布の際に，新しい，ドイツ法に由来しない，部分的にしかドイツ法に対応していない規定を適用しなければならない。例えば，税関による受益的行政行為が違法である場合，それが遡及的効果を持った職権取消をうけるのは，申請人が，基礎をなす事実関係の間違い（Unrichtigkeit）や不完全性（Unvollständigkeit）につき悪意・有過失であった場合——そしてその場合のみ——である。その他の場合には，税関の行政行為が，遡及効果を持たずにあるいは後のある時点以降，撤回されるか，変更（Änderung）されうるにすぎない。職権取消とは異なる場合で，免除要件が満たされていなかったり，あるいはもはや満たされない場合，撤回あるいは変更することが義務づけられる。負担［を定める付款］（Auflage）に違反した場合，撤回は裁量にゆだねられる[146]。さらに，ドイツ側は，ドイツ法における行政行為の形式的確定力の相対化を甘受しなければならなかった。というのは，共同体法によれば，ドイツ行政庁による関税決定が裁判所により

取消されなくても、行政庁が不正に徴収した関税は、関係者に対し、3年以内に、申立によりあるいは職権で、返済されなければならないからである[147]。

農業分野においては、ある共同体法規定が、共同体法に違反する補助金認可の職権取消について裁量を排除している[148]が、もしそうでなければ、その裁量は、連邦行政手続法第48条に基づき、ドイツの行政庁に与えられていたものである[149]。連邦行政裁判所は、共同体法に違反する補助金認可の職権取消につき裁量を排除することを定めたドイツの法規命令を適法なものとみなした。というのは、当該法規命令が、職権取消についての裁量のみを排除するものであって、企業のために、信頼保護を考慮することを排除するものではないためである[150]。

私見によれば、欧州共同体裁判所の Alcan 事件及び BUG-Alutechnik 事件[151] 判決の基礎になっていたような[152]事例もまた、統一的なヨーロッパ基準を明確にした上で、判断が下されるべきであったと思われる。Alcan 事件及び BUG-Alutechnik 事件判決によれば、欧州経済共同体設立条約第93条に基づいて欧州委員会が各構成国に対し、構成国が共同体法に違反して給付した補助金の返還を受領企業に対して請求することを義務づけることができるのは、以下のような場合――そしてその場合のみ――である。すなわち、委員会自らが補助金の給付を許可したとして、狭義のヨーロッパ行政法に関して設定された基準に基づいて、委員会の側で補助金の返還請求をなし得る場合である[153]。構成国により異なる基準の代わりに類推適用されるべきヨーロッパ基準によれば、返還請求はしかるべき期間内にしか認められず、補助金受領企業の信頼保護をしようとする場合には、そのような返還請求は完全に排除されている[154]。出訴期間が徒過した場合には[155]、[出訴期間という]限界の――そしてこの限界のみ――遵守を主張することが、構成国にもそしてまた補助金受領企業にも認められるべきであった。このことによって、近時の欧州共同体裁判所の判例と比較して、より説得力のある解決が可能になると思われる。すなわち、むしろ、目的にあわせて、欧州経済共同体設立条約第94条に基づく規則において規律し、その際、同時に、厳密な規定をおくべきであろう[156]。

最後に，議論のきっかけを提供していたのは，共同体法を通して各構成国に対し予定されている諸制裁であった。委員会は，EC農業補助金規定についての実施規則において，欺瞞的な農家に対して1年間の給付排除を課すこと，そしてこの給付排除により，利子も含めた補助金の返済のみならず，さらに，一律30％の特別金の支払いを要求することを，構成国行政に対して義務づけた。連邦政府は，構成国に対してそのような制裁を課す，一般的には欧州共同体，個別には委員会の権限に異論を唱えた。しかしながら，欧州共同体裁判所はこの規定の適法性を肯定している[157]。

4. 権利保護

最後ではあるが重要なこととして，構成国による権利保護に関する統一化の傾向に言及しなければならない。

これについては，まさに最近，欧州共同体裁判所が，仮の第一次的権利保護 (der einstweilige primäre Rechtsschutz)[158] 及び国家責任による第二次的権利保護につき，統一をもたらすような諸判断を下し，共同体法の統一的適用と効果的実現を強化しようとしている。

1990年6月の "Factortame" 事件判決[159] において，欧州共同体裁判所は以下のような判断を下した。すなわち，共同体法から導かれる権利を保障するために必要な仮の権利保護は，構成国国内法がこれを認めていない場合であっても，構成国裁判所において認められなければならない。このことから，この事件を提起したイギリス裁判所には，イギリスの法伝統に反して，王の行為に対する仮の権利保護も認められるという結論がもたらされることとなった。

他方で，欧州共同体裁判所は1990年7月のテーブルワイン醸造についての判決[160] においては，以下のような判断をしている。すなわち，ドイツ連邦共和国は，特定の状況下で，共同体の措置の実効性を確保するために必要な場合には，ドイツ法に基づく徹底した (eingreifend)，行政行為に対する仮の権利保護を故意に無視することが義務づけられているものとした。欧州委員会は，市場におけるテーブルワインの供給を短期間で削減して，テーブルワインの価格下

落に対処するために，規則により，テーブルワインの醸造量を一定量に強制する旨を規定した。この命令の実施に際し，ドイツの所轄行政庁は，614の醸造決定（Destillationsbescheid）を交付した。ところが，これらの決定の大半に対して，生産者は不服申立をした。不服申立に基づく停止効の保護の下，ドイツ連邦共和国において強制醸造によって市場から排除されなければならなかった約 68,000 hl のテーブルワインのうち約 60,000 hl がふたたび市場に供給された。欧州共同体裁判所において，連邦政府は，行政裁判所法第 80 条第 2 項第 4 号の諸要件が満たされていなかったために，ドイツ行政庁は醸造決定の即時執行を命じることができなかったと述べた。しかしながら，国内法がしかるべき権限を定めているか，あるいは，そのような権限をいずれ定めなければならない状態であったどうかとは関係なく，共同体法の効果的な行政的執行の義務が存在するということを理由として，欧州共同体裁判所は，条約違反を認定した。

　さて，前述のようなケースについて，ドイツ法によりすでに十分な執行権限が定められていたという見解は，完全に支持されうる。というのは，共同体によって行われた市場調整措置（Marktordnungsmaßnahme）は，おおよそ，直ちに実施する場合にしか意味を持たないのであって，このことからすれば，確かに，即時執行命令についての公益の大部分は，行政裁判所法第 80 条第 2 項第 4 号に基づき導き出すことができたからである[161]。それは別としても，根本的な不快感が残るのは，——正当にも——行政裁判所法第 80 条第 1 項に基づいて自動的に効果を発する停止効に，ある種の意味のこもった法治国家的な成果を認識する場合である[162]。というのは，共同体法もまた，正当には，いかなる犠牲を払っても実効性を求めるということはできず，法治国家的に拘束された上でしか実効性を要求することができないからである。共同体法は，行政の実効性と権利保護要請との間の緊張領域で，ドイツ法とは異なるアクセントをおいているにもかかわらず，法治国家的関心事を全く十分に考慮している。例えば，狭義のヨーロッパ行政法につき，欧州経済共同体設立条約第 185 条は，共同体行政行為に対する訴訟は停止的効力を有しないと定めているが，裁判所は，特別な事情により（これを比較的狭く解釈した上で），そのような行政行為の執行

を停止することができる[163]。この共同体法の基準は，確かに，ドイツ法の基準には遅れをとっているが，同時に他の構成国の権利保護基準に適合し，あるいはむしろそれを超越している[164]。従ってまた——遺憾に思わないわけではないが——共同体法に反する構成国の行政活動に対する仮の権利保護に，共同体基準を類推的に拡大することも認めざるを得ないのである。

裁判所は，少なくとも，1991年2月の Zuckerfabrik Süderdithmarschen 事件判決[165]においては，以下のような帰結を引き出している。すなわち，ドイツ行政法及びドイツ行政裁判所は，共同体法の実施のためのドイツ行政庁の行政行為に対して——具体的事例では，砂糖に関する赤字分担金（Tilgunngsabgabe）の決定が問題となった——，行政裁判所法第80条に従ってではなく，共同体行政行為に対する仮の権利保護に適用される基準の類推適用により，仮の権利保護を認めた。すなわち，そのようなドイツの行政行為に対する法的救済は，自動的に停止効を有するものではなく，「停止が緊急のものであり，従って，本案についての判決の前に命じられ，効果を持たなければならず，停止により申請者が重大かつ回復不能な損害を有しない場合」，かつ，ドイツ裁判所が停止決定において「共同体の利益にしかるべき配慮をした」場合に[166]，停止効を有する。

類似の方向に進んでいるのが，関税法典に予定されていた，関税行政庁での法的救済手続についての規定である。これによれば，法的救済手段の申立によって，取消を求められた決定の執行は停止されない。しかしながら，関税行政庁は「当該決定の適法性について合理的な疑いが存在するか，関係者に回復不能な損害が生じうる場合には」[167]——場合によっては，担保提供の要求をした上で——決定の執行を完全にあるいは部分的に保留する。その際に，Granaria 事件[168]における欧州共同体裁判所の判決の流れで想起しなければならないのは，構成国の関税行政庁は，基礎となっている共同体法の適法性については合理的な疑いを有し得ないことである。

その他の点では，関税事務につき，関税行政庁に対する法的救済手段の提起については2ヶ月という期間を採用するという[169]——ドイツではなくフラン

スの伝統に適合した——委員会提案は，関税法典には採用されなかった。その代わりに，法的救済手段手続の詳細については各構成国が定めるとの明文の規定がおかれた[170]。

欧州共同体裁判所が，統一化による構成国の権利保護の手段化に，特に思い切って踏み込んだものとして，最後に，二次的権利保護の分野がある。1991年11月の Francovich und Bonifaci 判決[171]において，欧州共同体裁判所は，現行法につき，構成国が共同体法に違反している場合には，共同体法が個人に対する構成国の国家賠償責任を要求することを明らかにした[172]。構成国が指令の転換義務を正しく果たさないという場合について特に，欧州共同体裁判所は，詳細に，以下の3つの賠償要件を設定した。第一に，指令は，個人に対する権利付与を目的としていなければならない。第二に，権利の内容は，指令に基づいて特定されうるものでなければならない。第三に，国家に課された義務に対する違反と損害を受けたものに生じた損害との間に因果関係が存在しなければならない。欧州共同体裁判所によれば，共同体法に直接の根拠があり，構成国の賠償法の枠内で与えられるべき，個人に対する損害賠償請求権が認められるためには，これらの要件が満たされれば十分である。これによれば確かに，構成国国内法は，特に，請求の訴求可能性をより詳細に定め，これを保障しなければならない。しかしながら，たとえば構成国の過失を必要とするといったように，さらなる賠償要件を導入してはならない[173]。また，欧州共同体裁判所は，自らの前提とした賠償責任を，法務官の提案[174]に反して，係属中のそして将来係属するかもしれない事例に限定しなかった[175]。

共同体法が要求する賠償請求権は，現行のドイツ国家責任法に容易に組み込まれうるものではない。しかしながら，職務責任，及び財産的権利あるいは生命及び身体を害されない権利を違法行為に基づいて侵害された場合の侵害に対する責任（Haftung für enteignungs-/aufopferungsgleichen Eingriff）といった現行の国家補償制度について，部分的に，すなわち共同体法に対する違反との関連では，新しい理解や取り扱いをすればこれが可能になる[176]。むろん，その代わりに，これまでの制度に加えて新しい国家責任制度をスタートさせればより容

易かつ明快であっただろう。しかしながらどちらの場合にも結果として，ドイツの国家責任法はより異質なものとなる。このことは，結局ドイツ国家責任法の改革に新たに着手するきっかけを与え得るし，また，与えるに違いない。

　Francovich und Bonifaci の判例において目新しいのは，特に，判例が，多くの指令が法律により転換されなければならない場合に，立法がなされていないことについての責任に触れていることである。これについては，EC 法にも構成国国内法にも，実際に先例がない[177]。しかしながら，ここでもまた，「立法的不作為についての責任（Haftung für legislatives Unterlassen）」というキーワードの下で議論される問題は重要ではない。つまり，むしろ，指令に基づく立法義務については特別な事情が存在するのである[178]。しかしながら問題は，欧州共同体裁判所が，Francovich und Bonifaci 判決につき，裁判官による法創造の限界を超えていなかったどうかである[179]。他方で，ドイツ法においても国家責任法は，本質的には判例法であると単純に考えるべきではできない。むしろ同時に，構成国が共同体法を無視すること——これは頻繁に生じ，また重大である——についての事実上の背景に注意が払われるべきである。Francovich und Bonifaci 事件において問題となったのは，遅くとも 1983. 10. 23 までに，雇用者が支払い不能になった被用者のために保証制度（Garantieeinrichtung）を設けることを構成国に義務づけた指令であった[180]。1989 年 2 月に，イタリアが指令を転換しないのは条約違反であるとの欧州共同体裁判所判決がなされた[181]にもかかわらず，この転換期限の満了後 8 年をすぎても，イタリアはなおそのような制度を設けなかった。当該指令は直接適用可能なものではなかったため，原告である雇用者，Francovich と Bonifaci は何の利益も得られないことになるおそれがあったのである。ここで欧州共同体裁判所は，構成国の国家責任を媒介として対策を講じることによって，一方では，条約に反して共同体法の要求する個人の権利を与えないことについてある種の均衡を作り出し，また他方で，間接的に，指令の転換を促進したのである。指令の転換を達成するために，欧州共同体裁判所は，統一的な基準を通して，構成国国内裁判所での第二次的権利保護を，共同体法の目的のために適切に用いるよう努めたようであった。

第3章　ドイツ行政法の変革の契機となるヨーロッパ法の影響　131

　ドイツ法に関していえば，この判決の結論についての問題がきっかけで，連邦通常裁判所が1993年1月，欧州共同体裁判所に対する先決的決定を請求することとなった[182]。その原因は，アルザスのビール製造者による損害賠償請求であった。そのアルザスのビール製造者は，80年代始め，製造したビールを市場に供給しようとしていたのであるが，ドイツの行政庁が，ドイツビール税法の純度規則（Reinhartgebot）を盾に取って，それを阻止した[183]。その先決的決定の請求において連邦通常裁判所は，ここで，立法的不作為（共同体法にビール税法を適合させないこと）についての国家責任を問題とした。しかしながら，連邦通常裁判所は，それにつき，後に共同体法を通して実施された法改正の射程範囲を誤認している。すなわち，ドイツの純度規則（Reinhartgebot）要求を他の構成国からの輸入に対しても適用することは，直接適用可能な欧州経済共同体設立条約第30条の物の自由移動に違反しており[184]，従って，先に言及した，行政が共同体法違反の構成国国内法律を破棄する義務（Normverwerfungspflicht）が生じたのであった[185]。従って，ここでは，正しくは，違法な行政活動についての国家責任が問われるべきである。なぜならば，この事例においてドイツ行政庁は，共同体法に根拠のある，共同体法に反するドイツ法律を無視する（Außerachtlassung）義務に従わなかったからである[186]。

B．方針転換

　共同体法の影響によって，ドイツ行政法が方針を変えたり（Umorientierung），新しい方針を立てることがある（Neuorientierung）。これには——手段化と同様——その下位に2つの側面が見られる。そのうちの1つは消極的な統合に資する。他方，もう1つは反対に，積極的な統合に典型的なものである。この2つの側面のうち前者を「開放」（Öffnung），後者を「新形成」（Neugestaltung）と呼ぶことにしよう。

I. 開　　放

　開放についていえば，ドイツ行政法は，国境を廃止することによって，域内に国境のない共同体領域における部分秩序としての役割を目指して，内容的な方針転換をしている。すでに一般的にその種の「境界の撤廃」[187] (Entgrenzung) を目指しているのは，物の自由移動，人の自由移動，サービスの自由移動，資本の自由移動という国境通過の自由 (Grenzüberwindungsfreiheiten) として構想された条約上の基本的自由と，さらにそれらを補完する支払い (Zahlungsverkehrs) に関する自由である。それに加えて，特に行政の分野では，いわゆる行政協力 (Verwaltungskooperation)，行政による資格認定 (Verwaltungslegitimation) 及び行政上の基準 (Verwaltungsmaßstäben) について，開放が見られる。

1．行政協力

　共同体法により，しばしば，各構成国行政相互間の関係においても，また構成国行政と共同体行政の関係においても，国境を越えた行政協力が義務づけられている。このように，構成国行政庁の事務範囲は，共同体の目的のために拡大し開かれていく。行政の国境を越えた結びつきが生じることになる。

　共同体第一次法についていえば，たとえば，国境を越えた行政協力を目指す義務は，構成国が共同体忠誠の原則に拘束されることからただちに生じる[188]。さらに，例えば，経済・通貨政策[189]や社会福祉問題[190]の分野では，条約法が特別な行政の協力義務を定めている。さらに言及すべき構成国の義務として，原子力発電所の許可処分の前に委員会と協議し，その協議の結果を考慮に入れる義務がある[191]。最後に，任意協力を目指しているものとしては，共同体が担当する複数構成国間の研究・開発計画への参加可能性がある[192]。

　第二次法上の協力義務が生じるのは，そのきっかけが与えられた場合のみである。例えば，環境影響評価に関する指令 (UVP-Richtlinie) に定められているような義務，すなわち，具体的計画が国境を越えて環境に影響を与える場合に，その影響につき他の構成国行政に通知する義務[193]，あるいは，構成国行政庁が

第3章　ドイツ行政法の変革の契機となるヨーロッパ法の影響　133

競争法上の現地審査の際に欧州委員会を補助する義務[194]の場合がそうである。これに伴い，共同体法の実現のために，構成国行政庁が自らの権限を行使することがあるが，これが特に顕著になるのは，共同体の関税法及び農業法の適用に際しての，構成国行政庁の相互補助についての規定である。すなわち，それによれば，ある構成国の関税・農業関係行政庁が，別の構成国の関税・農業関係行政庁に対して情報や調査を要請した場合に，要請された行政庁は，要請された情報を入手する際，また調査を行う際，「あたかも，自国の事務の遂行をするように，あるいは，自国の他の行政庁の要請を扱うように」[195]手続を行わなければならない。

　第二次法が，協力について，徹底した形式を定めている場合も少なくない。挙げられるものとしては，例えば，獣医の分野で増大している行政の協力義務[196]，さらに，すでに条約自身によって要請されている「各国の労働行政間の緊密な協力の確保」の規定[197]，社会福祉の分野における構成国行政庁の協力についての諸規定[198]，付加価値税に関する到達国原則（Bestimmungslandprizip）を当面維持することについての共同体妥結（Gemeinschaftskompromiß）の実施を目的として新しく導入された，構成国の税金関連行政間の継続的な情報交換義務[199]，そして，ヨーロッパ環境情報・環境監視網（これははるか以前にすでに決定されていたが，機関の所在地問題により，実際にはなお設置されていない）の枠組みにおいて要求されている，構成国諸機関と将来の欧州環境局との間の協力[200]がある。

　決定権限を制限したり，そうすることによって構成国行政と委員会の間で混合行政（Mischverwaltung）が行われたりすることは，たしかにあるが，まれな例である。委員会の同意を必要とする構成国の行政行為は，たとえば，学術用機器に関する免税[201]の場合や，不公正を理由とする公課の免除[202]，また遺伝子組み替え作物の認可[203]の際に存在する。

　それに対し，委員会はこれまで原則として，構成国行政に対する指示権限を有していなかった[204]。ここでその代わりとして機能するものとして，一方では，規則や指令あるいは条約違反手続を通した外部法的立法（Außenrechtsetzung）

が増加しており，他方では，構成国に対する助言や照会への回答，計画された措置や大綱決定（Rahmenfeststellung）の公表によって，委員会の非権力的活動が機能している[205]。そのような非権力的措置は，特に農業分野において効果のある統制手段となっている。というのは，欧州共同体裁判所が認めたように[206]，農業の分野で構成国によって与えられた共同体補助金につき，構成国が分配の際に共同体法に違反し，この違反が委員会の活動に起因するものでなかった場合に限っては，委員会は補助金の再出資（Refinanzierung［訳註；農業分野においては共同体法の市場規則が共同体補助金について定めており，この補助金は最終的にはEG財政により支払われるべきものであるが，欧州委員会が直接補助金受領者に対して支払うものとはされていない。すなわち，市場規則は，構成国の農業関連行政庁が，その補助金を補助金受領者に対し支払うよう定めており，そのために，まず最初に国家予算から支出をしなければならない。補助金受領者に対して支払われた補助金について，各構成国は欧州委員会に対し，毎年，決算を提出しなければならず，その後に，補助金として支払ったコストを欧州共同体の予算から支払われる。この意味で再出資］を拒否することができるからである[207]。

しかしながら例外的に，特別規定が，委員会に対して，行政分野において，構成国に対するある種の指示権限を保障している場合がある。たとえば，たばこ原料についての共通市場組織の枠組みの中では，構成国は，自らが設置するべき統制機関につき，毎年，あらかじめ予算及び活動計画を作成し，これを委員会に送達しなければならない。すると，委員会は「構成国の自己責任においてであるにせよ，構成国に対し，予算及び計画について，委員会が目的に合致していると判断するような変更を求めることができる」[208]。さらに特別規定が適用されるものとして，構成国における公共事業入札（öffentliche Auftragswesen）に関する共同体規定の順守に関わる統制である。それによれば，委員会は必要に応じて，「構成国及び委任行政庁に対し，どのような理由から委員会が明確かつ一義的な違反があるものと判断するのかを通知し，その違反を排除することを要求する」。そして21日以内に，構成国は自ら委員会に対し，違反が除去さ

れたか，あるいはなぜ違反が排除されなかったかについて報告しなければならない[209]。そして最後に，欧州共同体裁判所は，農業の生産者組織に対し構成国が給付する補助金について定める理事会規則のケースにおいて，委員会に対して，規則において明文で規定されていない権限——その補助金にスタート資金としての目的を持たせるために，「一般的な指導（Instruktion）という方法で」，構成国行政庁による補助金の給付につき，しかるべき期間を定める権限——を認めた。そして，欧州経済共同体設立条約条約第5条に記された忠実な協力の原則によれば，構成国行政庁は，委員会によってそのように定められた期間を遵守する義務がある，としたのである[210]。

2．行政による資格認定

行政による資格認定（Verwaltungslegitimation）[211]について，共同体法は2つの点につき，開放を要請している。この開放は，ドイツ国家及びドイツ行政についての理解の基礎に関わるものであり[212]，従って，特に抵抗を引き起こすことにもなった。

第一は，他の構成国の国籍所有者に対する地方参政権の開放である。現在のところ，なお，共同体法はこの開放を要求していない。というのは，これに関係して，欧州議会の督励に基づき欧州委員会によって提案された指令が，これまでなお成立していないからである[213]。しかしながら，マーストリヒト条約発行後直ちに，地方参政権の原則が，条約レベルで，他の構成国の国籍所有者に適用されることになるであろう。すなわち，欧州共同体条約新第8条bによれば，1994.12.31までに，欧州理事会は詳細を定めなければならないものとされているのである。さて，連邦憲法裁判所が，外国人の地方参政権に対する判断において共同体に留保し[214]，基本法がそれに対応して改正された[215]後にあっては，ドイツ法から見るに，他の構成国の国籍所有者について，地方参政権を導入することはそれ自体もはや問題がないように思われる。それに対して，民主主義の理解及びさらなる選挙権の開放に対する著しい付随的効果（Folgewirkungen）を排除することはできない。

第二に，欧州共同体裁判所の解釈における共同体法上の労働者の移動の自由によれば，他の構成国の国籍所有者についても同様のアクセスを認めることにより，構成国の公務が開放されることを要求している[216]。構成国が，欧州経済共同体設立条約第48条第4項に基づき――また，裁判所の解釈において――ここから除外することができるのは，高権の行使に直接あるいは間接に参加し，国家やそのほかの公的機関における，一般利益の保護を目的とする事務の遂行を必然的に伴うポストのみである[217]。この例外条項に該当せず，共同体法による同等の地位の保障（Gleichstellungsgarantie）が適用されるものとして，例えば，公立学校における教師のポストがある[218]。しかしながら，現行のドイツ公務員法は一般国籍留保条項をおいており，従って現在，欧州経済共同体設立条約第48条の要求である開放をしていない[219]。また，[公務員とは異なる]職員関係にある，他の構成国の国籍所有者にアクセス権のある業務に変わることによって，要求されている平等取り扱いを十分に保障することは実際に不可能である[220]。したがって，ドイツ公務員法の改正は避けられないものであると思われる。連邦政府はこれに対応して，過去に失敗したある試み[221]についても，1992年8月に再び，連邦公務員基本法（BRRG）第4条の新規定を提案した。その提案は以下のようなものである。すなわち，公務員関係に任命されることができるのは「基本法第116条の意味でのドイツ人か，欧州共同体の構成国である他の国の国籍を有する」者のみであるとするものであり，補足として，連邦公務員基本法第4条第2項において，「任務の性質上必要とされる場合には，基本法第116条の意味におけるドイツ人のみが，ある公務員関係に任命されうる（欧州経済共同体設立条約第48条第4項）」[222]と定められるべきである，というものであった。このドイツ公務員法の改正は，長きにわたっての懸案事項であるが，見る限り，今なおこの改正は実施されていない。このことにより示されるのは，1つには既成の伝統が妨げとなっているということである。そして2つには，優先的・直接的に適用可能な共同体法に基づき，開放[223]というものがいずれにせよ長く適用されていれば，その開放が結局のところ法律において後追いされてくるが，ともかく初めは，実際，ゆっくりと実現していくもの

第3章　ドイツ行政法の変革の契機となるヨーロッパ法の影響　137

であるということである。

3．行政上の基準

　行政の法的な活動基準の分野において，開放に至っているのは，まず1つには，共同体法に定められた，構成国行政間の関係における相互承認義務である。各構成国は，統一的な共同体法規及び共同体判例を通して得られた構成国国内における行政上の基準について，それぞれ十分な内容的規定を補足したり，新しく置いたりして，異なったあるいは異なる部分の残っている各構成国の国内法を結合するのである。その種の相互承認義務は，様々な形で形成されうる。もっとも，部分的にはなお解明されていない法的問題を投げかけているのであるが。

　構成国行政庁が共同体法を直接行政的に執行するケースにおける相互承認についての第二次法の規定は最も進んでいる。例えば関税法典は，ある関税手続が複数の構成国において実施される場合，ある構成国の関税当局がした決定（Entscheidung）及び別の構成国における確定（Feststellung）は，各構成諸国の関税当局によってなされた決定及び確定と同様の拘束力を持つものと定めている[224]。このようなケースでは特に，相互承認が当然のこととなる。というのは，確かに，外国の国家権力による措置が問題となってはいるけれども，これらの措置は，大部分，共同体法を適用して行われているからである。

　しかしながら，時折，国内法のみに基づいて講じられる構成国国内行政庁の特定の措置に対し，諸指令が国境を越えた拘束力を持たせることがある。例えば1988年の大学卒業資格相互承認指令（Hochschuldiplom-Anerkennungsrichtlinie）によれば，ある職業に就くために素行証明を要求する場合，それぞれの構成国の行政庁は，別の構成国――詳しく言えば：母国すなわち出身国――の行政庁によって発効された対応する証明書を十分な証明書として承認しなければならない[225]。したがってこの場合，構成国国内法に基づいて構成国の国内行政庁が提示している要件は，共同体法上の相互承認義務により，満たされたものとみなされうる。

さらに進んで，ある構成国においてすでに要件を充足している場合には，別の構成国においてその要件の充足を要求することはもはや許されないと考えることもでき，それもまた広い意味では相互承認ということになる。たとえば，大学卒業資格の相互承認についての大学卒業資格相互承認指令（Hochschuldiplom-Anerkennungsrichtlinie）は，この法技術的構成を選択した。すなわち，指令によれば，構成国の職能認定庁（Berufszulassungsbehörde）は，別の構成国における職業教育を国内職能認定を満たすものとして認めなくてもよいが，別の構成国が発行したしかるべき大学卒業資格が提示された場合には，資格証明を欠くことを理由に，国内の職能認定を拒否することはもはや許されず，場合によっては，補足的に業績を要求しうるのみである[226]。

ところで，EC第二次法のみならず欧州経済共同体設立条約の基本的自由それ自身によってもまた，かなりの範囲で相互承認が義務づけられている。欧州共同体裁判所によって物の自由移動から導かれた輸出国原則（Herkunftslandprinzip）もこれにあたる[227]。すなわちこの原則によれば，物は，輸出国での要件を満たしさえすれば，原則として他のどの構成国においても移動可能である。輸入国（Bestimmungsmitgliedstaat）における独自の保護要件（Schutzanforderungen）を他の構成国からの物品に対して適用することは，共同体法上確かに認められてはいるが，その都度特別に，正当であることの理由を示す必要がある。輸出国で課される要件によりすでに同様の保護水準が保証されている場合，輸入国独自の保護要件の適用は排除される[228]。さらにまた，正当性が理由づけられた場合においても，すでに輸出国において提出された分析及び保証を輸入国の行政庁が再び要求することは許されない[229]。サービス給付の自由の分野についても同様に，資格要件や保護規定につき，輸出国において輸入国と同等の要件がすでに考慮にされている限り，輸入国が自国の資格要件や保護規定を国境を越えたサービス給付の提供に適用してはならないということが，長きにわたって認められている[230]。従って，輸入国の独自の要件がおおよそのところなお認められている場合にも，輸入国は他方で，すでに輸出国においてなされた検査をしかるべく尊重しなければならない[231]。最後として，欧州共同体裁判所は，職

業活動の自由（Niederlassungsfreiheit）からもまた類似の結論を引き出した。そしてその結論は，さらに労働者の移転の自由（Arbeitnehmerfreizügigkeit）にも容易に転用されうる。例えば，裁判所は，1991年5月の „Vlasspoulou" 判決において，職業活動の自由（Niederlassungsfreiheit）から導き出して以下のように述べた。すなわち，バーデン・ヴュルテンベルク州は，あるギリシャの弁護士のドイツにおける弁護士活動許可につき，ドイツの許可要件を証明できるかどうかのみに左右されてはならず，ギリシャでの予備教育を考慮しなければならないのであり，場合によっては，欠けている知識や能力についての証明を補足的に求めることができるにすぎない[232]，と。

最後のような新しいケースについては，当然のことながらもはや，第一次法上の職業活動の自由（Niederlassungsfreiheit）を引用する必要はない。むしろ，時間の経過とともに，大学卒業資格相互承認指令により基礎づけられ，より詳細に形成された第二次法上の相互承認義務が介入することになる[233]。これに対して，例えば食糧法（Lebensmittelrecht）においては，条約上の物の自由移動に基づく第一次法上の相互承認義務が，なお重要な役割を果たしている。ここでは，共同体第二次法による，食糧法上の個別的視点に限定された法の統一（Vereinheitlichung）の補完として，第一次法上の相互承認義務がしかるべく機能している[234]。

さらに，直接的な共同体法上の義務ではないが，重要な――そして十分な効果のある――相互承認への動機づけとなっているものとして，エラスムス計画の枠組みにおける学生の移動の共同体による促進がある[235]。すなわち，促進手段の導入について，共同体がここで試みているのは，複数の構成国の大学間で，修学期間（Studienzeit）や修学活動（Studienleistung）について，自由意思による相互承認を促進することである[236]。

このように，相互承認に関する様々な共同体法のメカニズムは，生産物に関する要件（Produktanforderung），職能認定要件（Berufszulassungsvoraussetzung）そしてこれに相当する諸規定につき，一方の構成国による個別的な要件と，他方の統一的共同体制度との間で，独自のヨーロッパ化の中間段階を形成している。域内

市場概念[237]や，近時，非常に強調されている補充性原則（Subsidiaritätsprinzip）[238]と全く同様に，この中間段階は，新しくその意義を高めてきている。

必然的に，共同体法上の相互承認義務を超えて，各構成国における行政活動の基準をその解釈・適用の際にも開放することになってきている。これらの各構成国の基準を共同体の目的に適合させようとしているのが，構成国国内法を共同体法に適合するように解釈・適用する構成国の義務であり，この義務もまた構成国行政庁に適用される[239]。したがって，構成国行政庁は，構成国国内行政法をできる限り全面的に共同体法に従うように解釈・適用しなければならない。これに対し，国内法に基づくと，国内法を共同体法に沿って解釈・適用することによって共同体法違反を回避することができない場合，共同体法に反する構成国国内法を無視する義務——この義務は，共同体法に定められている——が介入してくる[240]。国内における行政上の基準が「公益」を基準としている場合には，特に開放が可能であり，かつ必要であるように思われる。すなわち，共同体に関連する事例においては，共同体の利益も，同時に——そしてむしろ優先的に——そのような公益の一部なのである。例えば，正当にも欧州共同体裁判所は，連邦行政手続法第48条第2項第1項の枠組みにおける比較衡量の際に——そして，さらに，連邦行政手続法第48条第4項の期間の適用の際にも——，共同体の利益を十分に考慮することを要求している[241]。さらに，すでに言及したように，テーブルワイン醸造所事件において，ドイツ行政庁は，行政裁判所法第80条第2項第4号の意味における重要な公益の問題について，決定的に，共同体の利益を基準とすべきだったのであり，従って，確かに，醸造決定の即時執行（sofortige Vollziehung）を命じうるし，また命じなければならなかったはずなのである[242]。連邦憲法裁判所ですら，この種の基準の開放をすでに Solange I 事件において実施していた。この事件において連邦憲法裁判所は，確かに，当該共同体法の保証金規定を——不当にも——基本法第12条に照らして判断してはいた。しかしながら，「欧州経済共同体の重大な欠陥を回避するため，十分検討された根拠」[243]に基づき結果として，その保証金規定を正当なものと判断した。さらに，共同体の利益に配慮することや構成国行政

庁による裁量行使を制限することができること[244]は，言うまでもない。

II. 新　形　成

　開放による方針転換（Umorientierung）に対応するのが，新形成（Neugestaltung）による方針転換である。新形成（Neugestaltung）とは，すなわち，積極的に内容的な基準を定めることであり，これが構成国行政に新しい特色を付与することになる[245]。

　新形成については，これが裁判官による法形成事項（Sache des Richterrechts）になることは稀ではある。とはいっても，積極的な新形成にむけて，若干の影響を及ぼしていると考えられる。例えば，欧州共同体裁判所は，狭義のヨーロッパ行政法に関して，委員会によって行われるカルテル手続の際に，特別に，すなわちドイツ法を超えて，弁護士と弁護依頼人との間の書類交換を基本権として保護することを認めた[246]。構成国における共同体関連の行政手続の分野における過程においてもこの保護基準を適用していくうち，時がたてば，ドイツ法に包括的にそのような基準を持ち込むことになるかもしれない[247]。さらに，欧州共同体裁判所で共同体法上の競争者訴訟が寛大に認められることにより，補助金法における競争者訴訟の許容性に関するドイツ行政裁判所の制限的実務が影響を受けないままではありえないであろう[248]。いずれにせよ現在すでに，競争者は，他の構成国の競争者であっても，共同体法により禁じられているドイツ企業対象の補助金の許可の付与を争って，行政裁判所に判断を求める資格が容易に認められている[249]。

　しかしながら，新形成を行うことができるのは，原則として，共同体法立法者のみである。ここで例えば，関税法典[250]による行政法の部分的法典化は，確かに有効かつ統一的な規律をしようとするものではあるが，斬新な方法を採ろうとするものではない。しかしながら，特に，環境法の分野には，重要な新しい特色が見られる[251]。

　共同体法の立法過程における動きの鈍さ，妥協そして民主主義の後退にもかかわらず，共同体において，ときおり，重大な影響力を持つ新形成が行われて

いることは，実に驚くべきことである。これについては，共同体によって環境法が立法される際に，様々な要因が働いているものと思われる。確かに，共同体法レベルでの環境法との関連でもまた，経済的利益がしばしば極めて重要な意味を持つことになるであろう。しかしながら，経済的利益というのは様々な性質を有しうるものである。例えば，競争のゆがみを予防・排除するための共同体レベルでの環境保護基準については，企業の利益も問題になる。さらに，環境破壊を理由とする事後負担は，共同体の活動について，経済的裏づけを持った諸要求をなすことを正当化することになりうるであろう。さらに，環境保護の方針を持つ企業の利益が考慮されることもあるかもしれない。しかしながら，いくつかについては，特に，構成国と優遇的活動レベルとしての共同体レベルを有する共同体の環境保護行政間の友好的協力——つまり「専門的兄弟関係 (Fachbruderschaft)」[252] の効果——の結果であると言うことができよう[253]。

　以下では，3つの環境法に関する新形成に言及する。それらに特徴的なのは，それら3つが，ドイツ法との関連において，情報や公開といった観点に新しい意義 (Stellenwert) を与えていることである。情報入手 (Informationsgewinnung)，情報加工 (Informationsverarbeitung)，そして情報転用 (Informationsweitergabe) についての規定を通して，情報はその都度，課税要素として認識され，的確に入力される[254]。さらに，その都度，それを公開することにより，統制手段として，新しい可能性や課題が生じる[255]。そのほか3つの新形成に共通するメルクマールは，それらが，その都度，国境を越えた問題であるのみならず，純粋な構成国国内の問題でもあることである。

1. 環境影響評価

　重要な新形成をもたらしたのは，第一に，特定の公的及び私的プロジェクトに伴う環境影響評価についての1985年指令である[256]。ここで，ドイツ法にとって革新的なものとして，以下の点が挙げられる[257]。すなわち，職権探知義務にしかるべき制限を加えることにより事業者の立場が強調されたこと，［最初の段階では範囲を広く設定し，段階を追ってその範囲を狭くしていくという］漏

第3章　ドイツ行政法の変革の契機となるヨーロッパ法の影響　143

斗状の公衆参加形式が整えられたこと，環境の構成要素を包括的に考慮に入れて総合的端緒を設定したこと，立証責任（Argumentationslast）の帰結として，環境利益の認識，報告及び評価を行う義務を特別に課すことにより環境利益（Umweltbelange）を特権的に取り扱うとしたこと，そして最後に，［環境影響調査が単に形式的に行われるにとどまらず，実質的に，後続の許可決定において考慮されなければならないことを定める］考慮規定——この規定により環境統制裁量が必要となる——をおくことによって，［環境影響評価が］実質的な考慮事項の一部となるよう保証したこと，である。

　当初の評価に反して，ドイツ法において，いかに広範な転換が必要であったかを語っているのが，以下の点である。すなわち，第一に，1988年7月の指令の転換期限が経過しているにもかかわらず，ドイツ環境影響評価法（UVP-Gesetz）は1990年2月になって初めて発効した[258]。そして第二に，大気汚染防止の中心分野については，さらに，1992年5月に初めて新・第9連邦大気汚染防止法の施行に関する命令（BImSchV）の改正が実現した[259]——いずれにしてもこれにより，さらに，覊束行為としての連邦大気汚染防止法第6条の統制許可（Erlaubnis zu Kontroll）の問題が解決されたものとは，ほとんど思われないが[260]——。また，指令は，さらに進んだ，より要求度の高い環境影響評価規定を定める可能性を残していたが，ドイツ連邦共和国はその可能性を，事実上ほとんど利用しなかったことには言及しておくべきであろう[261]。

2．環境情報へのアクセス

　環境関連情報への自由なアクセスについての1990年の指令[262]は，同様に，ドイツ行政法の現状を上まわるものである[263]。すなわち，この指令によれば，環境に関する情報を請求する権利は，全ての人の権利として，原則として，広くかつ条件なく，そしていかなる手続をとるかに関係なく（verfahrensunabhängig）認められる。これに対応して，指令は，各構成国に対し，全ての自然人及び法人に，国籍に関係なく，申請により，それぞれの構成国行政庁に存在する環境についての情報へのアクセスを保障することを義務づけている。国境を越えた

——純粋に国内的視点を排除した——環境という観点からすれば，この請求を制限することは認められない。また，アクセスは正当な利益の証明に左右されることなく，認められる。

従って，ドイツ法に関していえば，指令により，環境分野に関しては書類閲覧権が法的聴聞とは切り離され，情報提供と統制を通した民主的公開についての新しい視点が開かれることになる[264]。転換期限の経過にもかかわらず，この指令はなおドイツ法に転換されていない。しかしここでは，言及したように，さしあたり，対応する省令とあいまって，指令の直接適用可能性[265]が助けになっている[266]。

さらに，より長期的な視点で見れば，指令によってもたらされた新しい萌芽的試み（Neuansatz）は，当然，環境分野に限定されうるものではない。むしろ——関連するシステムのため，また，困難な限界的問題（Abgrenzungsprobleme）が生じることを回避するために——その他の行政分野に新しい萌芽的試みが拡大する必要があることは明らかであろう[267]。その拡大によって，この指令はなおいっそう「システム変革のエネルギーの模範事例，ヨーロッパ法における意義あるもの」[268]となるであろう。

環境情報指令におけるアクセス規定をさらに超えているのが，1989年の2つの廃棄物指令である。それら2つの指令は，廃棄物焼却施設に関し，特定のデータ及び検査結果は「公衆の利用に供されなければ」ならない[269]と定めている。これに対応して連邦政府により諸施設に対し課された，反復して自主的に公衆に対し周知する義務（wiederkehrende aktive Öffentlichkeitsunterrichtung）[270]の方は，ドイツ環境法の独自のものである[271]。

3．環境管理及び環境企業審査に関する共同体システム

近時の改革として言及すべきは，環境管理（Umweltmanagement）及び環境企業審査（Umweltbetriebsprüfung）に関する共同体システムへの企業の任意参加についての1993年7月規則である[272]。この規則は，共同体環境監査システムの導入に関する1992年3月の委員会提案に端を発する[273]。全ての構成国がこの

イニシアチブに賛意を表明した後，最後に，ドイツ連邦共和国も当初の消極的な姿勢を捨てることになった。こうして全会一致で決まった共同体システム[274]は，企業による環境保護（der betriebliche Umweltschutz）を反復的に評価し，企業においてこれをたえず改善し，そしてこれを公衆に周知していくことを目指している。参加企業は，それぞれ企業の環境政策を定め，環境審査（Umweltprüfung）に基づき企業の環境計画及び環境管理システムを策定する。そして，ある一定の期間ごとに企業独自あるいは外部からの環境企業検査官による環境企業審査（Umweltbetriebsprüfung）を実施させる。この環境企業検査（Umweltbetriebsprüfung）の結果から，企業による環境保護の持続的改善についての結論を導き出し，それに応じた環境声明書を作成して，再審査及び認証のために独立の環境監査人を介入させる。そしてこの環境監査人により認められた環境声明書を，構成国における，管轄を有する登録簿に記載された地域の指導的地位にあるものに伝達し，公衆に知らせなければならない。

　この共同体システムは，企業による自己監視そして自己責任を活性化し，それらを同時に専門家，国家機関そして公衆による外部的統制とむすびつけるというかなり新しい種類の試みである。しかしながら，参加は企業の自主性に任されており，参加企業は，参加することにより，企業所在地で参加宣言を利用する権利が与えられるにすぎない[275]。この単なる利用権が参加についての十分な原動力を提供するものであるかどうかは疑わしい。たとえ，その利用権が，将来，特別なエコマークを用いる権利をめぐって補強されるとしても，である[276]。おそらく，委員会が初めに意図していたように[277]，結局，参加が義務づけられることになろう[278]。いずれにせよ，近々，このシステムを受け入れた企業に対して有利な保険料を導入することによって，利用権と関連した経済的原動力が強化されるであろう。規則はそのようなことを予定していないにもかかわらず，おそらく，保険経済（Versicherungswirtschaft）においては，まさにその方向へ進む計画もあるだろう。他方で，――現行の規則とは異なり――委員会提案が明文で述べていたような[279]，参加企業のための一定法則に従った軽減措置を要求することも考え得る。従って，1995年3月までに完了すべき[280]この新しい

共同体システムの導入は，全体として，当初の期待よりも，より効果的に展開するであろう。

III 展　　望

最後に，テーゼ的に，今後の展望に若干，言及することにしよう。

1．「ドイツ行政法の終焉」は，差し迫ってはいない。しかしながら，ドイツ行政法の各分野でヨーロッパ化が進んでいる。

2．共同体による立法を通して，また，共同体の判例を通して，ヨーロッパ化の過程はかなりの程度進捗している。双方について，時とともに，いっそうの徹底化が確認される。

a．共同体立法は，近時，統一（1992年の関税法典）や新形成（1990年の環境情報指令）といった重要な法的行為を創り出してきた。共同体法の立法者は，おそらくこの2つの方法をさらに押し進めていくであろう。例えば，さらなる統一にむけた動きとして，農業法典（Agrarkodex）——共同体農業法の実施に際し，構成国行政により適用されるべき行政法に関するもの——が考えられる。立法による新形成の動きとしては，例えば，重要な環境法上の許可[281]の標準処理期間についての共同体立法や，環境保護につき経済的手段の利用を強化する動き[282]が考えられ，おそらく，環境問題における団体訴訟の導入もまたその1つであろう[283]。

b．共同体判例を通してのヨーロッパ化については，特徴的なこととして，共同体法の効果的な適用のために，司法消極主義（judicial self restraint）の段階から，司法積極主義（judicial activism）の発展に向けて漸次的かつ部分的に移行してきたことが挙げられる。この移行の事実上の原因は，深刻な，共同体法執行の不均衡（Vollzugsdisparität）と執行の欠落（Vollzugsdefizit）

である。共同体法を法的に確立すること——これを欧州共同体裁判所はすでに早くに強調していたが,当初,共同体関連の構成国国内行政に適用することには消極的であった——により,裁判官の措置は,統合過程それ自身に内在する機能的要請の中に見いだされ,従って,構成国国内法内部で生じた困難によって,優先的な共同体法の統一的な適用や完全な効力が脅かされるようなことがあってはならない[284]。しかしながら他方で,共同体法の実効性というものは,無制限に受け入れられるものではなく,法治国家的に拘束されたもののみが受け入れられ得るように思われる[285]。欧州共同体裁判所は,最近,共同体に関連する構成国の行政活動に,共同体自身の行政活動のための狭義のヨーロッパ行政法を類推適用しているが[286],このことにより統一が保障されることに加えて,ヨーロッパ基準に基づく法治国家的な拘束も必然的に保障されることになる。

c．そのほか,さらなるヨーロッパ化に向けた立法的推進力と判例的推進力の間には,棲み分けは存在せず,むしろ,補完的な関係が存在する。共同体の立法者も統一的規定を定めることができるが,このことにより,欧州共同体裁判所が,統一に向けた判決を下すこと（Vereinheitlichungsrechtsprechung）を妨げられることはないと思われる[287]。ただし,裁判官による法形成を通したヨーロッパ化の限界に関わる問題は,残されたままである。

3．構成国国内行政法のヨーロッパ化は,欧州連合の発展とともに,拡大し,深まっていくであろう。これに伴って,特に形式的観点では,調整から統一化へとますます重心が移っていくであろう。実質的観点では,相互承認義務と同様に,新形成の数もまた増加するに違いない。新構成国が共同体に加盟することによって,その傾向は強くなることになろう。

4．ヨーロッパ化の発展は,首尾一貫した計画があらかじめ立てられ,それ

に従っているのではない。かつての特別な問題状況により促され，かつての特別な問題を考慮した，多くの個別の措置によって展開している[288]。すなわち，ヨーロッパ化は，包括的な改革の契機を提供しているのではなく，たくさんの個別的推進力をもたらしているにすぎない。

5．共同体法から生じたヨーロッパ化への推進力は，おおよそ避けられない性質のものである。ヨーロッパ化の契機が，狭い意味で，革新的なものと判断されうるかどうかにかかわらず，ドイツ行政法はそれを法的強制として受け入れなければならない。このことは，ドイツ法の観点から，例えば，行政庁が有する環境情報への自由なアクセス[289]，別の構成国国籍所有者に対する地方参政権の開放[290]がより革新的であり，行政行為に対する仮の権利保護の制限[291]や補助金許可の際の信頼保護の制限[292]はより革新的でないと判断することを排除するものではない。

6．もっとも，法的な拘束力を必然的に伴うのは，構成国国内行政活動のうち，共同体に関連し，かつ，共同体法に拘束される部分に関するヨーロッパ化のみである。その他に，これまでの構成国の自治行政法の大部分が依然として残っているが，この分野では，各構成国がそのほかの避けられないヨーロッパ化を自発的に引き受けている。しかしながら，構成国はそうしなければならないということではなく，二元性（Zweispurigkeit）――ここではヨーロッパ化された国内行政法，ここでは構成国国内の自治的行政法というように――を固持することができるのである[293]。そのような二元性がこれからも長く残ることについては，多くが賛意を表明している。しかしながら，進行中のヨーロッパ化によって，将来，構成国国内行政法のヨーロッパ化された部分が優勢になり，二元性を維持することはそれなりの意義を持たなくなるだろう[294]。しかも今日すでに，一貫したヨーロッパ化という意味においては，一元性（Einspurichkeit）を作り出すことは可能であるとさえ言われている[295]。

第3章　ドイツ行政法の変革の契機となるヨーロッパ法の影響　149

7．ここで問題としたヨーロッパ化の過程という枠組みにおいては，――この枠組みを超えて生じている――各構成国の行政法規定相互間の影響[296]の現れかたは特殊である。ここでのヨーロッパ化を形成する際に重要なのは，もはや，――全体のコンセンサスを基盤として，共同体で広く認められ，適用される行政法の標準が次第に形成された結果としての――自由意思に基づく全般的な意志疎通や提案ではない。むしろ，争いの多いところではあるが，早期に共同体レベルでの行政法――これは，構成国国内行政法の部分的なヨーロッパ化を強制し，構成国国内行政法の多くの分野に直接適用可能で，その他の部分にとってかなりの程度，主導的機能を有することになるであろう――を形成することが重要である。この意味で，ヨーロッパ化は，単に，行政法における共同体「一般法 (ius commune)」を目指しているのではなく，「優越的・支配的ヨーロッパ行政法 (ius administrativum europaeum superior et dominans)」を目指しているのである。

8．共同体立法者及び共同体裁判官によって共同体ヨーロッパ法が形成される際に，構成国の行政法は，法源として機能するのではない。単なる考察の素材として，また，指針として――受容可能性及び実施可能性という理由から，当然にしかるべき考慮が必要な指針として――機能するにすぎない。しかしながら，それぞれの構造や伝統を持ったそれぞれの構成国の行政法から見れば，ヨーロッパ化することによって，常に，削減や変更が要求されることになろう。

9．そのような発展についての展望に対しては，様々な反応が生じうる。守りにまわり，ヨーロッパ化をくい止め，あるいは抑制しようとすることも可能である。しかしまた，攻撃にまわり，自国の法的伝統からヨーロッパ化のプロセスにできる限り多くを持ち込もうとすることも可能である。そして，いかなる意図も持たずに，ヨーロッパ化に着手することもできる。はたして本質的には，民主的－法治国家的，そして革新的な，ヨーロッパ化する共同体法がどのように映り，どのように促進されうるか。これを問うことも容易である。そし

てこれこそが、行政法におけるヨーロッパ化についての、真のヨーロッパ的姿勢であるといえるだろう。

1) さらに、その他のヨーロッパ国際条約法も考慮される。参照、例えば、1985年及び1990年のシェンゲン条約の行政法上の意義につき、Pitschas, Europäisches Polizeirecht als Informationsrecht, ZRP 1993, 174 ff.
2) 参照、特に、EGMR, Urteil vom 28. 6. 1978 - C(78) 31 - Fall König, EuGRZ 1978, 406 = NJW 1979, 477。これについての評釈として、Murswiek, JuS 1980, 59; EGMR, Urteil vom 23. 10. 1985 - Nr. 1/1984/73/111 - Fall Benthem, EuGRZ 1986, 299; EGMR, Urteil vom 29. 5. 1986 - Nr. 9/1984/81/128 - Fall Deumeland, EuGRZ 1988, 20. また一般的には、参照、Peukert, in: Frowein/Peukert, Europäische Menschenrechtskonvention. EMRK-Kommentar, 1985, Art. 6 Rn. 8 ff. 及びその他の文献。Schmidt-Aßmann, Verfahrensgarantien im Bereich des öffentlichen Rechts, EuGRZ 1988, 577 ff.
3) EGMR, Urteil vom 28. 6. 1978 - C(78)31, EuGRZ 1978, 406, 420 = NJW 1979, 477, 481 (Fall König).
4) EGMR, Urteil vom 28. 6. 1978 - C(78)31, EuGRZ 1978, 406, 417 Tz. 100 = NJW 1979, 477, 479 Tz. 100 (Fall König).
5) 参照、これにつき、Ress, Verwaltung und Verwaltungsrecht in der Bundesrepublik Deutschland unter dem Einfluß des europäishen Rechts und der europäischen Gerichtsbarkeit, in: Burmeister(Hrsg.), Die verfassungsrechtliche Stellung der Verwaltung in Frankreich und in der Bundesrepublik Deutschland, 1991, S. 199, 222.
6) 参照、M. Schröder, Subventionen als staatliche Handlungsmittel, ZHR 152, 1988, 391, 402; Ress(Fn. 5), S. 222.
7) 参照、例えば、Frowein, Übernationale Menschenrechtsgewährleistungen und nationale Staatsgewalt, in: Isensee/Kirchhof(Hrsg.), HStR Ⅶ, 1992, § 180 Rn. 6 及びその他の文献。
8) BVerfG, Beschluß vom 26. 3. 1987 - 2 BvR 589/79, 740/81 und 284/85, E 74, 358, 370; BVerfG, Beschluß vom 29. 5. 1990 - 2 BvR 254, 1343 / 88 - E 82, 106, 114.
9) ここで言及に値するものとして、例えば、die Europäische Charta der kommunalen Selbstverwaltung vom 15. 10. 1985; これにつき、das deutsche Zustimmungsgesetz vom 22. 1. 1987, BGBl. 1987 Ⅰ, 65, 及び、一般には、Knemeyer(Hrsg.), Die Europäische Charta der kommunalen Selbstverwaltung, 1989.
10) Resolution(77)31 vom 28. 9. 1977 及び Empfehlung Nr. R(80)2 vom 11. 3. 1980, 双方ともに、Schwarze(Hrsg.), Europäisches Verwaltungsrecht im Werden, 1982, S. 163 ff. に掲載。参照、さらに、比較的最近のものとして、例えば、die Empfehlung Nr. R (87) 16 vom 17. 9. 1987 über Verwaltngsverfahren, die eine große Zahl von Personen

第3章　ドイツ行政法の変革の契機となるヨーロッパ法の影響　151
betreffen, dt. Übs. in; NVwZ 1988, 708.
11) 但し，例えば，die Empfehlung Nr. R(81)19 vom 25. 11. 1981 über den Zugang zu bei öffentlichen Behörden vorhandener Information は，Umweltinformations-Richtlinie der EG vom 7. 6. 1990 の成立に貢献しており (Bieber, Informationsrechte Dritter im Verwaltungsverfahren, DÖV 1991, 857, 858, 862 を見よ)，それ自身，ドイツ行政法の方針転換としての意味を持つ（下記，Fn. 263, 参照）。
12) 例えばすでに，EuGH, Urteil vom 15. 7. 1964 - Rs. 6/64 - Costa/E. N. E. L., Slg. 1964, 1251; 基本的なものとしてさらに EuGH, Urteil vom 9. 3. 1978 - Rs. 106/77 - Staatliche Finanzverwaltung/S. p. A. Simmenthal, Slg. 1978, 629.
13) 但し，なお，BVerfG, Beschluß vom 29. 3. 1974 - 2BvL 52/71 - E 37, 271 („Solange I").
14) そしてこの考えにたつのが，BVerfG, Beschluß vom 22. 10. 1986 - 2 BvR 197/83 - E 73, 339 („Solange II"); BVerfG, Beschluß vom 12. 5. 1989 - BvA3/89, NJW 1990, 974 (Etikettierungsrichtlinie für Tabakerzeugnisse). 外見上，要求されている „Solange I" への回帰に関する最近の議論につき，特に，Scholz, Wie lange bis „Solange III" ?, NJW 1990, 941 ff.; Everling, Brauchen wir „Solange III" ?, EuR 1990, 195 ff.; P. Kirchof, Deutsches Verfassungsrecht und Europäisches Gemeinschaftsrecht, EuR 1991, Beiheft 1, 11 ff.; Ehlermann, „Solange III" - Beschluß: Rechtspolitische Perspektiven aus der Sicht des Gemeinschaftsrechts, EuR 1991, Beiheft 1, 27 ff. 参照。
15) 最新のものとして，参照，例えば，Zuleeg, in: Groeben/Thiesing/Ehlermann, Kommentar zum EWG-Vertrag, Bd. 1, 4. Aufl. 1991, Art. 5 Rn. 6; Streinz, Der Vollzug des Europäischen Gemeinschagtsrechts durch deutsch Staatsorgane, in: Isensee/Kirchhof (Hrsg.), HStR VII, 1992, § 182 Rn. 19; A. Weber, Rechtsfragen der Durchführung des Gemeinschaftrechts in der Bundesrepublik, 1987, S. 46. 他方で，Art. 5 Abs. 1 EWGV は共同体組織にも構成国との忠誠的協力を義務づけている。参照，EuGH, Beschluß vom 13. 7. 1990 - Rs. C-2/88 - Zwartveld, Slg. 1990, I-3365, 3372 Tz.17.
16) 参照，多くのものに代わり，Oppermann, Europarecht, 1991, Rn. 523 ff., 539 ff.
17) 例えば，Engel, Die Einwirkungen des Europäischen Gemeinschaftsrechts auf das deutsche Verwaltungsrecht, Die Verwaltung 25, 1992, 437, 460; Streinz, Der Einfluß des Europäischen Verwaltungsrechts auf das Verwaltungsrecht der Mitgliedstaaten - dargestellt am Beispiel der Bundesrepublik Deutschland, in: Schweitzer (Hrsg.), Europäisches Verwaltungsrecht, 1991, S. 241, 245 Fn. 30 もそのように述べている。
18) これにつきより詳しくは，Schwarze, Europäisches Verwaltungsrecht, Bd. I, 1988, S. 48ff.; Engel (Fn. 17), DV 1992, 460 ff. さらに，対応する行政法上の規定を「括弧の前に引き出し」(„vor die Klammer zu ziehen")，それにより一種のヨーロッパ行政手続法とする可能性につき，参照，Bleckmann, Europarecht, 5. Aufl. 1990, Rn. 505.
19) これにつき一般的には，Huthmacher, Der Vorrang des Gemeinschaftsrechts bei

indirekten Kollisionen, 1985; A. Weber, Verwaltungskollisionsrecht der Europäischen Gemeinschaften im Lichte neuerer Rechtsentwicklungen, EuR 1986, 1 ff.
20) これにつきすでに, Everling, Elemente eines europäischen Verwaltungsrechts, DVBl. 1983, 649, 650 参照。
21) より詳しいものとして例えば, Schwarze, Europäisches Verwaltungsrecht, Bd. I, 1988, S. 25 ff.; Ehlers, Die Abhängigkeit des Verwaltungsrechts vom Recht der Europäischen Gemeinschaften und vom Verfassungsrecht, in: Erichsen/Martens (Hrsg.), Allgemeines Verwaltungsrecht, 9. Aufl. 1992, § 3 Rn. 17; Stettner, Verwaltungsvollzug, in: Dauses (Hrsg.), Handbuch des EG-Wirtschaftsrechts, Stand Feburuar 1993, B Ⅲ Rn. 18 ff. またすでに, Schweitzer, Die Verwaltung der Europäischen Gemeinschaften, Die Verwaltung 1984, 137, 139 ff.
22) 上記 Fn. 15 を見よ。
23) 例えばすでに, Rengeling, Rechtsgrundsätze beim Verwaltungsvollzug des Europäischen Gemeinschaftsrechts, 1977, S. 10 f., 及び, ders., Die Entwicklung verwaltungsrechtlicher Grundsätze durch den Gerichtshof der Europäischen Gemeinschaften, EuR 1984, 331, 333. 最新のものとして例えば, Streinz, Europarecht, 1992, Rn. 467; Schweitzer/Hummer, Europarecht, 4. Aufl. 1993, S. 97.
24) Verordnung (EWG) Nr. 2658/87 des Rates vom 23. 7. 1987 über die zolltarifliche und statistische Nomenklatur sowie den Gemeinsamen Zolltarif, ABl. 1987 L 256, 1, mit späteren Änderungen. 農業市場秩序に関する例として: Verordnung (EWG) Nr. 804/68 des Rates vom 27. 6. 1968 über die gemeinsame Marktorganisation für Milch und Milcherzeugnisse, ABl. 1968 L 148, 13, mit späteren Änderungen.
25) Verordnung (EWG) Nr. 2658/87 des Rates vom 23. 7. 1987 über die zolltarifliche und statistische Nomenklatur sowie den Gemeinsamen Zolltarif, ABl. 1987 L 256, 1, mit späteren Änderungen. 農業市場秩序に関する例として: Verordnung (EWG) Nr. 804/68 des Rates vom 27. 6. 1968 über die gemeinsame Marktorganisation für Milch und Milcherzeugnisse, ABl. 1968 L 148, 13, mit späteren Änderungen.
26) その点で特に重要なものとして, die Sechste Richtlinie 77/388/EWG des Rates vom 17. 5. 1977 zur Harmonisierung der Rechtsvorschriften der Mitgliedstaaten über die Umsatzsteuern - Gemeinsames Mehrwertsteuersystem; einheitliche steuerpflichtige Bemessungsgrundlage, ABl. 1977 L 145, 1, mit späteren Änderungen. ドイツ財政省及びドイツ財政裁判所は, この指令の解釈の問題をしばしば扱っている。これにつき最新のものとして, EuGH, Urteil vom 25. 5. 1993 - Rs. C-193/91 - Finanzamt München Ⅲ/Mohsche, noch nicht in Slg.
27) 問題となっているような共同体法規定が実際に見られるのは, 規則（例えば, die Verordnung (EWG) Nr. 1612/68 des Rates vom 15. 10. 1968 über die Freizügigkeit

第3章　ドイツ行政法の変革の契機となるヨーロッパ法の影響　153

der Arbeitnehmer innerhalb der Gemeinschaft, ABl. 1968 L 257, 2, mit späteren Änderungen 参照) の一部, 及び, 指令 (例えば, die Richtlinie 64/221/EWG des Rates vom 25. 4. 1964 zur Koordinierung der Sondervorschriften für die Einreise und den Aufenthalt von Ausländern, soweit sie aus Gründen der öffentlichen Ordnung, Sicherheit oder Gesundheit gerechtfertigt sind, ABl. 1964 Nr. 56, 856 参照) の一部である。

28) Richtlinie 90/313/EWG des Rates vom 7. 6. 1990 über den freien Zugang zu Informationen über die Umwelt, ABl. 1990 L 158, 56.
29) これにつき, das Rundschreiben des Bundesministers für Umwelt, Naturschutz und Reaktorsicherheit vom 23. 12. 1992 zur unmittelbaren Wirkung der EG-Umweltinformationsrichtlinie, abgedruckt in NVwZ 1993, 657 f. を見よ。さらに, 下記 Fn. 128 を見よ。
30) 詳細につき例えば, die Kommentierung der Art. 92 - 94 EWGV durch Wenig, in: Groeben/Thiesing/Ehlermann, Kommentar zum EWG-Vertrag, Bd.2, 4. Aufl. 1991 参照。
31) 例えば, 正当にも, Streinz, Einfluß (Fn. 17), S. 263.
32) また, Triantafyllou, Zur „Europäisierung" des Vertrauensschutzes (insbesondere § 48 VwVfG)- am Beispiel der Rückforderung staatlicher Beihilfen, NVwZ 1992, 436, 437 参照。
33) これにつきすでに, Scheuing, Rechtsprobleme bei der Durchsetzung des Gemeinschaftrechts in der Bundesrepublik Deutschland, EuR 1985, 229, 235 ff.
34) これにつき包括的なものとして, Schwarze, Europäisches Verwaltungsrecht, 2 Bände, 1988.
35) これにつき一般的には例えば, Oppermann (Fn. 16), Rn. 389 ff.
36) 上記, Fn. 15 を見よ。
37) EuGH, Urteil vom 28. 2. 1991 - Rs. C-131/88 - Komission/Bundesrepublic Deutschland, Slg. 1991, I-825 (Grundwasser-Richtlinie).
38) 異なる説としてさらに, Beyerlin, Umsetzung von EG-Richtlinien durch Verwaltungsvorschriften ?, EuR 1987, 126 ff.
39) EuGH, Urteil vom 30. 5. 1991- Rs. C-361/88 - Kommisision/Bundesrepublik Deutschland, Slg. 1991, I-2567 (Luftqualitätsrichtlinien für Schwefeldioxid und Schwebestaub); EuGH, Urteil vom 30. 5. 1991- Rs. C-59/89 - Kommission/Bundesrepublick Deutschland, Slg. 1991, I-2607 (Richtlinie über den Bleigehalt in der Luft).
40) EuGH, Urteil vom 17. 10. 1991- Rs. C-58/89 - Kommission/Bundesrepublik Deutschland, Slg. 1991, I-4983 (Trinkwasser-Richtlinien).
41) 例えば, Maurer, Allgemeines Verwaltungsrecht, 8. Aufl. 1992, § 24; Ossenbühl, Die Quellen des Verwaltungsrechts, in: Erichsen/Martens, Allgemeines Verwaltungsrecht, 9. Aufl. 1991, § 7 Ⅳ 参照。
42) 参照, BVerwG, Urteil vom 19. 12. 1985 - 7 C 65/82, E 72, 300, 321; BVerwG, Beschluß vom 15. 2. 1988 - 7 B 219/87, DVBl. 1988, 539. 同旨, OVG Münster, Urteil vom 9. 7. 1987 -

21 A 1556/86, DVBl. 1988, 152, 153 f.
43) これについて批判的な最新のものとして, Koch, Die gerichtliche Kontrolle technischer Regelwerke im Umweltrecht, ZUR 1993, 103 ff.
44) 保護強化規定 (Rechtsverstarkungsregeln) の許容性につき, Scheuing, Umweltschutz auf der Grundlage der Einheitlichen Europäische Akte, EuR 1989, 152, 167 ff.; ders., Die Einheitliche Europäische Akte als Grundlage umweltrechtlicher Aktivitäten der Europäischen Gemeinschaft, in: Behrens/Koch(Hrsg.), Umweltschutz in des Europäischen Gemeinschaft, 1991, S. 46, 62 ff. 他, 参照。
45) 類似のものとして, Everling, Durchführung und Umsetzung des Europäischen Gemeinschaftsrechts im Bereich des Umweltschutzes unter Berücksichtigung der Rechtsprechung des EuGH, NVwZ 1993, 209, 213f., 及びすでに, ders., Umsetzung von Umweltrichtlinien durch normkonkretisierende Verwaltungsanweisungen, RIW 1992, 379, 383 ff. = UTR 1992, S. 3, 13 ff., 及び, ders., Umweltschutz in durch Gemeinschaftsrecht in der Rechtsprechung des EuGH, in; Behrens/Koch(Hrsg.), Umweltschutz in der Europäischen Gemeinschaft, 1991, S. 29, 34 f. 反対説として, Gellermann/Szczekalla, Gemeinschaftskonforme Umsetzung von Umweltrichtlinien der EG, NuR 1993, 54, 61 f.
46) 例えば, 問題となっている調査方法の発展につき, Art. 12-14 der Richtlinie 80/779/ EWG des Rates vom 15. 7. 1980 über Grenzwerte und Leitwerte der Luftqualität für Schwefeldioxid und Schwebestaub, ABl. 1980 L 229, 30 mit spateren Änderungen 参照。
47) これにつき, BVerwG, Urteil vom 26. 11. 1970 - Ⅷ C 143/69, E 36, 327; BVerfG, Beschluß vom 28. 10. 1975 - 2 BvR 883/73 u. 379, 497, 526/74, E 40, 237; HessVGH, Beschluß vom 1. 4. 1985 - 2 TH 1805/84, DÖV 1985, 927. 参照。批判として, 例えば, Lerche, in: Maunz/Dürig, Grundgesetz. Kommentar, Stand Dez. 1992, Art. 84 Rn. 19; Schenke, Organisatorische Regelungen mit Außenwirkung durch Verwaltungsvorschriften ?, DÖV 1986, 190.
48) 特に, Bönker, Die verfassungs- und europarechtliche Zulässigkeit von Umweltstandards in Verwaltungsvorschriften, DVBl. 1992, 804 ff.; von Danwitz, Normkonkretisierende Verwaltungsvorschriften und Gemeinschaftsrecht, VerwArch 1993, 73 ff.; Everling(Fn. 45); Gallas, Aspekte der Luftreinhaltepolitik in; Behrens/Koch(Hrsg.), Umweltschutz in der Europäischen Gemeinschaft, 1991, S, 98, 105 ff.; Gellermann/Szczekalla (Fn. 45); P. M. Huber, Rechtsprechungsubersicht, ZG 1992, 34, 374 f.; Koch, Die TA Luft ist unzureichend (Richtlinien 80/779 u. 82/884/EWG), WUR 1991, 350f.; Krist, Die Bedeutung technischer Regelwerke des Immissionsschutzrechts im Verwaltungsprozeß, UPR 1993, 178, 180; Langenfeld/Schllemmer-Schulte, Die TA Luft - kein geeignetes Instrument zur Umsetzung von EG-Richtlinien, EuZW 1991, 622 ff.; Mühlen-bruch, Außenwirksame Normkonkretisierung durch „Technische Anleitungen", 1992, S.180 ff.; Murswiek, Recht-

第3章 ドイツ行政法の変革の契機となるヨーロッパ法の影響 155

sprechungsübersicht, JuS 1992, 428 ff.; Reinhardt, Abscheid von der Verwaltungsvorschrift im Wasserrecht ?, DÖV 1992, 102 ff.; Rupp, Urteilsanmerkung, JZ 1991, 1034 f.; Salzwedel/Reinhardt, Neuere Tendenzen im Wasserrecht, NVwZ 1991, 946, 947; Steiling, Mangelnde Umsetzung von EG-Richtlinien durch den Erlaß und die Anwendung der TA Luft, NVwZ 1992, ,134 ff.; Vedder, Die TA Luft vor dem EuGH, EWS 1991, 293 ff.; A. Weder, Zur Umsetzung von EG-Richtlinien im Umweltrecht, UPR 1992, 5 ff.; Wegener, Urteilsanmerkung, IUR 1992, 35 ff. 参照。

49) Salzwedel/Reinhardt(Fn. 48), NVwZ 1991, 947.

50) Richtlinie 85/203/EWG des Rates vom 7. 3. 1985 über Luftqualitätnormen für Stickstoffdioxid, ABl. 1985 L87, 1 が、NO_2 の数値を要求している。この指令は、1991年5月の2つの判決の対象ではない。しかしながら、その構成と転換の問題性は十分に類似性がみられる。従ってこの指令は、連邦政府によって、法規命令草案において問題とされた。

51) この „Verordnung zur innerstaatlichen Umsetzung der Richtlinien des Rates der Europäischen Gemeinschaften über Luftqualitatsnormen für Schwefeldioxid und Schwebstaub, Blei und Stickstoffdioxid" に関する政府草案は、Jost, Die neue TA-Luft, Stand Oktober 1992, Teil 8 Kap. 24 に掲載されている。

52) 例えば、die Richtlinie 77/62/EWG des Rates vom 21. 12. 1976 über die Koordinierung der Verfahren zur Vergabe öffentlicher Lieferaufträge, ABl. 1977 L 13, 1, i.d.F. der Änderungrichtlinie 88/295/EWG des Rates vom 22. 3. 1988, ABl. 1988 L 127, 1 を参照。さらに、論証として、I. Seidel, Öffentliches Auftragswesen, in: Dauses(Hrsg), Handbuch des EG-Wirtschaftsrechts, Stand Februar 1983, H IV Rn. 46 ff.

53) 参照, Hailbronner, Europarechtliche Aspekte der Vergabe öffentlicher Aufträge, RIW 1992, 553, 554.

54) これにつき、I. Seidel (Fn. 52), Rn. 172; Pietzcker, Der Staatsauftrag als Instrument des Verwaltungshandelns, 1978, S. 240 他、参照。

55) このような法的地位の構成国による法的保護に関する特殊性については、下記、Fn. 115 を見よ。

56) 例えばまた、Nicolaysen, Ein Binnenmarkt für öffentliche Aufträge - das Ende für VOB und VOL ?, in: FS Börner, 1992, S. 345 ff. 但し、P. M. Huber, Konkurrenzschutz im Verwaltungsrecht, 1991, S. 466 f., は、§ 823 Abs. 2 BGB の意味における保護法律としての VOL 及び VOB の共同体法に則した解釈の可能性を指摘している。同旨, ders., Gemeinschaftsrechtlicher Schutz vor Verteilungslenkung durch deutsche Behörden, EuR 1991, 31, 55 f. この可能性が十分ではないとするものにつき、Engel (Fn. 17), DV 1992, 442; Kadelbach, Der Einfluß des Europäischen Gemeinschaftsrechts auf das allgemeine Verwaltungsrecht, in: von Danwitz/Heintzen u. a. (Hrsg.), Auf dem Wege zu einer

Europäischen Staatlichkeit, 1993, S. 131, 140.
57) これが原因で，ドイツ連邦共和国に対し，委員会によって起こされた条約違反手続につき，Hailbronner, Aufträge (Fn. 53), RIW 1992, 555; I. Seidel (Fn. 52), Rn. 188.
58) しかしながら，法規命令は予定されている。この法規命令は，それ自身実体的な定めをしているのではなく，単に VOL と VOB を拘束力あるものとしているのみである。これで十分であるかどうかは疑わしい。同旨，Steindorff, Sanktionen des staatlichen Privatrechts für Verstöße gegen EG-Recht, Jura 1992, 561. 569. そのような解決不法が共同体法に則しているかにつき，Hailbronner, Aufträge (Fn. 53), RIW 1992, 556 ff.; I. Seidel (Fn. 52), Rn. 174 ff., 188 ff.
59) Hilf, Möglichkeiten und Grenzen des Rückgriffes auf nationale verwaltungsrechtliche Regeln bei der Durchführung von Gemeinschaftsrecht, in: Schwarze (Hrsg.), Europäisches Verwaltungrecht im Werden, 1982, S. 67, 72 における例。
60) EuGH, Urteil vom 20. 9. 1988 - Rs. 190/87 - Oberkreisdirektor des Kreises Borke/Moormann, Slg. 1988, 4689.
61) EuGH, Urteil vom 28. 11. 1989 - Rs. C-186/88 - Kommission/Bundesrepublic Deutschland, Slg. 1989, 3997 (Geflügelfleischkontrollen).
62) これにつき詳細は，Scheuing, Durchsetzung (Fn. 33), EuR 1985, 249. 共同体法の視点からすれば，「構成国行政の事務である」限りにおいて，それは，国家の中央権力，邦州，その他の地域団体の事務なのであって，それぞれの権限枠組みにおいて，共同体法規定の遵守が保障されなければならない。例えば，EuGH, Urteil vom 12. 6. 1990 - Rs. C-8/88 - Bundesrepublic Deutschland/Kommission, Slg. 1990, I-2321, 2359 Tz. 13 (Schaffleisch- und Mutterkuhprämien).
63) 例えばまた，Ehlers (Fn. 21), § 3 Rn. 24; Ress (Fn. 5), S.204; Streinz, Einfluß (Fn. 17), S. 260 f. さらに，Scheuing, Durchsetzung (Fn. 33), EuR 1985, 257 参照。但し，欧州共同体裁判所は，対応する条約違反手続において，特に，連邦政府による監視手段の利用を審査せず，ドイツにおける共同体法の順守それ自身について審査している。EuGH, Urteil vom 12. 6. 1990 - Rs. C-8/88 - Bundesrepublik Deutschland/Kommission, Slg. 1990. I-2321, 2359 Tz.14 (Schaffleisch- und Mutterkuhprämien).
64) 例えば，EuGH, Urteil vom 19. 4. 1983 - Rs. 113/82 - Kommission/Bundesrepublik Deutschland, Slg. 1983 1173 (bayer. Richtlinien für den Hopfensektor); EuGH, Urteil vom 20. 9. 1990 - Rs. C-5/89 - Kommission/Bundesrepublik Deutschland, Slg. 1990, I-3437 (unterlassene Rückforderung der Subvention im Fall BUG-Alutechnik durch das Land Baden-Württemberg); EuGH, Urteil vom 28. 2. 1991 - Rs. C-57/89 - Kommision/Bundesrepublik Deutschland, Slg. 1991, I-883 (niedersächsische Bauarbeiten im Vogelschutzgebiet „Leybucht") 参照。
65) より詳しくは，Everling, Elemente (Fn. 20), DVBl. 1983, 655; Huthmacher (Fn. 19),

第3章 ドイツ行政法の変革の契機となるヨーロッパ法の影響 157

S. 55 f., 260 ff.; Schwarze, Europäisches Verwaltungsrecht, Bd. II, 1988, S. 1122 ff.
66) 補助金受領者による補助金返還を請求する構成国の義務は場合による。構成国により与えられた共同体給付金の場合，第二次法規定（例えば，Art. 8 Abs. 1 der Verordnung（EWG）Nr. 729/70 des Rates vom 21. 4. 1970 über die Finanzierung der gemeinsamen Agrarpolitik, ABl. 1970 L 94, 13），あるいはヨーロッパ経済共同体設立条約第5条第1項により判断され，構成国によって与えられた構成国給付金の場合，欧州経済共同体設立条約第92・93条に基づく委員会決定により判断される（そのような委員会決定の適法性につき，EuGH, Urteil vom 12. 7. 1973 - Rs. 70/72 - Kommission/Bundesrepublik Deutschland, Slg. 1973, 813, 829 Tz. 13 - Steinkohlenbergbau)。
67) 詳細は，Schwarze, Europäsches Verwaltungsrecht, Bd. II, 1988, S.849 ff., 1117 ff., 1127 ff.
68) 上記，Fn. 34を見よ。
69) これに関し，Bleckmann(Fn. 18), Rn. 505; Vedder, Die Anordnung der sofortigen Vollziehung eines Verwaltungsaktes als Folge des Gemeinschaftsrechts, EWS 1991, 10, 11. 欧州共同体裁判所は，Urteil vom 21. 2. 1991 im Fall Zuckerfabrik Süderdithmarschen（下記，Fn. 165を見よ）において，明らかに，この傾向への歩みを見せている。
70) 条約違反手続における欧州裁判所の定着した判例として，例えば，EuGH, Urteil vom 5. 5. 1970 - Rs. 77/69 - Kommission/Belgien, Slg. 1970, 237（Unsatzsteuer für Holz）; EuGH, Urteil vom 17. 5. 1972 - Rs. 93/71 - Leonesio/Ministerium für Landwirtschaft, Slg. 1972, 287; EuGH, Urteil vom 26. 2. 1976 - Rs. 52/75 - Kommission/Italien, Slg. 1976, 277, 285 Tz. 14（Gemüsesaatgut）; EuGH, Urteil vom 2. 2. 1982 - Rs. 68/81 - Kommission/Belgien, Slg. 1982, 153（Titandioxidabfälle）参照。この関連で，この判例を引き合いに出すことについて，すでにHilf(Fn. 59), S. 78.
71) EuGH, Urteil vom 12. 6. 1980 - Rs.130/79 - Express Dairy Foods/Intervention Board for Agricultural Produce, Slg. 1980, 1887, 1900 Tz. 12.
72) 例えば，EuGH, Urteil vom 11. 2. 1971 - Rs. 39/70 - Norddeutsches Vieh- und Fleischkontor/Hauptzollamt Hamburg - St. Annen, Slg. 1971, 49; EuGH, Urteil vom 6. 6. 1972 - Rs. 94/71 - Schlüter & Maack/Hauptzollamt Hamburg-Jonas, Slg. 1972, 307; EuGH, Urteil vom 16. 12. 1976 - Rs. 33/76 - Rewe/Landwirtschaftskammer für das Saarland, Slg. 1976, 1989; EuGH, Urteil vom 16. 12. 1976 - Rs. 45/76 - Comet/Produktschap voor Siergewassen, Slg. 1976, 2043; EuGH, Urteil vom 27. 2. 1980 - Rs. 68/79 - Just/Ministerium für das Steuerwesen, Slg. 1980, 501; EuGH, Urteil vom 5. 3. 1980 - Rs. 265/78 - Ferwerda/Produktschap voor Vee en Vles, Slg. 1980, 617; EuGH, Urteil vom 27. 3. 1980 - Rs. 61/79 - Amministrazione delle Finanze dello Stato/Denkavit, Slg. 1980, 1205; EuGH, Urteil vom 10. 7. 1980 - Rs. 811/79 - Amministrazione delle Finanze dello Stato/Ariete, Slg. 1980, 2545; EuGH, Urteil vom 6. 5. 1982 - Rs. 54/81 - Fromme/Bundesanstalt für landwirtschaftliche

Marktordnung, Slg. 1982, 1449; EuGH, Urteil vom 21. 9. 1983 - Verb. Rsn. 205-215/82 - Deutsche Milchkontor GmbH/Bundesrepublik Deutschland, Slg. 1983, 2633; EuGH, Urteil vom 9. 11. 1983 - Rs. 199/82 - Amministrazione delle Finanze dello Stato/San Giorgio, Slg. 1983, 3595 参照。

73) 例えばすでに、Scheuing, Durchsetzung (Fn. 33), EuR 1985, 236.
74) 学説においては、この侵害禁止 (Beeinträchtigungsverbot) は、一部では異なった表現が用いられている。例えば、Magiera, Rückforderung gemeinschaftsrechtswidriger staatlicher Beihilfen, in: FS Börner, 1992, S. 213, 224 では、„Vereitelungeverbot", Schwarze, Europäisches Verwaltungsrecht, Bd. II, 1988, S. 1060 では、„Verbot der praktischen Undurchführbarkeit des Gemeinschaftsrechts", Streinz, Vollzug (Fn. 15), § 182 Rn. 26 では、„Effizienzgebot" という表現が用いられている。
75) EuGH, Urteil vom 16. 12. 1976 - Rs. 33/76 - Rewe/Landwirtschaftskammer für das Saarland, Slg. 1978, 1989.
76) EuGH, Urteil vom 21. 9. 1983 - Verb. Rsn. 205 - 215/82-Deutsche Milchkontor GmbH u. a./Bundesrepublik Deutscchkand, Slg. 1983, 2633. 具体的な法的紛争は、連邦行政裁判所により解決された。BVerwG, Urteil, vom 20. 6. 1991 - 3 C 6/89, NJW 1992, 703 ; これにつき、Pagenkopf, Zum Einfluß des Gemeinschaftsrechts auf nationales Wirtschaftsverwaltungsrecht, NVwZ 1993, 216, 218 f.
77) EuGH, Urteil vom 28. 6. 1977 - Rs. 118/76 - Balkan-Import-Export/Hauptzollamt Berlin-Packhof, Slg. 1977, 1177. さらに、EuGH, Urteil vom 30. 11. 1972 - Rs. 18/72 - Granaria Graaninkoopmaatschappij/Produktschap voor Veevoeder, Slg. 1972, 1163, 1172 Rn. 15 f. 参照。他方、特殊事情に関し、EuGH, Urteil vom 27. 5. 1982 - Rs.113/81 - Reichelt GmbH/Hauptzolamt Berlin-Süd, Slg. 1982, 1957. さらに、Fn. 91 und 144 を見よ。
78) EuGH, Urteil vom 21. 9. 1983 - Verb. Rsn. 205-215/82 - Deutsche Milchkontor GmbH/ Bundesrepublik Deutschland, Slg. 1983, 2633, 2667 Tz. 25 参照。
79) これにつき例えば、EuGH, Urteil von 18. 2. 1982 - Rs. 77/81 - Zuckerfabrik Franken/ Bundesrepublik Deutschland, Slg. 1982, 681, 695 Tz. 22; EuGH, Urteil vom 21. 9. 1983 - Verb. Rsn. 205-215/82 - Deutsche Milchkontor GmbH/Bundesreoublik Deutschland, Slg. 1983, 2633, 2669 Tz. 30 参照。さらに、Grabitz, Europäisches Verwaltungsrecht. Gemeinschaftliche Grundsätze des Verwaltungsverfahrens, NJW 1989, 176, 1781 他; E. Klein, Vereinheitichung des Verwaltungsrechts im europäischen Integrationsprozeß, in: Starck (Hrsg.), Rechtsvereinheitlichung durch Gesetze, 1992, S. 117, 137 f.; Streinz, Vertrauensschutz und Gemeinschaftsinteresse beim Vollzug von Europäischem Gemeinschaftsrecht durch deutsche Behörden, Die Verwaltung 1990, 153, 173 ff.; ders., Einfluß (Fn. 17), S. 275 ff.; ders., Vollzug (Fn. 15), § 182 Rn. 28 参照。
80) EuGH, Urteil vom 21. 9. 1983 - Verb. Rsn. 205-215/82 - Deutsche Milchkontor GmbH/

第3章　ドイツ行政法の変革の契機となるヨーロッパ法の影響　159

Bundesrepublik Deutschland, Slg. 1983, 2633, 2669 Tz. 32 参照。
81) EuGH, Urteil vom 2. 2. 1989 - Rs. 94/87 - Kommission/Bundesrepublik Deutschland, Slg. 1989. 175 (Alcan).
82) EuGH, Urteil, vom 20. 9. 1990 - Rs. C-5/89 - Kommission/Bundesrepublik Deutschland, Slg. 1990, I-343 (BUG-Alutechnik).
83) Ehlers (Fn. 21) §3 Rn. 27 もまた同様の判断である。さらに，信頼保護に関し，不十分な余地しか残していない判決として，EuGH, Urteil vom 24. 2. 1987 - Rs. 310/85 - Deufil/Kommission, Slg. 1987, 901, 及び，EuGH, Urteil vom 21. 11. 1991 - Rs. C-354/90- Fédération nationale du commerce extérieur des produits alimentaires/Frankreich, Slg. 1991, I-5505. 参照。これに対し，Fastenrath, Urteilsanmerkung zu OVG Münster, JZ 1992, 1082 ff. によれば，共同体法による信頼保護がドイツ法による信頼保護と本質的に異なるものかどうかはなお確定していない。
84) 例えばまたすでに，EuGH, Urteil vom 15. 1. 1986 - Rs. 52/84 - Kommission/Belgien, Slg. 1986, 89, 104 Tz. 14 (Unternehmensbeteiligung); さらに最新のものとして，EuGH, Urteil vom 10. 6. 1993 - Rs. C-183/91 - Kommission/Griechenland, Tz. 10, noch nicht in Slg. (Steuerbefreiungen) 参照。
85) 善意の企業者への非典型的な給付金については例外もありうる。Magiera (Fn. 74), S. 228, 及び，教示の瑕疵の場合として，Traiantafyllou, Vertrauenschutz (Fn. 32), NVwZ 1992, 441. 参照。
86) 例えば，OVG Münster, Urteil vom 26. 11. 1991 - 4 A 1346/88, NVwZ 1993, 79 = EuZW 1992, 286 = RIW 1992, 326 = JZ 1992, 1080, 判例評釈として，Fastenrath, 1082 ff.; OVG Koblenz, Urteil vom 26. 11. 1991 - 6 A 11 676/90, NVwZ 1993, 82 = EuZW 1992, 349 = JZ 1992, 1084, 判例評釈として，Stober, 1087 f.; Ehlers (Fn. 21), §3 I Rn. 26 ff.; Engel (Fn. 17), DV 1992, 439 Fn. 2, 447 f.; Fischer, Zur Rückforderung von unter Verstoß gegen Art. 92, 93 EWGV gewärten nationalen Beihilfen, DVBl. 1990, 1089 ff.; Happe, Zur innerstaatlichen Wirkung von Beihilfeentscheidungen gem. Art. 93 II EWGV, NVwZ 1993, 32 ff.; Hill, Einwirkungen europäische Rechts auf Verwaltungerecht und Verwaltungshandeln in Deutschland, ThürVBl. 1992, Sonderheft, 251 ff.; Kadelbach (Fn. 56), S. 136 ff.; Magiera (Fn. 74), S. 213 ff.; Schmidt-Räntsch, Zur Behandlung EG-widriger Beihilfen, EuZW 1990, 376 ff.; Schulze, Vertrauensschutz im EG-Recht bei der Rückforderung von Beihilfen, EuZW 1993, 279 ff.; Triantafyllou, Vertrauensschutz (Fn. 32), NVwZ 1992, 436 ff. 参照。特に，連邦行政手続法第48条第4項の期間の定めの「退化」(„Degenerierung") (Triantafyllou, ebenda, NVwZ 1992, 440) についての様々な試み (Ansätze) がみられるものとして；その点につき，特に深められたものとして，von Wallenberg, in: Grabitz (Hrsg.), Kommentar zum EWG-Vertrag, Stand September 1992, Art. 93 Rn. 74: 構成国が返還請求の義務を果たさない限り，

期間を延長する。これに対して正当にも，以下のことが指摘されている。すなわち，狭義のヨーロッパ行政法もまた，行政行為の職権取消をしかるべき期間内にのみ認めているのであり，従って連邦行政手続法第48条第4項の期間についての規定それ自身は理由にならない。参照，Schulze, ebenda, EuZW 199, 282.

87) この結論については，下記，Fn. 151 参照。

88) 例えばまた，Engel (Fn. 17), DV 1992, 448; J. P. Schneider, Vertragliche Subventionsverhältnisse im Spannungsfeld zwischen europäischem Beihilferecht und nationalem Verwaltungsrecht, NJW 1992, 1197, 1201. さらに特に最新のものとして，EuGH, Urteil vom 10. 6. 1993 - Rs. C-183/91 - Kommission/Griechenland, Tz. 15 ff., noch nicht in Slg. (Steuerbefreiungen). 他方で，共同体関連の構成国行政活動においても，信頼保護を寛大に認定しているものとして，BVerwG, Urteil vom 6. 6. 1991 - 3 C 46/86, NVwZ 1992, 473.

89) 同旨，Triantafyllou, Vertrauensschutz (Fn. 32), NVwZ 1992, 441.

90) 上記，Fn. 77 を見よ。

91) EuGH, Urteil vom 27. 5. 1993 - Rs. C-290/91 - Peter/Hauptzollamt Regensburg, noch nicht in Slg. さらには，Fn. 144 を見よ。

92) EuGH, Urteil vom 2. 2. 1977 - Rs. 50/76 - Amsterdam Bulb/Produktschap voor Siergewassen, Slg 1977, 137, 150 Tz. 32 f., 場合によって生じる，構成国が自ら進んで対応する統制システムを整える義務に補足的に触れている。これにつき，EuGH, Urteil vom 12. 6. 1990 - Rs. C-8/88 - Bundesrepublik Deutschland/Komission, Slg. 1990, I-2321, 2360 Tz. 20 (Schaffleisch- und Mutterkuhprämien).

93) EuGH, Urteil vom 21. 9. 1989 - Rs. 68/88 - Kommission/Griechland, Slg. 1989, 2965. これにつき，Tiedemann, Urteilsanmerkung, EuZW 1990, 100; Mögele, Neuere Entwicklungen im Recht der Europäischen Gemeinschaften, BayVBl. 1993, 129, 134 f. 新しく，マーストリヒト条約において予定されている，Art. 209 a Abs. 1 EG-Vertrag を参照。

94) EuGH, Urteil vom 21. 9. 1989 - Rs. 68/88 - Kommission/Griechland, Slg. 1989, 2965, 2985 Tz.24. 類似の事例として，EuGH, Urteil vom 2. 10. 1991 - Rs. C-7/90 - Strafverfahren gegen Vandevenne, Slg. 1991, I-4371, 4388 Tz. 13. またすでに，共同体法上の関税法あるいは農業法違反の疑いによる監視措置を「特に詳細に」実行する構成国行政庁の義務が，Art, 7 der Verordnung (EWG) Nr. 1468/81 des Rates vom 19. 5. 1981 betreffend die gegenseitige Unterstützung der Verwaltungsbehörden der Mitgliedstaaten und die Zusammenarbeit dieser Behörden mit der Kommission, um die ordnungsgemäße Anwendung der Zoll- und der Agrarregelung zu gewährleisten, ABl. 1981 L 144, 1 に基づき，実現されていることを参照。さらに，指令によって要求された平等資格規定 (Gleichberechtigungsvorschliften) への違反についての有効かつ抑止的制裁の要請として，EuGH, Urteil vom 10. 4. 1984 - Rs. 14/83 - von Colson und Kamann/

第3章　ドイツ行政法の変革の契機となるヨーロッパ法の影響　161

Nordrhein-Westfalen, Slg. 1984, 1891, 1909 Tz. 28 を参照。
95) 行政法学による研究によれば，当然のことながら，共同体法は，各構成国において一般に，国内法と同程度の厳格さもしくは緩やかさをもって適用される。参照，Siedentopf/Hauenschild, Europäische Integration und die öffentlichen Verwaltungen der Mitgliedstaaten, DÖV 1990, 445, 452.
96) この相対化について，一般的には，Streinz(Fn. 17), S. 273 ff.
97) テーブルワイン判決において，欧州共同体裁判所がそのように述べている。EuGH, Urteil vom 10. 7. 1990 - Rs. C-217/88 - Kommission/Bundesrepublik Deutschland, Slg. 1990, I-2879, 2903 Tz. 14; これにつき，下記 Fn. 160 参照。
98) 商品の移動の自由（Warenverkehrsfreiheit）につき，EuGH, Urteil vom 5. 2. 1963 - Rs. 26/62 - Van Gend & Loos/Niederländische Finanzverwaltung, Slg. 1963, 1; さらに，EuGH, Urteil vom 19. 12. 1968 -. 13/68 - Salgoil/Außenhandelsministerium der Italienischen Republik, Slg. 1968, 679, 及び EuGH, Urteil vom 16. 6. 1966 - Rs. 57/65 - Lütticke/Hauptzollamt Saarlouis, Slg. 1966, 257; 労働者の移動の自由（Freizügigkeit der Arbeitnehmer）につき，EuGH, Urteil vom 4. 4. 1974 - Rs. 167/73 - Kommission/Frankreich, Slg. 1974 359（Code du travail）; 労働者の職業活動の自由につき，EuGH, Urteil vom 21. 6. 1974 - Rs. 2/74 - Reyners/Belgien, Slg. 1974, 631; サービスの自由（Dienstleistungsfreiheit）につき，EuGH, Urteil vom 3. 12. 1974 - Rs. 33/74 - van Binsbergen/Bedrijfsverenigung voor de Metaalnijverheid, Slg. 1974, 1299; 支払いの自由（Freiheit des Zahlungsverkehrs）につき，EuGH, Urteil vom 31. 1. 1984 - Verb. Rsn. 286/82 und 26/83 - Luisi und Carbone/Ministero del Tesoro, Slg. 1984, 377 参照。
99) EuGH, Urteil vom 6. 10. 1970 - Rs. 9/70 - Grad/Finanzamt Traunstein, Slg. 1970, 825; EuGH, Urteil vom 17. 12. 1970 - Rs. 33/70 - SACE/Finanzministerium der Italienischen Republik, Slg. 1970, 1213; EuGH, Urteil vom 4. 12. 1974 - Rs. 41/74 - van Duyn/Home Office, Slg. 1974, 1337; EuGH, Urteil vom 5. 4. 1979 - Rs. 148/78 - Ratti, Slg. 1979, 1629.
100) Conseil d' Etat, 22. 12. 1978, Recueil Lebon 524, dt. Übs. in: EuR 1979, 292, mit Anm. Bieder, EuR 1979, 294 ff.
101) BFH, Beschluß vom 16. 7. 1981 - V B 51/80, E 133, 470; BFH, Urteil vom 25. 4. 1985 - VR 123/84, E 143, 383.
102) Meier, Krieg der Richter-Was nun ?, RIW 1985, 748f.; さらに，Tomuschat, Nein, und abermals Nein ! Zum Urteil des BFH vom 25. April 1985（V R 123/84）, EuR 1985, 346 ff.
103) EuGH, Urteil vom 19. 1, 1982 - Rs. 8/81 - Becker/Finanzamt Münster-Innenstadt, Slg. 1982, 53; EuGH, Urteil vom 10. 6. 1982 - Rs. 255/81 - Grendel/Finanzamt für Körperschaften Hamburg, Slg. 1982, 2301; EuGH, Urteil vom 26. 2. 1986 - Rs. 152/84 - Marschall/Southampton and South West Hanphire Area Health Authority, Slg. 1982, 723; EuGH, Urteil vom 12. 5. 1987 - Verb. Rsn. 372-374/85 - Traen, Slg. 1987, 2141; EuGH, Urteil

vom 8. 10. 1987 - Rs. 80/86 - Kolpinghuis Nijmwegen, Slg. 1987, 3969. 参照。現在の状況につき特に, Bach（Fn. 25）, JZ 1990, 1108 ff.; Classen（Fn. 25）, EuZW 1993, 83 ff.; Haneklaus, Direktwirkung von EG-Richtlinien zu Lasten einzelner?, DVBl. 1993, 129 ff.; Hilf, Die Richtlinie der EG-ohne Richtung, ohne Linie?, EuR 1993, 1 ff.; Langenfeld, Zur Direktwirkung von EG-Richtlinien, DÖV 1992, 955 ff.; Neßler, Richterrecht wandelt EG-Richtlinien, RIW 1993, 206 ff.; Jarass, Voraussetzungen der innerstaatlichen Wirkung von EG-Rechts, NJW 1990, 2420 ff.; ders., Folgen der innerstaatlichen Wirkung von EG-Richtlinien, NJW 1991, 2665 ff.; Pieper, Die Direktwirkung von Richtlinien der Europäischen Gemeinschaft, DVBl. 1990, 684 ff.; Scherzberg, Mittelbare Rechtssetzung durch Gemeinschaftsrecht, Jura 1992, 572 ff.; Winter, Direktwirkung von EG-Richtlinien, DVBl. 1991, 657 ff.

104) BVerfG, Beschluß vom 8. 4. 1987 - 2 BvR 687/85, E 75, 223, 245（Kloppenburg）.

105) EuGH, Urteil vom 25. 7. 1991 - Rs. C-208/90 - Emmott/Minister for Social Welfare. Slg 1991, I-4269.

106) これにつき, EuGH, vom 15. 5. 1986 - Rs. 222/84 - Johnston/Royal Ulster Constabulary. Slg. 1986, 1651, 1682 Tz. 18, 及びすでに, EuGH, Urteil vom 10. 7. 1980 - Rs. 811/79 - Amministrazione delle Finanze dello Stato/Ariete, Slg. 1980, 2545, 2554 Tz. 12.

107) EuGH, Urteil vom 30. 5. 1991 - Rs. C-361/88 Kommission/Bundesrepublik Deutschland, Slg. 1991, I-2567, 2601 Tz. 16（Luftqualitätsrichtlinien für Schwefeldioxid und Schwebestaub）. 類似のものとして, EuGH, Urteil vom 30. 5. 1991 - Rs. C-59/89 - Kommission/Bundesrepublik Deutschland, Slg. 1991, I-2607, 2631 Tz. 19（Richtlinie über den Bleigehalt in der Luft）及びすでに, EuGH, Urteil vom 28. 2. 1991 - Rs. C-131/88 - Kommission/Bundesrepublik Deutschland, Slg. 1991, I-825, 867 Tz. 7（Grundwasser-Richtlinie）またそれ以降のものとして, EuGH, Urteil vom 17. 10. 1991-Rs. C-58/89-Kommission/Bundesrepublik Deutschland, Slg. 1991, I-4983, 5023 Tz. 14（Trinkwaser-Richtlinen）. この点に批判的なものとして, Everling, Durchführung（Fn. 45）, NVwZ 1993, 214.

108) そのように言うものとして, Zuleeg, Umweltschutz in der Rechtsprechung des Europäischen Gerichtshofs, NJW 1993, 31, 37, 及び, Everling, Umsetzung（Fn. 45）, RIW 1992, 379, 384. さらに一般的なものとして, Kahl, Umweltprinzip und Gemeinschaftsrecht, 1993, S. 144 ff. 他, 参照。

109) § 1 Abs. 1. BImSchV-E, abgedruckt bei Jost, Die neue TA-Luft, Stand Oktober 1992, Teil 8 Kap. 24; これにつき上記, Fn. 51 を見よ.

110) その他の点では, 新大気汚染防止規則の公布までは, 関係当事者は, 直接, 指令の極限値規定に基づくことができる。正当にもそのように述べるものとして, Berger, Anspruch auf Schutz vor Abgasbelastung durch den innerstädtischen Kfz-Verkehr, IUR 1991, 191, 192.

第3章　ドイツ行政法の変革の契機となるヨーロッパ法の影響　163

111) また, Kadelbach (Fn. 56), S. 142 参照。さらに一般的には, Everling, Auf dem Wege zu einem europäischen Verwaltungsrecht, NVwZ 1987, 1, 6; ders., Der Beitrag des Europäischen Gerichtshofs zur europäischen Grundrechtsgemeinschaft, in: Stern (Hrsg.), 40 Jahre Grundgesetz, 1990, S. 167, 171; Schwarze, Der Schutz des Gemeinschaftsbürgers durch allgemeine Verwaltungsrechtsgrundsätze im EG-Recht, NJW 1986, 1067, 1072; Zuleeg, Umweltschutz (Fn. 108), NJW 1993, 37.
112) Nicolaysen (Fn. 56), S. 354 参照。
113) そのような法的地位に関して, EuGH, Urteil vom 20. 9. 1988 - Rs. 31/87 - Beentjes/Niederlande, Slg. 1988, 4635; EuGH, Urteil vom 22. 6. 1989 - Rs. 103/88 - Constanzo/Stadt Mailand, Slg. 1989, 1839. またすでに, EuGH, Urteil vom 10. 2. 1982 - Rs. 76/81 - Transporoute/Ministère des travaux publics, Slg. 1982, 417 を参照。その他, 転換の問題 (Umsetzungsproleme) については, 上記, Fn. 52 参照。
114) Hailbronner, Aufträge (Fn. 53), RIW 1992, 554 参照。
115) Art. 2 Abs. 8. der Richtlinie 89/665/EWG des Rates vom 21. 12. 1989 zur Koordinierung der Rechts- und Verwaltungsvorschriften für die Anwendung der Nachprüfungsverfahren im Rahmen der Vergabe öffentlicher Liefer- und Bauaufträge, ABl. 1989 L 395, 33; Art. 2 Abs. 9 der Richtlinie 92/13/EWG des Rates vom 25. 2. 1992 zur Koordinierung der Rechts- und Verwaltungsvorschriften für die Anwendung der Gemeinschaftsvorschriften über die Auftragsvergabe durch Auftraggeber im Bereich der Waser-, Energie- und Verkehrsversorgung sowie im Telekommunikationssektor, ABl. 1992 L 76, 14. これにつき, Stolz, Das öffentliche Auftragswesen in der EG, 1991, 147 ff. 参照。
116) この構想に関し, Hailbronner, Aufträge (Fn. 53), RIW 1992, 554; また, I. Seidel (Fn. 52), Rn. 183 ff. も参照。
117) これにつき, I. Seidel (Fn. 52), Rn. 193 ff.; Pietzcker, Änderungen des Rechtsschutzes bei der Auftragsvergabe, in: FS Redeker, 1993, S. 501, 508 ff.
118) 上記, Fn. 25 を見よ。
119) その限りで国内法が基準とされるべきことについて, Jarass, Auslegung (Fn. 25), EuR 1991, 217 f.
120) EuGH, vom 22. 6. 1989 - Rs. 103/88 - Constanzo/Stadt Mailand, Slg. 1989, 1839. これにつき特に, Krämer, Zur innerstaatlichen Wirkung von Umwelt-Richtlinien der EWG, WiVerw 1990, 138, 150 ff.; Mögele (Fn. 93), BayVBL. 1993, 131 f.; また, Stettner (Fn. 21), B Ⅲ Rn. 13 Fn, 26 も見よ。またすでに, EuGH, Urteil vom 13. 7. 1972 - Rs. 48/71 - Kommission/Italien, Slg. 1972, 529, 534 Tz. 10 (Ausfuhrabgabe für Kunstgegenstände) 参照。
121) これにつきすでに, Zuleeg, Das Recht der Europäischen Gemeinschften im innrestaatlichen Bereich, 1969, S. 214 ff.; Scheuing, Durchsetzung (Fn. 33), EuR

1985, 251 ff.; A. Weber, Durchführung (Fn. 15), S. 70 ff. 参照。現在の状況につき, Ehlers (Fn. 21), §3 Rn. 22. 参照。ドイツ法の状況につき, Maurer (Fn. 41), §4 Rn. 44 ff. 他, 参照。

122) これが強調されるものとして例えば, H.- J Wolff, Pflicht der Verwaltung zur Einhaltung von Bestimmungen in EG-Richtlinien ?, VR 1991, 77, 83 f.; Pagenkopf (Fn. 76), NVwZ 1993, 222; Pieper (Fn. 103), DVBl. 1990, 684, 688, 及び, Schmidt-Aßmann, Zur Europäisierung des allgemeinen Verwaltungsrechts, in: FS Lerche, 1993, S. 513, 526 f.

123) これにつき, Jarass (Fn. 103), NJW 1991, 2665 参照。Costanzo 事件（Fn. 120) においてまさに問題となったのは, 共同体法に反するゲマインデの公共事業の発注に関する構成国国内法の適用であった。

124) 従って, 法務官 Lenz は, Costanzo 事件（Fn. 120) において, 著しく異なった解決を提案した (1989. 4. 25のLenzの最終論告, in: EuGH, Slg. 1989, 1851 ff. 参照)。しかしながら, 欧州裁判所はその解決を採用しなかった。著しい差異につき, Mögele (Fn. 93), 131 f.

125) これにつきすでに, Scheuing, Durchsetzung (Fn. 33), EuR 1985, 249 f. 参照。さらに, A. Weber, Durchführung (Fn. 15), S. 48; Ress (Fn. 5), S. 203; Streinz, Vollzug (Fn. 15), §182 Rn. 61.

126) 従前の事例につき, Scheuing, Durchsetzung (Fn. 33), EuR 1985, 231, 248, 253 他, 参照。

127) 例えば 1992. 6. 17 の2つの大臣指示 (Anweisungen des Ministers vom 17. 6. 1992, VkBl. 1992, Amtlicher Teil, 347 f.), 参照。問題となったのは, 1992. 6. 30 までに転換されなければならない指令で, その指令の転換は, 道路交通許可法 (StVZO) の第19改正法に掲載されている。連邦交通大臣は, その指示 (Anweisungen) において, 連邦自動車庁に, 道路交通許可法の第19改正法に先駆けて 1992. 7. 1. までに, 当該指令規定それ自身を直接適用するよう指示した。そして, 道路交通許可法第19改正法は, 1992. 12. 21. に初めて発せられ, その第2条に基づき 1993. 1. 1. までに初めて効力を持つに至った。そのような「転換実務 (Umsetzungspraxis)」の慣行 (Zugänglichkeit) 及び不十分性 (Unzulänglichkeit) につき, Jahns-Böhm, Umweltschutz durch europäisches Gemeinschaftsrecht am Beispiel der Luftreinhaltepolitik, Diss. iur. Frankfurt am Main 1993, S. 72 ff., 248 ff. 参照。

128) 参照, das Rundschreiben des Bundesministers für Umwelt, Naturschutz und Reaktorsicherheit vom 23. 12. 1992 zur unmittelbaren Wirkung der EG-Umweltinformationsrichtlinie, abgedruckt in: NVwZ 1993, 657. さらに, Rundschreiben des Hessischen Ministeriums für Umwelt, Energie und Bundesangelegenheiten vom 14. 12. 1992, Hess. StAnz. 1992, 3306; Gemeinsamer Erlaß der Umweltministerin, des Innenministers, des Wirtschaftsministers, des Landwirtschagtsministers, der Kultusministerin

第 3 章　ドイツ行政法の変革の契機となるヨーロッパ法の影響　165

und des Sozialministers des Landes Mecklenburg-Vorpommern vom 15. 12. 1992 zur Umsetzung der Richtlinie des Rates vom 7. Juni 1990 über den freien Zugang zu Informationen über die Umwelt（90/313/EWG）- Umweltinformationserlaß（UIE）-vom 15. 12. 1992, AmtsBl. M-V 1992, 1589, mit Kostenverordnung für Amtshandlungen beim Vollzug der Richtlinie des Rates vom 7. Juni 1990 über den freien Zugang zu Informationen über die Umwelt（90/313/EWG）(Umweltinformationskostenverordnung - UlKostV) vom 15. 12. 1992, GVOBl. M-V 1992, 755; Runderlaß des Ministeriums für Umwelt und Naturschutz des Landes Sachsen-Anhalt zur Anwendung der Richtlinie des Rates über den freien Zugang zu Informationen über die Umwelt（Umweltinformationserlaß）vom 19. 1. 1993, MBl. LSA 1993, 480 参照。

129) そのようなドイツ諸法規の適用不可能性につき，Bach(Fn. 25), JZ 1990, 1111 ff. があるが，これに対し正当なのは，Haneklaus(Fn. 103), DVBl. 1993, 129, 131; E. Klein (Fn. 79), S. 139 f.; Viebrock, Direktwirkung von EG-Richtlinien, JZ 1991, 555 f.　疑わしいものとして，Jarass, Auslegung(Fn. 25), EuR 1991, 215 f.

130) 例えば，EuGH, Urteil vom 13. 7. 1989 - Rs. 5/88 - Wachauf/Bundesamt für Ernährung und Forstwirtschaft, Slg. 1989, 2609, 2639 f. Tz. 19 ff. 参照。

131) EuGH, Urteil vom 13. 2. 1979 - Rs. 101/78 - Granaria BV/Hoofdproduktschap voor Akkerbouwprodukten, Slg. 1979, 623, 636 f. Tz. 4 f.　ヨーロッパ経済共同体設立条約（EWGV）第 177 条の文言が構成国内下級裁判所のそのような権利について述べているにもかかわらず，欧州共同体裁判所は，構成国国内裁判所にも対応する破棄権を与えることはしなかった。参照，EuGH, Urteil vom 22. 10. 1987 - Rs. 314/85 - Foto-Frost/Hauptzollamt Lübeck-Ost, Slg. 1987, 4199; 構成国国内裁判所での仮の権利保護手続において，欧州共同体裁判所は，破棄権を否定し，その代わりに，提案義務（Vorlagepflicht）を認めた。参照，EuGH, Urteil vom 21. 2. 1991 - Verb. Rsn. C-143/88 u. C-92/89 - Zuckerfabrik Süderdithmarschen AG/Hauptzollamt Itzehoe und Zuckerfabrik Soest GmbH/Hauptzollamt Paderborn, Slg.1991, I-415（これにつき，Fn. 165).

132) 欧州共同体裁判所の Granaria 判決に対する批判につき，Scheuing, Durchsetzung (Fn. 33), EuR 1985, 254 他，参照。さらに，Streinz, Vertrauensschutz(Fn. 79), DV 1990, 164, 及び，ders., Einfluß(Fn. 17), S. 285 f.

133) これにつき，Everling, Elemente(Fn. 20), DVBl. 1983, 654.

134) Verordnung Nr. 79/65/EWG des Rates vom 15. 6. 1965 zur Bildung eines Informationsnetzes landwirtschaftlicher Buchführungen über die Einkommenslage und die betriebswirtschaftlichen Verhältnisse landschaftlicher Betriebe in der EWG, ABl. 1965, 1859. これにつき，Hilf(Fn. 59), S. 73 参照。また，Götz, Probleme des Verwaltungsrechtes auf dem Gebiet des gemeinsamen Agrarmarktes, EuR 1986, 29, 34 参照。

135) 例えば，Art. 4 der Verordnung（EWG）Nr. 218/92 des Rates vom 27. 1. 1992 über die

Zusammenarbeit der Verwaltungsbehörden auf dem Gebiet der indirekten Besteuerung (MWSt.), ABl. 1992 L 24, 1, また，die Entscheidung 91/398/EWG der Kommission vom 19. 7. 1991 über ein informatisiertes Netz zum Verbund der Veterinärbehörden (ANIMO), ABl. 1991 L 221, 30; さらに，Art. 3 des Kommissionsvorschlags vom 13. 12. 1991 für eine Verordnung(EWG) des Rates zur Einführung eines integrierten Verwaltungs- und Kontrollsystems für bestimmte gemeinschaftliche Beihilferegelungen, ABl. 1992 C9, 4.

136) Art. 4 der Verordnung(EWG) Nr. 95/93 des Rates vom 18. 1. 1993 über gemeinsame Regeln für die Zuweisung von Zeitnischen auf Flughäfen in der Gemeinschaft, ABl. 1993 L 14, 1.

137) Art. 1 Abs. 2 der von der Kommission am 4. 5. 1977 vorgeschlagenen Richtlinie des Rates über die Gründung von mit der Sicherstellung der Einlagerung von Erdöl und Erdölerzeugnissen beauftragten Stellen in den einzelnen Mitgliedstaaten sowie die Finanzierung dieser Stellen, KOM (77) 158 endg.

138) これにつき，Hilf(Fn. 59), S. 74 を見よ。

139) Gesetz über Bevorratung mit Erdöl und Erdölerzeugnissen vom 25. 7. 1978, BGBl. 1978 I, 1073, 後に，der Bekanntmachung vom 8.12. 1987, BGBl. 1987, I, 2509 の形で交付された。

140) Art. 20 der Verordnung(EWG)Nr. 2075/92 des Rates vom 30. 6. 1992 über die gemeinsame Marktorganisation für Rohtabak, ABl. 1992 L 215, 70, また，die Verordnung(EWG) Nr. 85/93 der Kommission vom 19. 1. 1993 über die Kontrollstellen im Tabaksektor., ABl. 1993 L 12 9 参照。構成国に対する欧州委員会の当該指示権につき，下記，注208 参照。同様に，要件 (Vorganben) を有する共同体法は，長く，オリーブオイル市場に見られた。これにつき，Götz (Fn. 134), EuR 1986, 34 参照。

141) しかしながら例えば，Streinz, Einfluß(Fn. 17), S. 259, 及び ders., Europarecht, 1992, Rn. 470; すでに論証されているものとして，Scheuing, Durchsetzung(Fn. 33), EuR 1985, 249 Fn. 129; これに対し正当にも，Engel(Fn. 17), DV 1992, 456, さらに深められているものとして，Götz(Fn. 134), EuR 1986, 33 参照。

142) 特に，Verordnung (EWG)Nr. 1430/79 des Rates vom 2. 7. 1979 über die Erstattungs oder den Erlaß von Eingangs- oder Ausfuhrabgaben, ABl. 1979 L 175, 1, 及び Verordnung (EWG) Nr. 1697/79 des Rates vom 24. 7. 1979 betreffend die Nacherhebung von noch nicht vom Abgabenschuldner angeforderten Eingangs- oder Ausfuhrabgaben für Waren, die zu einem Zollverfahren angemeldet worden sind, das die Verpflichtung zur Zahlung derartiger Abgaben beinhaltet, ABl. 1979 L 197, 1, jeweils mit späteren Änderungen.

143) Art. 253 der Verordnung(EWG) Nr. 2913/92 des Rates vom 12. 10. 1992 zur Festlegung des Zollkodex der Gemeinschaften, ABl. 1992 L 302, 1.

144) 現行法につき, die Verordnung(EWG) Nr. 1715/90 des Rates vom 20. 6. 1990 über die von den Zollbehörden der Mitgliedstaaten erteilten Auskunfte über die Einreihung von Waren in der Zollnomenklatur, ABl. 1990 L 160, 1, また, Art. 13 der Erstattungs-/Erlaßverordnung(EWG) Nr. 1430/79 vom 2. 7. 1979(Fn. 142) i. V. m. der Durchführungsverordnung(EWG) Nr. 3799/86 der Kommission vom 12. 12. 1986, ABl. 1986 L 352, 19 参照。将来の法につき, Art. 12, 239 Zollkodex(Fn. 143) 参照。歴史的背景につき, Scheuing, Durchsetzung(Fn. 33), EuR 1985, 236, 250 他; A. Weber, Verwaltungskollisionsrecht(Fn. 19), EuR 1986, 6 f., 9 f. 参照。

145) Art. 4 Nr. 5 Zollkodex(Fn. 143); これにつき, Witte, Das Neue am neuen Zollkodex der Gemeinschaft, ZfZ 1993, 162, 165.

146) Art. 8 u. 9 Zollkodex(Fn. 143) 参照。

147) 例えばすでに, Art. 2. Abs. 2. der Erstattungs-/Erlaßverordnung(EWG) Nr. 1430/79 vom 2. 7. 1979 (Fn. 142) 及びこれにつき, Götz(Fn. 134), EuR 1986, 39; künftig Art. 236 Abs. 2 Zollkodex(Fn. 143) 及びこれにつき, Birk, Zollkodex und Rechtsschutz, ZfZ 1991, 207, 211.

148) Art. 8 Abs. 1 der Verordnung(EWG) Nr. 729/70 des Rates vom 21. 4. 1970 über die Finanzierung der gemeinsamen Agrarpolitik, ABl. 1970 L 94, 13, 欧州共同体裁判所による解釈として, EuGH, Urteil vom 6. 5. 1982 - Verb. Rsn. 146, 192 u. 193/81 - BayWa/Bundesanstalt für landwirtschaftliche Marktordnung, Slg. 1982, 1503, 1535 Tz. 31.

149) ドイツ行政庁が, ヨーロッパ経済共同体設立条約第92条以下に基づき, 委員会により共同体法に違反する補助金の返還請求を義務づけられている限りにおいて, もはやドイツ行政庁には, 当該裁量は与えられていない。参照, Magiera(Fn. 74), S. 222 ff., 230. 同旨, Fischer(Fn. 86), DVBl. 1990, 1094; OVG Münster, Urteil vom 26. 11. 1991 - 4 A 1346/88, EuZW 1992, 286. 包括的な裁量排除につき広範に明らかにしているものとして, Streinz, Vertrauensschutz(Fn. 79), DV 1990, 178, 及び, ders., Einfluß(Fn. 17), S. 271 f.

150) BVerwG, Urteil vom 14. 8. 1986 - 3 C 9. 85, E 74, 357. また, BFH, Urteil vom 13. 3. 1990 - VII R 47/88, E 164, 141.

151) この判決に関して, 上述, Fn. 81 及び Fn. 82 を見よ。

152) この関連で, ヨーロッパ標準をおく可能性についての言及として, Engel(Fn. 17), DV 1992, 448 f., 462 f., 及び, Kadelbach(Fn. 56), S. 137 f., 143. さらに, 判例法により共同体法上の職権取消期間 (Rücknahmefrist)を取り入れるという, 欧州裁判所に対する連邦政府の提案について, Sitzungsbericht in: EuGH, Slg. 1990, I-3438, 3444 参照。

153) 共同体法の共同体自身による行政的執行の領域からの事例として, EuGH, Urteil vom 26. 2. 1987 - Rs. 15/85 - Consorzio Cooperative d'Abruzzo/Kommission, Slg. 1987,

1005. ヨーロッパの信頼保護の基準に基づき，委員会が，各構成国に構成国国内の補助金の返還請求を義務づけた，ヨーロッパ経済共同体設立条約第92, 93条に基づく委員会決定による Messen の例として，EuGH, Urteil vom 24. 2. 1987 - Rs. 310/85 - Deufil/Kommission, Slg. 1987, 901, 及び，EuGH, Urteil vom 24. 11. 1987 - Rs. 223/85 - RSV Machinefabrieken/Kommission, Slg. 1987, 4617.
154) 参照，EuGH, Urteil vom 3. 3. 1982 - Rs. 14/81 - Alpha Steel/Kommission, Slg. 1982, 749, 764 Tz. 10. 一般的なものとしてさらに，Schwarze, Europäisches Verwaltungsrecht, Bd. II, 1988. S. 956 ff. 参照。
155) ヨーロッパ経済共同体設立条約第92, 93条に基づく委員会決定に対する，構成国及び補助金受領企業の訴権についてすでに述べているものとして，EuGH, Urteile von 1987 in Sachen Deufil und RSV (Fn. 153). また，Ehlers (Fn. 21), §3 Rn. 28; Engel (Fn. 17), DV 1992, 448. も参照。
156) 公法契約による構成国の補助金給付についての特別な問題に関して，Ehlers (Fn. 21), §3 Rn. 29, 及び，J. P. Schneider (Fn. 88), NJW 1992, 1197 ff. 参照。私法上の契約による給付についての特別な問題に関し，Ress, EG-Beihilfeaufsicht und nationales Privatrecht, EuZW 1992, 161 参照。
157) EuGH, Urteil vom 27. 10. 1992 - Rs. C-240/90 - Bundesrepublik Deutschland/Kommission, noch nichts in Slg. これにつき例えば，Tiedemann, Urteilanmerkung, NJW 1993, 49; Mögele (Fn. 93), BayVBl. 1993, 134.
158) これにつき包括的には，Schwarze, Vorläufiger Rechtsschutz im Widerstreit von Gemeinschaftsrecht und nationalem Verwaltungsverfahrens- und Prozeßrecht, in: FS Börner, 1992, S. 389 ff.; Triantafyllou, Zur Europäisierung des vorläufigen Rechtsschutzes, NVwZ 1992, 129 ff.
159) EuGH, Urteil vom 19. 6. 1990 - Rs. C-213/89 - The Queen/Secretary of State for Transport ex parte: Factortame Ltd u. a., Slg. 1990, I-2443. これに関し例えば，Mögele (Fn. 93), 139; Schwarze, Gründzuge und neuere Entwicklung des Rechtsschutzes im Recht der Europäischen Gemeinschaft, NJW 1992, 1065, 1071.
160) EuGH, Urteil vom 10. 7. 1990 - Rs. C-217/88 - Kommission/Bundesrepublik Deutschland, Slg. 1990, I-2879 (Tafelweindestillation). これにつき，Vedder, Anordnung (Fn. 69), EWS 1991, 10 ff.
161) 例えば，同様であると思われるのは，E. Klein (Fn. 79), S. 138; 反対説として Vedder, Anordnung (Fn. 69), EWS 1991, 12, 14.
162) さらに，連邦憲法裁判所が（BVerwG, Beschluß vom 18. 7. 1973 - 1 BvR 23, 155/73, E 35, 382, 402) 停止効に，憲法上の付加的価値を認めた。
163) これにつき例えば，Grabitz, in: ders. (Hrsg.), Kommentar zum EWG-Vertrag, Stand September 1992, Art 185 Rn. 1 ff.; Krück, in: Groeben/Thiesing/Ehermann, Kommentar

第 3 章　ドイツ行政法の変革の契機となるヨーロッパ法の影響　169

zum EWG-Vertrag, Bd. 3, 4. Aufl. 1991, Art. 185/186 Rn. 1 ff.
164) これにつき，より詳しくは，Schiedermair, Der vorläufige und vorbeugende gerichtliche Rechtsschutz des Einzelnen gegenüber der vollziehenden Gewalt, in: Max-Planck-Institut für ausländisches öffentliches Recht und Völkerrecht (Hrsg.), Gerichtsschutz gegen die Exekutive, Bd. 3, 1971, S. 123 ff.　また，Schlemmer-Schulte, Gemeinschaftsrechtlicher vorläufiger Rechtsschtz und Vorlagepflicht, EuZW 1991, 307, 310 も，参照。
165) EuGH, Urteil vom 21. 2. 1991 - Verb. Rsn. C-143/88 u. C-92/89 - Zuckerfabrik Süderdithmarschen/Hauptzollamt Itzehoe und Zuckerfabrik Soest/Hauptzollamt Paderborn, Slg. 1991, I-415.　これに非常に批判的なものとして，Dänzer-Vanotti, Der Gerichtshof der Europäischen Gemenschaften beschränkt vorlaufigen Rechtsschutz, BB 1991, 1015 ff.; Gornig, Urteilsanmerkung, JZ 1992, 39 ff.; Schlemmer-Schulte (Fn. 164), EuZW 1991, 307 ff.
166) EuGH, Urteil vom 21. 2. 1991 - Verb. Rsn. C-143/88 u. C-92/89 - Zuckerfabrik Süderdithmarschen/Hauptzollamt Itzehoe und Zuckerfabrik Soest/Hauptzollamt Paderborn, Slg. 1991, I-415, 543 Tz. 28, 544 Tz. 33.
167) Art. 244 Zollkodex (Fn. 143).
168) 上記，注131 を見よ。
169) 例えばすでに，Art. 5 1 des Vorschlags der Kommission für eine Richtlinie des Rates zur Harmonisierung der Rechts- und Verwaltungsvorschriften über Rechtsbehelfe in Zollsachen, ABl. 1981 C 33, 2.　同様に，Art. 242 Abs. 1 des Vorschlags der Kommission für eine Verordnung (EWG) des Rates zur Feststellung des Zollkodex der Gemeinschaften, ABl. 1990 C 128, 1; これにつきより詳しくは，Birk (Fn. 147), 208 f.
170) Art. 245 Zollkodex (Fn. 143).
171) EuGH. Urteil vom 19. 11. 1991 - Verb. Rn. -6/90 u. C-9/90 - Francovich u. Bonifaci/Italien, Slg. 1991, I-5357.
172) この判決についての議論として，Bahlmann, Haftung der Mitgliedstaaten bei fehlerhafter Umsetzung von EG-Richtlinien, DWiR 1992, 61 ff.; Buschhaus, Das „Francovich-Urtei" des EuGH, JA 1992, 142 ff.; Fischer, Staatshaftung nach Gemeinschaftsrecht, EuZW 1992, 41 ff.; ders., Zur unmittelbaren Anwendung von EG-Richtlinien in der öffentlichen Verwaltung, NVwZ 1992 635 ff.; Geiger, Die Entwicklung eines europäischen Staatshaftungsrechts, DVBl. 1993, 465 ff.; Häde, Staatshaftung für legislatives Unterlassen, BayVBl. 1992, 449 ff.; Hailbronner, Staatshaftung bei saümiger Umsezung von EG-Rictlinien, JZ 1992, 284 ff.; Karl, Die Schadensersatzpflicht der Mitgliestaaten bei Verletzungen des Gemeinschatsrechts, RIW 1992, 440 ff.; Meier, Urteilsanmerkung, RIW 1992. 245 f.; Neßler (Fn. 103), RIW

1993, 213 f.; Nettesheim, Gemeinschaftsrechtliche Vorgaben für das deutsche Staatshaftungsrecht, DÖV 1992, 999 ff.; Ossenbühl, Der gemeinschaftsrechtliche Staatshaftungsanspruch, DVBl. 1992, 993 ff.; Pieper, Mitgriedstaatliche Haftung für die Nichtbeachtung von Gemeinschaftsrecht, NJW 1992, 2454 ff.; Prieß, Die Haftung der EG-Mitgliedstaaten bei Verstößen gegen das Gemeinschaftsrecht, NVwZ 1993, 118 ff.; Schlemmer-Schulte / Ukrow, Haftung des Staates gegenüber dem Marktbürger für gemeinschaftsrechtswidriges Verfahren, EuR 1992, 82 ff.; Schockweiler, La responsabilité de l'autorité nationale en cas de violation du droit cominautaire, RTD eur. 1992, 27 ff.; Steindorff, Sanktionen (Fn. 58), Jura 1992, 564 f.; Triantafyllou, Haftung der Mitgliedstaaten für Nichtumsetzung von EG-Recht, DÖV 1992, 564 ff. 参照。

173) 同様に例えば, Hailbronner, Staatshaftung (Fn. 172), JZ 1992, 289; Karl (Fn. 172), 446; Nettesheim (Fn. 172), 1003 f.

174) die Schlußanträge des Generalanwalts Mischo vom 28. 5. 1991, in: EuGH, Slg. 1991, I-5370, 5400 f. Tz. 86 f.

175) 結果として判決と結びつく「遡及効」(„Rückwirkung") につきより詳しくは, Geiger (Fn. 172), DVBl. 1993, 473 f.; Schlemmer-Schulte / Ukrow (Fn. 172), EuR 1992, 87 f. 反対意見として, Ossenbühl, Staatshaftungsanspruch (Fn. 172), DVBl. 1992, 997. は, 「遡及効」を排除すると考えている。

176) これにつき, 例えば, Häde (Fn. 172), BayVBl. 1992, 454 f.; Triantafyllou, Haftung (Fn. 172), DÖV 1992, 569 f.

177) Schockweiler/Wivenes/Godart, Le régime de la responsabilité extra-constractuelle du fait d'actes juridiques dans la Communauté européenne, RTD eur. 1990. 27 ff. 参照。

178) これにつきすでに, Generalanwalt Mischo in seinen Schlußanträgen vom 28. 5. 1991, in: EuGH, Slg. 1991, I-5370, 5385 Tz. 47 参照。類似のものとして例えば, Buschhaus (Fn. 172), JA 1992, 149; Geiger (Fn. 172), DVBl. 1993, 472; Hailbronner, Staatshaftung (Fn. 172), JZ 1992, 288.

179) この意味で例えば, Neßler (Fn. 103), RIW 1993, 210, 213 f.; Ossenbühl, Staatshaftungsanspruch (Fn. 172), DVBl. 1992, 993 ff, 類似の思考として, Karl (Fn. 172), RIW 1992, 444 f., 及び, Schlemmer-Schulte/Ukrow (Fn. 172), EuR 1992, 91 f.

180) Richtlinie 80/980/EWG des Rates vom 20. 10. 1980 zur Angleichung der Rechtsvorschriften der Mitgliedstaaten über den Schutz der Arbeitnehmer bei Zahlungsunfähigkeit des Arbeitgebers, ABl. 1980 L 283, 23.

181) EuGH, Urteil vom 2. 2. 1989 - Rs. 22/87 - Kommission/Italien, Slg. 1989, 143.

182) BGH, Beschluß vom 28. 1. 1993 - III ZR 127/91, EuZW 1993, 226.

183) これにつきより詳細には, 下級審の決定, OLG Köln, Urteil vom 20. 6. 1991 - 7 U 143/90, EuZW 1991, 574, mit Anm. Meier, EuZW 1991, 576.

第3章　ドイツ行政法の変革の契機となるヨーロッパ法の影響　171

184）　EuGH, Urteil vom 12. 3. 1987 - Rs. 178/84 - Kommission/Bundesrepublik Deutschland, Slg. 1987, 1227 (Reinheitsgebot für Bier); これにつき, Scheuing, Reinfeitsgebot für Bier, WiSt 1988, 625 ff.
185）　この義務については，上記，Fn. 120を見よ。
186）　また，Geiger (Fn. 172), DVBl. 1993, 472 f. 参照。
187）　より的確な表現は，E. Klein (Fn. 79), S. 141, 及び，Schmidt-Aßmann, Zur Reform des Allgemeinen Verwaltungsrechts. 改革の必要性と試みについては，in: Hoffmann-Riem/Schmidt-Aßmann/Schuppert (Hrsg.), Reform des Allgemeinen Verwaltungsrechts. Grundfragen, 1993, S. 11, 41.
188）　これにつき例えば，Grabitz, in: ders (Hrsg.), Kommentar zum EWG-Vertrag, Stand September 1992, Art. 5 Rn. 5, 8 f., 16 f.; Zuleeg, in: Groeben/Thiesing/Ehlermann, Kommentar zum EWG-Vertrag, Bd. 1, 4. Aufl. 1991, Art. 5 Rn. 1, 9, 13. これを否定するものとして，Meier, Europäische Amtshilfe. Ein Stützpfeiler des europäischen Binnenmarktes, EuR 1989, 237 ff., これによれば，欧州共同体の職務援助命令はヨーロッパ経済共同体設立条約第235条に基づいて要求されているとされる。
189）　Art. 105 Abs. 1 EWGV.
190）　Art. 118 EWGV; これにつき，EuGH, Urteil vom 9. 7. 1987 = Verb. Rsn. 281, 283-285 und 287/85 - Bundesrepublik Deutschland u. a./Kommission, Slg. 1987, 3203, 3251 Tz. 14 (Wanderungspolitik).
191）　参照，Art. 37 EAGV 及びこれにつき，EuGH, Urteil vom 22. 9. 1988 - Rs. 187/87 - Saarland u. a./Miniser für Industrie u. a., Slg. 1988, 5013 (Cattenom).
192）　Art. 130 m EWGV.
193）　Art. 7 der Richtlinie 85/337/EWG des Rates vom 27. 6. 1985 über die Umweltverträglichkeitsprüfung bei bestimmten öffentlichen und privaten Projekten, ABl. 1985, L 175, 40.
194）　Art. 14 Abs. 6 der Verordnung Nr. 17 des Rates vom 6. 2. 1962: Erste Durchführungsverordnung zu den Artikeln 85 und 86 des Vertrages, ABl. 1962 Nr 13, 294. これにつき，EuGH, Urteil vom 21. 9. 1989 - Verb. Rsn. 46/87 und 227/88 - Hoechst/Kommission, Slg. 1989, 2859.
195）　Art. 9 Abs. 1 Unterabs. 2 - sowie Art. 4 Abs. 2 - der Verordnung (EWG) Nr. 1468/81 des Rates vom 19. 5. 1981 betreffend die gegenseitige Unterstützung der Verwaltungsbehörden der Mitgliledstaaten und die Zusammenarbeit dieser Behörden mit der Kommission, um die ordnungsgemäße Anwendung der Zoll- und der Agrarregelung zu gewährleisten, ABl. 1981 L 144 1. 類似のものとして，Art. 84 Abs. 2 S. 1 der Verordnung (EWG) Nr. 1408/71 des Rates vom 14. 6. 1971 über die Anwendung der Systeme der sozialen Sicherheit auf Arbeitnehmer und Selbständige sowie deren Familienangehörige, die innerhalb der Gemeinschaft zu- und abwandern, ABl. 1971 L 149, 2.

196) Richtlinie 89/608/EWG des Rates vom 21. 11. 1989 betreffend die gegenseitege Unterstützung der Verwaltungsbehörden der Mitgliedstaaten und die Zusammenarbeit dieser Behörden mit der Kommission, um die ordnungsgemäße Anwendung der tierärztlichen und tierzuchtrechtlichen Vorschriften zu gewährleisten, ABl. 1989 L 351, 34; Richtlinie 89/662/EWG des Rates vom 11. 12 1989 zur Regelung der veterinärrechtlichen Kontrollen im innergemeinschaftlichen Handel in Hinblick auf den Binnenmarkt, ABl. 1989 L 395, 13; Richtlinie 90/425/EWG des Rates vom 26. 6. 1990 zur Regelung der veterinärrechtlichen und tierzüchterischen Kontrollen im innergemeinschaftlichen Handel mit lebenden Tieren und Erzeugnissen im Hinblick auf den Binnenmarkt, ABl. 1990 L 224, 29; Entscheidung 91/398/EWG der Kommission vom 19. 7. 1991 über ein informatisiertes Netz zum Verbund der Veterinärbehörden (ANIMO), ABl. 1991 L 221, 30.
197) Art. 49 Buchst. a EWVG 及び, Art.13 ff. der Verordnung (EWG) Nr. 1612/68 des Rates vom 15. 10. 1968 über die Freizügigkeit der Arbeitnehmer innerhalb der Gemeinschaft, ABl. 1968 L 257, 2. を見よ。
198) Art. 84 ff. der Verordnung (EWG) Nr. 1408/71 des Rates vom 14. 6. 1971 über die Anwendung der Systeme der sozialen Sicherheit auf Arbeitnehmer und Selbständige sowie deren Familienangehörige, die innerhalb der Gemeinschaft zu- und abwandern, ABl. 1971 L 149, 2, mit späteren Änderungen.
199) die Verordnung (EWG) Nr. 218/92 des Rates vom 27. 1. 1992 über die Zusammenarbeit der Verwaltungsbehörden auf dem Gebiet der indirekten Besteurung (MWSt.), ABl. 1992 L 24 1. 参照。
200) Verordnung (EWG) Nr. 1210/90 des Rates vom 7. 5. 1990 zur Errichtung einer Europäischen Umweltagentur und eines Europäischen Umweltinformations- und Umweltbeobachtungsnetzes, ABl. 1990 L 120, 1.
201) 目下適用されている規定として, Art. 52 der Verordnung (EWG) Nr. 918/83 des Rates vom 28. 3. 1983 über das gemeinschaftliche System der Zollbefreiungen, ABl. 1983 L 105, 1, mit späteren Änderungen, i. V. m. Art. 7 der Verordnung (EWG) Nr. 2290/83 der Kommission vom 29. 7. 1983 zur Durchführung des Artikel 50 bis 59 der Verordnung (EWG) Nr. 918/83 des Rates über das gemeinschaftliche System der Zollbefreiunfen, ABl. 1983 L 220, 20, mit späteren Änderungen, Zum gemeinschaftsrechtlichen Rechtsschutz gegen Kommissionsentscheidungen aufgrund der Vorgängerregelung. 例えば, EuGH, Urteil vom 17. 3. 1983 - Rs. 294/81 - Control Data/Kommission, Slg. 1983, 911; EuGH, Urteil vom 27. 9. 1983 - Rs. 216/82 - Universität Hamburg/Hauptzollamt Hamburg-Kehrwieder, Slg. 1983, 2771; EuGH, Urteil vom 21. 11. 1991 - Rs. C-269/90 - Hauptzollamt München-Mitte/Technische Universität München, Slg. 1991, I-5469.
202) 目下適用されている規定として, Art. 13 der Verordnung (EWG) Nr. 1430/79 vom 2.

第3章 ドイツ行政法の変革の契機となるヨーロッパ法の影響 173

7. 1979 über die Erstattund oder den Erlaß von Eingangs- oder Ausfuhrabgaben, ABl. 1979 L 175, 1, mit späteren Änderungen, i. V. m. Art. 8 Abs. 1 der Durchführungsverordnung (EWG) Nr. 3799/86 der Kommission vom 12. 12. 1986, ABl. 1986 L 352, 19.

203) Art. 13 Abs. 4 der Richtlinie 90/220/EWG des Rates vom 23. 4. 1990 über die absichtliche Freisetzung genetisch veränderter Organismen in die Umwelt, ABl. 1990 L 117, 15.

204) これにつき例えば，EuGH, Urteil vom 18. 6. 1970 - Rs. C-74/69 - Hauptzollamt Bremen-Freihafen/Krohn, Slg. 1970, 451, 460 Tz. 9 参照。さらに，Schiller, Weisungsrechte der EG nach dem EWG-Vertrag bei nationalem Verwaltungsvollzug von EG-Recht?, RIW 1985, 36 ff.; A. Weber, Durchführung (Fn. 15), S. 66 f.; Zuleeg, Innerstaatlicher Bereich (Fn. 121), S. 217 ff.

205) 例えば，委員会により1992. 5. 20に議決された „Gemeinschaftsrahmen für staatliche Beihilfen an kleine und mittlere Unternehmen", Abl. 1992 C 213, 2; „Gemenschaftsrahmen für staatliche Beihilfen in der Kfz-Industrie", ABl. 1989 C 123, 3, mit Fortschreibungen in ABl. 1991 C 81, 4, u. ABl. 1993 C 36, 17; die „Bekanntmachung der Kommission über die Beurteilung kooperativer Gemeinschaftsunternehmen nach Artikel 85 des EWG-Vertrags", ABl. 1993 C 43, 2 参照。しかしながら，委員会の「通知」(Mitteilungen) によって新しい義務が根拠づけられる限りにおいて問題となるのは，適法性が，対応する権限の基礎の存在や明文での援用に依存するところの，規則的行為である。参照，EuGH, Urteil vom 16. 6. 1993 - Rs. C-235/91 - Frankreich/Kommission -, noch nicht in Slg. (öffentliche Unternehmen in der verarbeitenden Industrie).

206) 代表的な判例として，EuGH, Urteil vom 7. 2. 1979 - Rs. 11/76 - Niederlande/Kommission, Slg. 1979, 245 (EAGFL); EuGH, Urteil vom 14. 1. 1981 - Rs. 819/79 - Bundesrepublik Deutschland/Kommission, Slg. 1981, 21 (Beihilfen für Magermilchpulver); EuGH, Urteil vom 12. 6. 1990 - Rs. C-8/88 - Bundesrepublik Deutschland/Kommission, Slg. 1990, I-2321 (EAGFL).

207) これについてはすでに，Scheuing, Durchsetzung (Fn. 33), EuR 1985, 256 参照。さらに，Scherer, Das Rechnungsabschlußverfahren. Ein Instrument zur Durchsetzung europäischen Verwaltungsrechts?, EuR 1986, 52 ff.; A. Weber, Durchsetzung (Fn. 15), S. 50 f., 65 f.; Engel (Fn. 17), DV 1992, 473 f. 参照。

208) Art. 20 Abs. 4 UAbs. 1 Satz 3 der Verordnung (EWG) Nr. 2075/92 des Rates vom 30. 6. 1992 über die gemeinsame Marktorganisation für Rohtabak, ABl. 1992 L 215 70; これにつき詳細は，さらに，Art. 4 Abs. 1 UAbs. 2 der Verordnung (EWG) Nr. 85/93 der Kommission vom 19. 1. 1993 über die Kontrollstellen im Tabaksektor, ABl. 1993 L 12, 9.

209) Art. 3. Abs. 2 u. 3 der Richtlinie 89/665/EWG des Rates vom 21. 12. 1989 zur Koordinierung der Rechts- und Verwaltungsvorschriften für die Anwendung der Nachprüfungsverfahren im Rahmen der Vergabe öffentlicher Liefer- und Bauaufträge, ABl. 1989 L 395,

33 参照。類似のものとして, Art. 8 der Richtlinie 92/13/EWG des Rates vom 25. 2. 1992 zur Koordinierung der Rechts- und Verwaltungsvorschriften für die Anwendung der Gemeinschaftsvorschriften über die Auftragsvergabe durch Auftraggeber im Bereich der Wasser-, Energie- und Verkehrsversorgung sowie im Telekommunikationssektor, ABl. 1992 L 76, 14.

210) EuGH, Urteil vom 14. 11. 1989 - Rs. 14/88 - Italien/Kommuission, Slg. 1989, 3677, 3705 f. Tz. 19 f. (Obst- und Gemüseerzeuger).

211) これにつき一般的なものとして, Schmidt-Aßmann, Verwaltungslegitimation als Rechtsbegriff, AöR 116, 1991, 329 ff.

212) Brohm, Auswirkungen des EG-Binnenmarktes auf das deutsche Recht, Staatswissenschaften und Staatsprazis 1990, 132, 147 f.

213) Vorschlag der Kommission vom 24. 6. 1988 für eine Richtlinie des Rates über das Wahlrecht der Staatsangehörigen der Mitgliedstaaten bei den Kommunalwahlen im Aufenthaltsstaat, ABl. 1988 C 246, 3. これにつき例えば, Papier, Kommunalwahlrecht für Angehörige anderer Milgliedstaaten der Europäischen Gemeinshaft. ドイツ法の観点からの委員会提案の諸問題につき, in: Magiera (Hrsg.), Das Europa der Bürger in einer Gemeinschaft ohne Binnengrenzen, 1990, S. 27 ff. 他.

214) BVerfG, Urteil vom 31. 10. 1990 - 2 BvF 2, 6/89, E 83, 37, 59. これにつき, Schmidt-Aßmann, Verwaltungslegitiimation (Fn. 211), AöR 116, 1991, 351.

215) die Einfügung des neuen Satzes 3 in Art. 28 Abs. 1 GG durch das Gesetz zur Änderung des Grundgesetzzes vom 21. 12. 1992, BGBl. 1992 I, 2086 参照。

216) これにつきとりわけ, Dörr, Das Deutsche Beamtenrecht und das Europäische Gemeinschaftsrecht, EuZW 1990, 565 ff.; Eschmann, Die Freizügigkeit der EG-Bürger und der Zugang zur öffentlichen Verwaltung, 1992; Everling, Zur Rechtsprechung des Europäischen Gerichtshofs über die Beschäftigung von EG-Ausländern in der öffenlichen Verwaltung, DVBl. 1990, 225 ff.; Lecheler, Die Interpretation des Art. 48 Abs. 4 EWGV und ihre Konsequenzen für die Beschäftigung im (nationalen) öffentlichen Dienst, 1990; ders., Die Konsequenzen des Art. 48 Abs. 4 EWGV für den nationalen öffentlichen Dienst, ZBR 1991, 97 ff.; Loschelder, Der Staatsangehörigkeitsvorbehalt des deutschen Beamtenrechts und die gemeinschaftsrechtliche Freizügigkeit der Arbeitnehmer: zu den verfassungsrechtlichen Grenzen supranationaler Definitionsmacht, ZBR 1991, 102 ff.; Ziekow, Die Freizügigkeit nach europäischem Gemeinschaftsrecht im Bereich des öffentlichen Dienstes, DÖD 1991, 11 ff.

217) EuGH, Urteil vom 17. 12. 1980 - Rs. 149/79 - Kommission/Belgien, Slg. 1980, 3881 (Bahnarbeiter u. a.) 以来, 定着した判例。欧州共同体裁判所は, 確かに一度, 累積的公式 (kumulative) の代わりに, 選択的公式 (高権あるいは一般の利益の保護)

第3章　ドイツ行政法の変革の契機となるヨーロッパ法の影響　175

を用いた。参照，EuGH, Urteil vom 16. 6. 1987 - Rs. 225/85 - Kommission/Italien, Slg. 1987, 2625 (Forscher)。しかしながら，特殊事情から説明されうるとするものとして，Goerlich/Bräth, Zur europäischen Freizugigkeit im öffentlichen Sektor, NVwZ 1989, 330. Bleis事件（Fn. 218）で，欧州共同体裁判所は，再び明文で，累積的公式（kumulative Form）を用いている。

218) EuGH, Urteil vom 3. 7. 1986 - Rs. 66/85 - Lawrie-Blum/Baden-Württemberg, Slg. 1986, 2121 参照。最近のものとして，EuGH, Urteil vom 27. 11. 1991 - Rs. C-4/91 - Bleis/Ministére de L'Education nationale, Slg. 1991, I-5627.

219) しかしながら，Dörr (Fn. 216), EuZW 1990, 571 によれば，すでにこの開放は達成されている。というのは，基本法第33条第4項，連邦公務員基本法（BRRG）第2条第2項及び連邦公務員法（BBG）第4条第2項における公務員法上の機能留保（Funktionsvorbehalt）が，共同体法に則して解釈されることにより，ヨーロッパ経済共同体設立条約第48条第4項に基づき認められた基準まで，引き下げられたからである。

220) これにつき，EuGH, Urteil vom 3. 6. 1986 - Rs. 307/84 - Kommission/Frankreich, Slg. 1986, 1725, 1739 Tz. 16 (Krankenpfleger); EuGH, Urteil vom 16. 6. 1987 - Rs. 225/85 - Kommission/Italien, Slg. 1987, 2625, 2640 Tz. 13 (Forscher) 参照。

221) BT- Drs. 12/1455. ここで提案された開放原則は，ドイツ連邦議会と連邦参議院の両院協議会において争われた。これについての基礎として，Battis, Entwicklung des Beamtenrechts im Jahre 1991, NJW 1992, 1208, 1209, 及び，Eschmann (Fn. 216), S. 151. 参照。

222) BR- Drs. 555/92.

223) これにつき，BVerwG, Beshluß vom 30. 11. 1992 - 2 B 188/92, EuZW 1993, 360 参照。

224) Art. 250 Zollkodex (Fn. 143); そのような方法が連邦国家を想起させることにつき，Engel (Fn. 17), DV 1992, 453 参照。

225) Art. 6 Abs. 1 der Richtlinie 89/48/EWG des Rates vom 21. 12. 1988 über eine allgemeine Regelung zur Anerkennung der Hochschuldiplome, die eine mindestens dreijährige Berufsausbildung abschließen, ABl. 1989 L 19, 16; 同様に，Art. 10 Abs. 1 der Richtlinie 92/51/EWG des Rates vom 18. 6. 1992 über eine zweite allgemeine Regelung zur Anerkennung beruflicher Befähigungsnachweise in Ergänzung zur Richtlinie 89/48/EWG, ABl. 1992 L 209, 25.

226) Art. 3 f. der Richtlinie 89/48/EWG vom 21. 12. 1988 (Fn. 255); 類似のものとして，Art. 3 ff. der Richtlinie 92/51/EWG vom 18. 6. 1992 (Fn. 225).

227) これにつき基本的なものとして，判例については，EuGH, Urteil vom 20. 2. 1979 - Rs. 120/78 - Rewe/Bundesmonopolverwaltung für Branntwein („Cassis de Dijon"), Slg. 1979, 649, そして学説については，Steindorff, Gemeinsamer Markt als Binnenmarkt, ZHR 150, 1986, 687 ff. 当該関係において相互承認についての論調に批判的なものとし

て, Matthies, Zur Anerkennung gleichwertiger Regelungen im Binnenmarkt der EG, in: FS Steindorf, 1990, 1287, 1294; ここでは実際には，狭義ではなく，広義の相互承認のみが問題になっている。

228) 例えば, EuGH, Urteil vom 28. 1. 1986 - Rs. 188/84 - Kommission/Frankreich, Slg. 1986, 419, 436 Tz. 16 (Holabearbeitungsmaschinen) 参照。

229) 例えば, EuGH, Urteil vom 17. 12. 1981 - Rs. 272/80 - Frans-Nederlandse Maatschappij voor Biologische Producten, Slg. 1981, 3277, 3291 Tz. 14; EuGH, Urteil vom 11. 5. 1989 - Rs. 25/88 - Wurmser, Slg. 1989, 1105, 1129 Tz. 18 参照。さらに, die Note der Kommission vom 13. 4. 1989 zur Einleitung eines Vertragsverletzungsverfahrens gegen die Bundesrepublik Deutschland, EuZW 1990, 90 ff. 参照。

230) EuGH, Urteil vom 18. 1. 1979 - Verb. Rsn. 110 u. 111/78 - Ministère public u. a./van Wesemael u. a., Slg. 1979, 35, 53 Tz. 30 参照。

231) 例えば, EuGH, Urteil von 17. 12. 1981 - Rs. 279/80 - Webb, Slg. 1981, 3305, 3326 Tz. 20; EuGH, Urteil von 4. 12. 1986 - Rs. 205/84 - Kommission/Bundesrepublik Deutschland, Slg. 1986, 3755, 3802 Tz. 26 (Versicherungsaufsichtsgesetz) 参照。

232) EuGH, Urteil vom 7. 5. 1991 - Rs. C-340/89 - Vlassopoulou/Baden-Württemberg, Slg. 1991, I-2357. これにつき例えば, Nachbaur, Art. 52 EWGV - Mehr als nur ein Diskriminierungsverbot ?, EuZW 1991, 470 ff.; Hailbronner, Prüfungspflicht der Mitgliedstaaten zur Vergleichbarkeit ausländischer Diplome und Prüfungszeugnisse, JuS 1991, 917 ff.

233) Richtline 89/48/EWG vom 21. 12. 1988 (Fn. 225) において選択された形態 (Ausgestaltung) は, 条約法と抵触していないかどうかという問題について, 疑わしいとするものとして, Nachbaur (Fn. 232), EuZW 1991, 472; おそらく正当にも肯定するものとして, Hailbronner, Prüfungspflicht (Fn. 232), JuS 1991, 918, 920 f. ドイツ法における効果規定は, das Bundesgesetz zur Umsetzung der Richtlinie des Rates vom 21. Dezember 1988 über eine allgemeine Regelung zur Anerkennung der Hochschuldiplome, die eine mindestens dreijährige Berufsausbildung abschließen, für die Berufe des Rechtsanwalts und Patentanwalts vom 6. 7. 1990, BGBl. 1990 I, 1349 und die Verordnung des Bundesministers der Justiz über die Eignungsprüfung für die Zulassung zur Rechtsanwaltschaft vom 18. 12. 1990, BGBl. 1990 I, 2881. 後にさらに, 共同体レベルで発せられたものとして, die Richtlinie 92/51/EWG des Rates vom 18. 6. 1992 über eine zweite allgemeine Regelung zur Anerkennung beruflicher Befähigungsnachweise in Ergänzung zur Richtlinie 89/48/EWG, ABl. 1992 L 209, 25. さらに参照すべきものとして, 例えば早い時期にさかのぼるものであるが, Richtlinie 75/362/EWG des Rates vom 16. 6. 1975 für die gegenseitige Anerkennung der Diplome, Prüfungszeugnisse und sonstigen Befähigungsnachweise des Arztes und für Maßnahmen zur Erleichterung der tatsächlichen Ausübung des Niederlassungsrechts und des Rechts auf freien

第 3 章　ドイツ行政法の変革の契機となるヨーロッパ法の影響　177

Dienstleistungsverkehr, ABl. 1975, L 167, 1, mit späteren Änderungen.
234) これにつきより詳しくは，EG-Kommission, Mitteilung über den freien Verkehr mit Lebensmitteln innerhalb der Gemeinschaft, ABl. 1989 C 271, 3; Rabe, Gegenseitige Anerkennung nationalen Lebensmittelrechts in der Europäischen Gemeinschaft, ZLR 1989, 363 ff.; Streinz, Das Prinzip der gegenseitigen Anerkennung und seine Auswirkungen auf die nationalen Lebensmittelrechte, ZLR 1993, 31 ff. 他。
235)　Beschluß 87/327/EWG des Rates vom 15. 6. 1987 über ein gemeinschaftliches Aktionsprogramm zur Förderung der Mobilität von Hochschulstudenten(ERASMUS), ABl. 1987 L 166, 20, i. d. F. des Änderungsbeschlusses 89/663/EWG des Rates vom 14. 12. 1989, ABl. 1989 L 395, 23.
236) これにつき，Beschlusses 87/327/EWG vom 15. 6. 1987 i. d. F. des Beschlusses 89/663/ EWG vom 14. 12. 1989（Fn. 235) の補遺において挙げられた諸文書，参照。これによれば，第一文書 (Aktion 1 „Schaffung und Arbeitsweise eines Europäischen Hochschulnetzes") は，大学協力計画について，構成各国の大学間の協定を前提としており，「その協定の枠組みにおいて，国籍所有国（Herkungtsland）の大学外で過ごした学問期間についても十分な承認が保証されるべきである」。第三文書（Aktion 3 „Maßnahmen zur Verbesserung der Mobilität durch akademische Anerkennung von Diplomen und Studienzeiten") は，特に，die „Forderung eines europäischen Systems zur Anrechnung von Studienleistungen（European Community Course Credit Transfer System - ECTS)" を対象としている。
237)　すでに，EG-Kommission, Vollendung des Binnenmarktes を見よ。Weißbuch der Kommission an den Europäischen Rat, Dok. KOM(85) 310, 18 ff.
238)　マーストリヒト条約は，一般的な補充性原則の明文の規定を新 Art. 3 b EGV においている。
239)　上記，Fn. 25 を見よ。
240)　上記，Fn. 120 を見よ。
241)　例えば，EuGH, Urteil vom 21. 9. 1983 - Verb. Rsn. 205-215/82 - Deutsch Milchkontor GmbH/Bundesrepublik Deutschland, Slg. 1983, 2633, 2669 Tz. 32; EuGH, Urteil vom 20. 9. 1990 - Rs. C-5/89 - Kommission/Bundesrepublik Deutschland, Slg. 1990, I-3437, 3458 Tz. 19 参照。これにつき，Triantafyllou, Vertrauensschutz(Fn. 32), NVwZ 192, 439.　純粋な競争についての共同体の利益は，しかしながら，常に決定的な要因になる必要はない；例えば，もっともなものとして，Fasterath(Fn. 86), JZ 1992, 1083 f.; Papier, Die Einwirkungen des europäischen Gemeinschafts auf das nationale Verwaltungs- und Verfahrensrecht, in: Die Bedeutung der Europäischen Gemeinschaften für das deutsche Recht und die deutsche Gerichtsbarkeit, 1989, S. 51, 59; J. P. Schneider(Fn. 88), NJW 1992, 1201.

242) 上記, Fn. 161 を見よ。
243) BVerfG, Beschluß vom 29. 5. 1974 - 2 BvL 52/71, E 37, 270, 289 („Solange I").
244) 参照, Grabitz, Europäisches Verwaltungsrecht(Fn. 79), NJW 1989, 1782.
245) E. Klein(Fn. 79), S. 124 は, 積極的になされた法的調整 (positiv-gestaltende Rechtsangleichung) としている。
246) EuGH, Urteil vom 18. 5. 1982 - Rs. 155/79 - AM & S Europe Limitid/Kommission, Slg. 1982, 1575 (legal privilege). 欧州裁判所がここでドイツの保護基準を超えたことにつき, Schwarze, Das Verhältnis von deuschem Verwassungsrecht und europäischem Gemeinschaftsrecht auf dem Gebiet des Grundrechtsschutzes im Spiegel der jüngsten Rechtsprechung, EuGRZ 1983, 117, 122, 及び, Everling, Grundrechtsgemeinschaft (Fn. 111), S. 169 参照。
247) この視点につき, 参照, Ress, (Fn. 5), S. 216.
248) ドイツの実務につき, BVerfG, Urteil vom 30. 8. 1968 - VII C 122, 66, E 30, 191; OVG Münster, Urteil vom 22. 9. 1982 - 4 A 989/81, NVwZ 1984, 522, 523. 参照。他方で, 最新の共同体法における立場につき, EuGH, Urteil vom 24. 3. 1993 - Rs. C-313/90 - CIRFS u. a./Kommission, noch nicht in Slg.; EuGH, Urteil vom 19. 5. 1993 - Rs. C-198/91 - Cook/Kommission, noch nicht in Slg.; EuGH, Urteil vom 15. 6. 1993 - Rs. C-225/91 - Matra/Kommission, noch nicht in Slg. 参照。さらに, Everling Verwaltungsrecht (Fn. 111), NVwZ 1987, 6; Schwarze, Subventionen im Gemeinsamen Markt und der Rechtsschutz des Konkurrenten, in: GS Martens 1987, S. 819, 836 ff., 845 ff. 参照。
249) これにつき, より詳しくは, Leibrock, Der Rechtsschutz im Beihilfeaufsichtsverfahren des EWG-Vertrages, EuR 1990, 20, 29 f.; さらに例えば, P. M. Huber, Konkurrenzschutz (Fn. 56), S. 387; v. Wallenberg, in: Grabitz(Hrsg.), Kommentar zum EWG-Vertrag, Stand Sept. 1992, Art. 93 Rn. 32; Kadelbach(Fn. 56) S. 139.
250) 上記, Fn. 143 を見よ。
251) 研究領域としての環境法につき, 参照, Schmidt-Aßmann, Reform(Fn. 187), S. 16. 27 ff., 及び, Hoffmann-Riem, Verwaltungsrechtsreform. Ansätze am Beispiel des Umweltschutzes, in: Hoffmann-Riem/Schmidt-Aßmann/Schuppert, Reform des Allgemeinen Verwaltungsrechts, Grundfragen, 1993, S. 116 ff.
252) F. Wagener, Der öffentliche Dienst im Staat der Gegenwart, VVDStRL 37, 1979, 215, 238 による概念づけ。
253) EC法についての成立過程のメルクマールとしての „copinage technocratique" について, 一般的なものとして, Siedentopf/Hauschild(Fn. 95), DÖV 1990, 449 他。
254) これにつき一般的なものとして, Pitschas, Allgemeines Verwaltungsrecht als Teil der öffentlichen Informationsordnung, in: Hoffmann-Riem/Schmidt-Aßmann/Schuppert (Hrsg.), Reform des Allgemeinen Verwaltungsrechts. Grundfragen, 1993, S. 219 ff.;

第3章　ドイツ行政法の変革の契機となるヨーロッパ法の影響　179

Schmidt-Aßmann, Reform (Fn. 187), S. 40; ders., Europäisierung (Fn. 122), S. 522 f. こ
の視野に入るものとして，その他，die Verordnung (EWG) Nr. 1210/90 des Rates vom
7. 5. 1990 zur Errichtung einer Europäischen Umweltbeobachtungsnetzes, ABl. 1990 L
120, 1, 及び，die Richtlinie 91/692/EWG des Rates vom 23. 12. 1991 zur Vereinheitlichung
und zweckmäßigen Gestaltung der Berichte über die Durchführung bestimmter
Umweltschutzrichtlinien, ABl. 1991 L 377, 48.
255)　公開による統制機能の強化は，同時に，共同体環境法における執行の欠落を減少さ
せるという共同体政策の一部でもある。これにつき，Pernice, Gestaltung und Vollzug
des Umweltrechts im europäischen Binnenmarkt - Europäische Impulse und Zwänge für
das deutsche Umweltrecht, NVwZ 1990, 414, 423 f.; Scherer, Umwelt- Audits- Instrument
zur Durchsetzung des Umweltrechts im europäischen Binnenmarkt ?, NVwZ 1993, 11, 15;
von Schwanenflügel, Die Richtlinie über den freien Zugang zu Umweltinformationen als
Chance für den Umweltschutz, DVBl. 1993, 95, 98 参照。
256)　Richtlinie 85/337/EWG des Rates vom 27. 6. 1985 über die Umweltverträglichkeits-
prüfung bei bestimmten öffentlichen und privaten Projekten, ABl. 1985 L 175, 40.
257)　これにつき例えば，Erbguth, Der Entwurf eines Gesetzes über Umweltverträglichkeis-
prüfung: Musterfall querschnittsorientierter Gesetzgebung aufgrund EG-Rechts?
NVwZ 1988, 969 ff., ders., Gemeinschaftsrechtliche Impulse zur Weiterentwicklung des
nationalen Verwaltungsrechts, DÖV 1988, 481 ff.; Jarass, Umweltverträglichkeitsprüfung
bei Industrievorhaben, 1987; Stellungsnahme des Rates von Sachverständigen für
Umweltfragen zur Umsetzung der EG-Richtlinie über die Umweltverträglichkeitsprüfung
in das nationale Recht, DVBl. 1988, 21 ff.; Schmidt-Aßmann, Die Umsetzung der EG-
Richtlinie über die Umweltverträglichkeitsprüfung (UVP-RL) vom 27. Juni. 1985 in
das nationale Recht, in: FS Doehring, 1989, 889 ff.; ders., Europäisierung (Fn. 122),
S. 523; Steinberg, Bemerkungen zum Entwurf eines Bundesgesetzes über die
Umweltverträglichkeitsprüfung, DVBl. 1988, 995 ff.; Wahl, Thesen zur Umsetzuneg der
Umweltverträglichkeitsprüfung nach EG-Recht in das deutsche öffentliche Recht,
DVBl. 1988, 86 ff.; A. Weber, Die Umweltverträglichkeitsrichtlinie im deutschen Recht,
1988; A. Weber/Hellmann, Das Gesetz über die Umweltverträglichkeitsprüfung
(UVP-Gesetz), NJW 1990, 1625 ff.; Winter, Die Vereinbarkeit des Gesetzentwurfs der
Bundesregierung über die Umweltverträglichkeitsprüfung vom 29. 6. 1988 mit der
EG-Richtlinie 85/337 und die Direktierung dieser Richtlinie, NuR 1989, 197 ff.
258)　Gesetz über die Umweltverträglichkeitsprüfung vom 12. 2. 1990, verkündet als Art. 1 des
Gesetzes zur Umsetzung der Richtlinie des Rates vom 27. 6. 1985 über die Umweltver-
träglichkeitsprüfung bei bestimmten öffentlichen und privaten projekten (85/337/EWG)
vom 12. 2. 1990. BGBl. 1990 I, 205.

259) Neunte Verordnung zur Durchführung des Bundes-Immissionsschutzgesetzes (Verordnung über das Genehmigungsverfahren - 9. BImSchV) i. d. F. vom 29. 5. 1992, BGBl. 1992 I, 1001. この命令の改正が効力を持って初めて，Art. 14. Abs. 3 des Gesetzes zur Umsetzung der Richtlinie des Rates vom 27. Juni 1985 über die Umweltverträglichkeitsprüfung bei bestimmten öffentlichen und privaten Projekten（85／337／EWG）vom 12. 2. 1990（BGBl. 1990 I, 205）に基づき，環境影響評価法の規定が，連邦大気汚染防止法の意味での許可を必要とする施設にも適用可能となる。

260) これにつき例えば，Erbguth／Schink, Gesetz über die Umweltverträglichkeitsprüfung, 1992, Art. 4 Rn. 35 ff. 他．参照。

261) 少なくとも，指令の第13条により明文で認められているそのような保護の強化（Schutzverstärkungen）であるのは，以下の2つである。すなわち，①環境影響評価法第2条第4号に基づき，環境影響評価を義務づけられた施設に関する本質的な変更の全てにつき，環境影響評価義務に無条件に従わせること，②環境影響評価法第3条第2項に基づき，原則として，国防計画についてもまた，環境影響評価義務に含めることである。

262) Richtlinie 90／313／EWG des Rates vom 7. 6. 1990 über freien Zugang zu Informationen über die Umwelt, ABl. 1990 L 158, 56.

263) これにつき一般的には，Erichsen, Das Recht auf freien Zugang zu Informationen über die Umwelt, NVwZ 1992, 411 ff.; ders./Scherzberg, Zur Umsetzung der Richtlinie des Rates über den freien Zugang zu Informationen über die Umwelt, Umweltbundesamt Berichte 1／92, 1992; Scherzberg, Der freie Zugang zu Informationen uber die Umwelt, UPR 1992, 48 ff.; M. Schröder, Die Berücksichtigung der Interessen der Wirtschaft bei der Gestaltung und Umsetzung der Umweltinformationsrichtlinie der Europäischen Gemeinschaft, ZHR 155, 1991, 471 ff.; von Schwanenflügel, Das Öffentlichkeitsprinzip des EG-Umweltrechts, DVBl. 1991, 93 ff.; ders., Richtlinie（Fn. 255）, DÖV 1993, 95 ff.; Winter（Hrsg.）, Öffentlichkeit von Umweltinformationen, 1990.

264) これにつき，Bieber（Fn. 11）, DÖV 1991, 862 ff.; Schmidt-Aßmann, Reform（Fn. 187）, S. 25 f.; ders., Europäisierung（Fn. 122）, S. 524 f. 参照。

265) これにつき例えば，Bieber（Fn. 11）, DÖV 1991, 864; Hill（Fn. 86）, 253 f.; Kadelbach（Fn. 56）, S. 143; Scherzberg, Zugang（Fn. 263）, UPR 1992, 54 f.; von Schwanenflügel, Richtlinie（Fn. 255）, DÖV 1993, 102.

266) 上記，Fn. 128 を見よ。

267) 類似のものとして，Bieber（Fn. 11）, DÖV 1991, 862, 864; Erichsen（Fn. 263）, NVwZ 1992, 419.

268) Erichsen（Fn. 263）, NVwZ 1992, 419.

269) Art. 9 der Richtlinie 89／369／EWG des Rates vom 8. 6. 1989 über Verhütung der Luftver-

第3章　ドイツ行政法の変革の契機となるヨーロッパ法の影響　181

unreinigung durch neue Verbrennungsanlagen für Sielungsmüll, ABl. 1989 L 163, 32, 及び, Art. 8 der Richtlinie 89/429/EWG des Rates vom 21. 6. 1989 über die Verringerung der Luftverunreinigung durch bestehende Verbrennungsanlagen für Siedlungsmüll, ABl. 1989 L 203, 50. また，すでに，Art. 8 Abs. 1 der Seveso-Richtlinie 82/501/EWG des Rates vom 24.6. 1982 über die Gefahren schwerer Unfälle bei bestimmten Industrietätigkeiten, ABl. 1982 L 230, 1, i. d. F. der Änderungsrichtlinie 88/610/EWG des Rates vom 24. 11. 1988, ABl. 1988 L 336, 14 に基づく公衆への積極的な周知義務を参照。

270)　§18 der 17. BImSchV (Verordnung über Verbrennungsanlagen für Abfälle und ähnliche brennbare Stoffe) vom 23. 11. 1990, BGBl. 1990 I, 2545.

271)　§18 der 17. BImSchV における説明義務の指令に則しない形式化につき，Führ, Verordnung über Verbrennungsanlagen für Abfälle und ähnliche brennbare Stoffe (17. BImScHV), HWVBL 1992, 121, 127 参照。

272)　Verordnung(EWG) Nr. 1836/93 des Rates vom 29. 6. 1993 über die freiwillige Beteiligung gewerblicher Unternehmen an einem Gemeinschaftssystem für das Umweltmanagement und die Umweltbetriebsprüfung, ABl. 1983 L 168, 1.

273)　Vorschlag 92/C 76/02 der Kommission vom 6. 3. 1992 für eine Verordnung (EWG) des Rates, die die freiwillige Beteiligung gewerblicher Unternehmen an einem gemeinschaftlichen Öko-Audit-System ermöglicht, ABl. 1992 C 76, 2.

274)　参照，die Abstützung der Verordnung(EWG) Nr. 1836/93 vom 29. 6. 1993 (Fn. 272) auf Art. 130 s EWGV. ドイツ側の当初の消極的姿勢につき，参照，Wägenbaur, Ein Programm für die Umwelt, EuZW 1993, 241, 242 Fn. 9.

275)　Art. 10 der Verordnung(EWG) Nr. 1836/93 vom 29.6. 1993 (Fn. 272).

276)　1992年3月5日の委員会提案第11条（Art. 11 des Kommissionsvorschlags vom 5. 3. 1992 (Fn. 273)）は，すでに，共同体環境監査システムの実施に関する法を予定している；しかしながら，die Verordnung (EWG) Nr. 1836/93 vom 29. 6. 1993 (Fn. 272) は，第20条において，将来の改正の対象の可能性として，「場合によってはマーク(Zeichen) が導入されること」に言及している。

277)　参照，Scherer (Fn. 255), NVwZ 1993, 11, 16.

278)　参加の法的義務を導入することにつき，Führ, Umweltbewußtes Management durch Öko-Audit ?, EuZW 1992, 468, 471 f., 474.

279)　Art. 12 Abs. 1 Buchst. a des Kommissionsvorschlags vom 6. 3. 1992 (Fn. 273).

280)　Art. 6 Abs. 2, 21 Abs. 2 der Verordnung(EWG) Nr. 1836/93 vom 29. 6. 1993 (Fn. 272).

281)　必然的に施設許可法のそのほかの改正を伴うことになる，統一的大気汚染防止についての指令の準備作業（Vorarbeiten）はこれまでなお正式な委員会提案になっていない。

282)　これにつき，die Entschließung des Rates und der im Rat vereinigten Vertreter der

Regierungen der Mitgliedstaaten vom 1. 2. 1993 über ein Gemeinschaftsproramm für Umweltpolitik und Maßnahmen im Hinblick auf eine dauerhafte und umweltgerechte Entwicklung, ABl. 1993 C 138, 1, 70 ff. 参照。
283) これにつきすでに，Scheuing, Umweltrectliche Aktivitäten (Fn. 44), S. 73 参照。
284) 上記，Fn. 70 を見よ。
285) 上記，Fn. 162 を見よ。
286) 上記，Fn. 165 を見よ。
287) 参照，これにつき，Engel (Fn. 17), DV 1992, 463; Schwarze, Vorläufiger Rechtsschutz (Fn. 158), S. 400 f.; これに反対するものして例えば，A. Weber, Verwaltungskollisionsrecht (Fn. 19), EuR 1986, 15.
288) E. Klein (Fn. 79), S. 143 も参照。
289) 上記，Fn. 262 を見よ。
290) 上記，Fn. 213 を見よ。
291) 上記，Fn. 165 を見よ。
292) 上記，Fn. 88 を見よ。
293) Kadelbach (Fn. 56), S. 144 ff.; E. Klein (Fn. 79), S. 142 参照。
294) 多元性は長くは維持され得ないということにつき，Bachof, Die Dogmatik des Verwaltungsrechts vor den Gegenwartsaufgaben der Verwaltung, VVDStRL 30, 1972, S. 193, 236 参照。
295) これにつき，Engel (Fn. 17), DV 1992, 475 f.
296) この重要な過程につき一般的なものとして，Rivero, Vers un droit commun européen: nouvelles perspectives en droit administrativ, in: Cappelletti (Hrsg.), New Perspectives for a Common Law of Europe, 1978, S. 389 ff.; さらに例えば，Schmidt-Aßmann, Europäisierung (Fn. 122), S. 517 ff.; Schwarze, Europäisches Verwaltungsrecht, Bd. Ⅱ, 1988, S. 1379 ff., また最近のものとして，ders., Tendances vers un droit administratif commun en Europe, RTD eur 1993, 235 ff.

〔上杉篤子 訳〕

第4章　欧州環境法実施の諸手法[*]

A. 問 題 提 起
B. 公的実施メカニズム
　Ⅰ. 集中的手法
　Ⅱ. 分散的手法
　Ⅲ. 中 間 総 括
C. 私的実施メカニズム
　Ⅰ. 集中的手法
　Ⅱ. 分散的手法
　Ⅲ. 中 間 総 括
D. 結　　語

A. 問 題 提 起

「欧州」環境法を「欧州共同体」環境法を指すものと捉えるとすると、そのようなものとしての欧州環境法が必要であることは、容易に理解されよう。環境負荷の多くが国境を越える性格を有するということ、欧州域内市場にとって環境法の有する意義を考えると、欧州共同体が、構成国を横断する欧州環境法を発展させる使命を負っているということは、理解するにたやすい[1]。欧州共同体裁判所もまた、共同体条約において環境保護について未だ規定されていなかった時代、既にそれを共同体の重要な目的として挙げていた[2]。その後、環境政策に関する事務の共同体への委託は、1987年の最初の大幅な条約改定の際に、条約の文言の中に加えられた。これを基として、環境政策に関する事務は、その後拡充されてゆくこととなる[3]。

しかし，欧州環境法がそれ自体必要であることは承認されるとしても，それに具体的な内容と実効性を与えようとすると，たちまち困難な問題にぶつかる。

また，共同体レベルでの環境法の定立に影響を及ぼす諸観念，諸利益，諸伝統がしばしば非常にかけ離れていることから，そもそもそのような共同体レベルでの環境法を実現することからして困難である。それにも拘わらず，欧州環境法が，この間，200以上の法行為を含むようになったということは，それだけに一層注目に値することである[4]。

個々の欧州環境法の定立よりも一層困難なのは，いうまでもなく現実にその実施を確保することである。そうすることなくしては，欧州環境法は，その実効性を獲得することはできない。Seveso事故以後，欧州環境法に違反して，コントロールを受けないままに有毒物質の入った容器が欧州各国によって輸送され，しばらく後に跡形もなくなってしまったことは，我々の心胆を寒からしめた[5]。そして，1984年，欧州委員会は，第6部会（環境部会）において，特に欧州環境法の実施をコントロールしなければならないという点で一致した[6]。また，他の共同体機関や構成国も，繰り返し欧州環境法の完全な実施が必要であることを強調してきた[7]。1996年，欧州委員会は，「共同体の環境法の実施」なる告示を発し，そこで，実施の欠缺を指摘し，ありうべき新たな端緒を呈示した[8]。このような提唱は，共同体第5次環境行動計画の見直しのための1998年9月24日の欧州議会と理事会の決定にも見出される[9]。

このように，欧州環境法の実施に問題が存することは広く認識されているのであるが，全く解決されてはいない[10]。委員会は，1997年だけで推定315件の構成国による欧州環境法違反を新たに記録したが[11]，このことは，より多くの違反が存在することの手がかりにしかならない。実際の違反の数は，それよりもはるかに高い水準にあるであろう。

しかし，欧州環境法に対する度重なる無視が容認し難いのは，それによって欧州環境法が決定的に信頼性を喪失することになるからだけではない。欧州環境法の不実施は，それがまさに防ごうとしたところの競争の重大な歪曲[12]，不可逆的な環境汚染を引き起こす。

欧州環境法の実施が十分でないことの原因としては，国内環境法の執行の欠缺の原因として知られている要因[13]に加えて，以下のような共同体法固有の事情がある。ただし，ここでは，それらについて簡単な言及をするにとどめる。

第1に，欧州環境法の大部分は，直接適用しうる規則の形ではなく，指令の形で発せられる[14]。指令の規律は，原則として，それが転換されて初めて，すなわち，対応する構成国の国内法規が実際に発布されて初めて国内法上拘束力を有する[15]。構成国は，指令の転換に法外な時間をかけており，その結果，委員会の言うところによれば，環境法の領域において，「指令が，当該指令に規定された期限内に［構成国の国内法に］転換されることは，実際には例外的」ともいえる事態[16]となっている。さらに，転換のために発布される構成国の国内法が，もともとの指令の要請を充たしていないことも稀ではない。欧州環境法が時宜に遅れたもしくは内容的に不十分な構成国法に転換されることによって，欧州環境法の構成国内における妥当要求（Geltungsanspruch）は，初めから不十分なものとされてしまうのである。

第2に，欧州環境法の場合，規範的与件は共同体の機関によって定立されるものの，行政上の執行と裁判所による統制の任務は，主として構成国の行政庁と裁判所に課されている[17]。ところが，これらの構成国諸機関にとって，欧州環境法は，よく知らないものであったり，理解していないものであったり，あるいは厄介なものであったりし，その結果，時折それを全くなおざりにしたり，あるいは少なくともその本来の意義を失わせてしまうようなことがある。

第3に，欧州環境法に関しては，長い間，その発布自体あるいは形成された法自体が関心の中心に据えられてきたのであり，おそらくそのような理由から，実施に関する問題については，ほんのわずかの注意しか払われてこなかった。実施に関する問題を扱うにあたっては，欧州環境法の実施のための諸々の手法が果たしている役割について考えることが必要であろう。それゆえ，以下では，非常に簡潔にではあるが，そのような諸手法の目下の全体像を描き出し，個々の手法の全体における位置（Stellenwert）を明らかにすることとしよう。

そのためには，次のような広義の「実施」概念を基礎とすることが目的適合

的であろう。すなわち，欧州環境法の「実施（Durchführung）」という概念は，規範の「転換（Umsetzung）」，個別の「適用（Anwendung）」，及び，監督や強制措置による「貫徹（Durchsetzung）」全てを含む概念として用いることとする[18]。

欧州環境法の（上のような意味での）「実施」のための諸手法の中では，公的実施メカニズムと私的実施メカニズムを区別することができる。ここでは，前者が，もっぱら公的主体のみが関与する場合を指すのに対し，後者は，欧州環境法の実施が，最終的には公的主体によってなされるべき場合であるにせよ，私的イニシアチヴに基づいているような場合を指す。このような2分法は，理論的関心のみに基づくものではない。このような2分法は，共同体の実務においてますますその意義が認められつつあるこれら双方のメカニズムの補完関係を認識させるのにも資する。

さらに，公的ないし私的実施メカニズムそれぞれについて，共同体レベルのものと構成国レベルのもの，集中的な（zentral）手法と分散的な（dezentral）手法を区別するのが便宜であろう。

B．公的実施メカニズム

ここで公的実施メカニズムと呼ぶのは，公的主体の実施活動のみが問題となる場合である。

I．集中的手法

共同体レベルの公的な実施活動は，第1次的には欧州委員会の仕事である。もっとも，場合によっては，欧州共同体裁判所の最終的な決定に依らざるをえないこともある。

1．欧州委員会
a)　予防的制御

これまで，環境の領域において，委員会が共同体法の内容に関する個別的あ

るいは一般的な告示により予防的制御を行おうとしたケースは，わずかしかない[19]。他方，委員会の実務において一般的に行われていることとしては，指令の発効の都度，その転換期限までの間に，構成国に通知を発することによって，期限内に指令を転換し当該転換措置を委員会へ報告するという義務を構成国に想起させる，ということがある[20]。

その他，広義の予防的制御のための1つの可能性として，初めから実施しやすいように欧州環境法を形成する，ということが挙げられる。共同体は，将来，そのことを一層心がけるようになるであろう[21]。

b) 条約違反に対する手続

構成国が，共同体法から生じる義務に違反したと認められる場合には——そしてそれは，遺憾ながら欧州環境法についてしばしば見られることであるが——，委員会は「条約の番人」[22]として，構成国に対し，条約違反に対する手続を執ることができる[23]。この手続は，違反に対する非難を明確化すること，構成国の違反を止めさせることを目的としている。この目的のために，裁判外の事前手続が予定されており，実務上，さらにその前に，インフォーマルな事前段階が置かれている[24]。そしてそのような裁判外の事前手続において解決をみない場合には，欧州共同体裁判所に付託することができる。事前手続において，委員会は構成国にフォーマルな勧告を行うが，それには理由を伴った委員会の意見表明が付されることもある。そのような措置によって解決をみない場合には，委員会は，欧州共同体裁判所に，構成国に対する訴訟を提起することができる。この訴えに理由がある場合には，欧州共同体裁判所は，判決により，構成国が共同体法に違反していること，及び，いかなる点で違反しているかについて宣言する。その後，判決に則った措置を執るのは，構成国の仕事である。構成国がこれを行わない場合には，条約違反に対する第2の段階の手続が執られることとなる。欧州共同体裁判所は，1993年以降，第2段階の判決において，構成国に対して一括賦課金（Pauschalbetrag）もしくは強制賦課金（Zwangsgeld）を課すこともできるようになった[25]。

条約違反に対する手続の実際上の意義を判断するのは困難である。というのも，委員会は，裁判外の部分の手続を，広範囲にわたって秘密にしているからである[26]。

しかしながら，1997年中に委員会が行った勧告は，共同体法の全ての領域合計で1,436件あったところ，理由を付した意見表明を行ったのは343件にすぎず，欧州共同体裁判所に付託したのは121件にすぎなかった[27]ことから判断すると，少なくとも，条約違反に対する手続が強い濾過機能を有していることを確認することができよう。しかしながら，このような数値の関係が，次のような諸事情からどの程度説明できるのか——すなわち，手続が進行していく中で，構成国に対する非難が根拠のないものと判明したからなのか，あるいは，構成国がその義務を事後的に果たしたからなのか，それとも，条約違反に対する手続の開始と遂行に関してその裁量に基づいて決定することができる委員会[28]が，単にその能力の観点から，あるいは，政治的な考慮その他の理由から，当該事例においてそれ以上違反を追及することを思いとどまったからなのか——は，明らかでない。

いずれにせよ，委員会が，条約違反に対する手続を遂行するにあたって，特段，訴えの利益（Rechtsschutzinteresse）を要しないという点は，条約違反に対する手続の重要な長所である[29]。このことは，欧州共同体法貫徹のための他の実効的な手法に訴えることができないような状況において，とりわけ意義がある[30]。例えば，LeybuchtやSantoñaの事例において委員会以外の一体誰が，ソリハシセイタカシギや白ヘラサギのために，共同体鳥類保護指令に基づいてそれらに与えられるべき保護を勝ち取ることができたであろうか？[31]

もっとも，条約違反に対する手続には，欧州共同体法を貫徹させるための手法として，明らかに限界があることを見落としてはならない[32]。委員会は，条約違反に対する手続において，事態解明のための調査権限を有しておらず，個々の構成国の中央政府に対し，情報提供を要請することしかできない[33]。さらに，委員会と欧州共同体裁判所は，条約違反に対する手続において，構成国の共同体法違反を自ら是正することはできない。委員会と欧州共同体裁判所は，

違反の是正を構成国に対し強く要求しうるだけであり,このような要求も,第2段階の手続が完了した後に初めて金銭支払義務によって担保されるにすぎないのである[34]。

しかしながら,そのような金銭支払の義務づけによって補強された威嚇は,それだけで驚くべき効果をもたらす。すなわち,委員会は,1997年2月に初めて,環境法関連の3つの案件に関して,第2段階の手続においてドイツ連邦共和国に日額約90万マルクの強制賦課金を課すことを欧州共同体裁判所に申請し,また,環境法関連の2つの案件に関して,イタリアに同じく日額約55万マルクを課すことを申請した[35]。その結果,両国は,それぞれ第2段階の手続における欧州共同体裁判所の賦課判決を待つことなく,共同体法違反を是正した[36]。将来的には,このようなサンクションの可能性が,より一層利用されねばならない[37]。

しかしながら,手続の鈍重さは,依然として問題である。手続に要する期間については,最終的に欧州共同体裁判所の判決に至るような重大な事例に限って詳細な報告があるだけであるが,それによると,勧告から判決に至るまでの手続に要する期間は,近時,平均して約4年程度であるという[38]。それに加えて,インフォーマルな事前段階についておよそ1年,第2段階の手続についておよそ2ないし3年を見積るとすると,構成国としては,委員会が事件を取り上げてから平均して7ないし8年後の金銭的サンクションを覚悟すればよいということになるのであって,当該構成国は,急いで行動をとることによってこのようなサンクションを免れることができるのである[39]。

さらに,委員会は,欧州共同体裁判所に対し,早い場合には本訴の提起と同時に仮命令(条約違反に対する手続でも原則としてこれを発することができる)の申請をすることができる[40]。しかし,Leybucht事件で示されたように,当該案件が裁判外で長期にわたって争われてきた場合に,それにも拘わらず,その時点でもなお特別の緊急性が存するということを,欧州共同体裁判所に納得させることはできないであろう[41]。

ところで,転換の統制と適用の統制は区別しなければならない。

委員会は，いかなる場合でも，──必要な場合には条約違反に対する手続の助けを借りて──転換の統制に努めなければならない。しかしながら，構成国が環境分野の指令を期限内に転換せず，あるいは，内容上適正に転換しないという事態がしばしば生じており[42]，そのような構成国に対して委員会が実際に転換の統制を行うことは難しい。1997年末の時点で，転換措置にかかる報告義務を完全に果たしていたのはデンマークのみであり，例えばドイツ連邦共和国の場合，環境に関する8つの指令について報告を滞らせていた[43]。また，委員会にとってしばしば問題となるのは，報告された措置が指令に合致しているか否かを適切に評価することである。というのも，より包括的な構成国の規律，他の概念を用いた規律，指令の発行前から存する規律が［転換措置として委員会に］報告されたり，中央政府の規律のほかに地方的な規律が報告されたりするからであり[44]，また，委員会の要請[45]にも拘わらず，構成国が，どの指令のどの規定を，どの構成国の規律によって転換したとみなしているかについて説明しないことが，しばしばあるからである[46]。

他方，委員会は，条約違反に対する手続において，構成国による共同体法の個別的適用が正しく行われているか否かについて審査することができる[47]。適用にかかるそのような統制は，例えば構成国が欧州環境法を形式的には規律どおりに転換したものの，実際にはそれに従っていないような場合[48]に必要である。さらに，委員会は，個別の事案について，重要な法的問題の解明のために委員会の介入が必要不可欠な場合，あるいは，介入しないと必要な環境保護が実際上果たされなくなってしまうような場合には，介入できる状態になければならない[49]。しかしながら，他方で，委員会による包括的な個別統制は，望ましいものでもなければそもそも可能なものでもない。このことは，欧州環境法が，環境親和性審査義務が課される数十万もの施設，危険物質，要保護水域等々をその適用対象としていることからしても首肯しうるところであろう。目下，委員会の環境部会においては，構成国の数よりも少ない法律家が，その都度割り当てられた構成国における欧州環境法の転換及び適用の全てを監視しなければならず，合わせてさらに別の任務をも遂行しなければならないような状

態となっている[50]。特に条約違反に対する手続においては，委員会の法務部に所属する環境法問題担当の法律家4人もそれに携わる。しかしながら，人員をかなり増やしたとしても[51]，委員会が包括的な個別統制を共同体全域で行うことはできないであろう。委員会は，個別的な事例を審査する際に選択的にこれを行わざるを得ない[52]。以上のような事情から，適用統制については，必然的に分散的実施メカニズムに期待せざるをえない。

c) 共同体補助金の付与

欧州環境法実施のための集中的性格を有するメカニズムとしては，さらに，構成国における環境保護措置を促進するために委員会によって付与される共同体補助金が挙げられる[53]。もっとも，それに充てられる財源はつましいものである。すなわち，1997年度の予算案において環境のための本来的な基金（LIFE）[54]のために支出が許されている額は，9,000万エキュにすぎず，これは，全支出見込み額の約0.1パーセントにすぎない[55]。もっとも，環境のための措置については，構造基金[56]，団結基金（Kohäsionsfond）[57]からも支出されうる[58]。その結果，全体として1パーセント強に達している[59]。これらの基金によって助成される他の全ての措置——とりわけ構成国のインフラ計画——が，共同体環境法に合致していなければならないと規定されている[60]。しかしながら，補助金交付者としての委員会が，実態に関する知識の不足により，あるいは，欲望の圧力の下にこのような拘束を顧慮しない場合にはどうなるのだろうか？　委員会の決定に対して，最近も市民や環境保護団体から共同体裁判所に幾度も無効確認訴訟が提起された。しかしながら，それらは，欧州共同体第1審裁判所や欧州共同体裁判所によって不適法却下されている[61]。したがって，委員会の当該活動は，現在のところ実際上，裁判所の統制を受けていない状態にある。

2. IMPEL

さらに言及されるべきは，IMPEL「環境法の適用及び執行のための欧州共同体ネットワーク（European Community Network for the Implementation and

Enforcement of Environmental Law)」[62]である。1992年に創設されたこの「共同体ネットワーク」は，監督及び執行の任務を担い欧州環境法の適用に従事している構成国の行政に，構成国行政相互のもしくは委員会との経験・情報の交換のための有益なフォーラムを提供している[63]。理事会の意向によれば，IMPELは拡充されるべきであるが，その際もなおインフォーマルなネットワークにとどまるべきであるとされる[64]。

3．欧州環境監督署（Umweltinspektorat）

これまでに未だ実現されていない欧州環境監督署の創設の必要性について，最後に触れることとする。委員会は，カルテル事件[65]のほか，屠殺場における獣医による検査，水揚げされた魚の検査[66]等において，実地での検査権限を大幅に付与されているが，他方，それとは対照的に，環境領域においては，構成国の中央政府に情報を要求する権限を有するにとどまる[67]。私見としては，委員会ないし欧州環境局に帰属する[68]欧州環境監督署が必要不可欠であると考える。環境監督署は，第1次的には，構成国の環境監督メカニズムが機能するよう監視する任務，すなわち，欧州議会のいうところの，「監督署の監督」を行うべきであろう[69]。しかし，少なくとも，構成国による環境に関する監督が働かない場合や，環境に対する越境的な危険が問題となる場合には，環境監督署に直接的な調査権限が与えられるべきである[70]。しかしながら，理事会は，共同体レベルでの環境監督システムの創設は，今のところ考えていないと表明している[71]。

II．分散的手法

欧州共同体設立条約によれば，欧州環境法の実施は，通常，共同体機関ではなく，構成国に課されている[72]。そのような分散的な公的実施メカニズムとして考慮に入れられるのは，原則として，立法・行政・司法いずれを問わず，構成国の公的主体が環境に関連する国内的活動を行うにあたって，各構成国法上用いることができる手法全てである。これらの主体は，それらの手法を，欧州

環境法実施のために投入することができるし、またそうしなければならない[73]。そのような意味で、構成国法は、——規則や指令上の個別的与件にとどまらず——一連の一般的な共同体法により拘束されているのである。

1．構成国の転換義務

共同体の規律は、指令の形式で発布されることが通常であるが[74]、そのような場合、構成国には指令を転換する義務が生じる。それによれば、指令の諸要請に合致しない国内法をもつ構成国は、遅くとも指令に規定された期限が経過するまでに、指令に対応する国内法規を公布し、これを委員会に報告しなければならない[75]。

転換の法形式は、原則として構成国が決めるべき事柄である。しかし、転換は、共同体法の優越及び統一的妥当を保障するものでなければならない。したがって、ドイツの行政規則は、義務的な欧州環境法の転換には不適当である。というのも、規範具体化型の行政規則でさえ、ドイツ法においては、限定的な拘束力しか認められていないからである[76]。この点、欧州共同体裁判所は、1991年のいくつかの判決[77]において、環境に関する諸要請についての出訴可能性が完全に保障されないがゆえに、ドイツの行政規則は転換に適さないと判示したが[78]、そのように考える必要はなかったと思われる。このような側面は、私的な実施メカニズムの問題枠組みにおいて意味をもつ[79]。

2．構成国の適用義務

構成国の第2の基本的義務は、欧州環境法の個別的な適用に係る義務である。

適用義務は、欧州環境法が、規則で定められている限り、自明のことである。というのも、規則は「全ての構成国において直接的に妥当する」[80]からである。

a) 構成国法の共同体法適合的運用

これに対し、共同体が環境に関する指令を発布し、これが国内法に転換された場合には、適用義務は、次のように働く。すなわち、構成国の行政庁及び裁

判所は，国内法が解釈ないし決定の余地を残している限りにおいて，それを指令適合的に解釈し運用しなければならない[81]。例えば，ドイツ連邦行政裁判所は，ドイツ環境情報法について，環境情報へのアクセスを保障する方法に関して法律上与えられた官庁の裁量を，共同体環境情報指令に照らして制限的に解釈した[82]。

b) 共同体法補完的な構成国法の援用

しかしながら，共同体の規則や指令は，構成国の機関の活動に対し，完結的に規律しているわけではないので，その実施のためには，構成国法による補完がその都度必要となる。それは，構成国ごとに異なった形で形成されうる。行政組織，行政手続，行政上の権利保護に関する規律といったような，構成国法の一般的規律を補完的に援用する場合に，このことはとりわけ当てはまる[83]。しかし，共同体法補完的な構成国法の適用によって，共同体法関連の事案が，国内法の事案に比べて，より不利な扱いを受けることがあってはならない（等価値性（Gleichwertigkeit）の要請）。さらに，このようなやり方によって共同体法の実現が，実際上不可能とされたり，非常に困難にされたりするようなことがあってはならない（実効性の要請）[84]。後者との関連では，共同体法上要請される環境親和性審査の懈怠は，ドイツ法上，衡量の瑕疵とはならない，とする［ドイツ連邦行政裁判所の］判決[85]が，実効性の要請に違反するものと評価されるべきか否か問題となる。

c) 転換されていない指令の規定の直接適用

さらに，欧州共同体裁判所は，共同体の指令が期限内に完全にもしくは部分的に転換されなかった場合にも，構成国の適用義務を，一時的かつ部分的に指令自体に結び付けることによって導き出してきた。それによれば，構成国の法適用機関は，――指令が完全に転換されぬまま転換期限が経過してから，その後，転換されるまでの間――個別に見て，指令がある行為に対する無条件かつ十分詳細な義務を構成国に課しているような場合には，その規律を，直接に適

用しなければならない[86]。ここでは，各々の構成国の義務の履行によって，諸個人が不利な立場に置かれることになるか，有利な立場に置かれることになるかは，問題ではない[87]。このような義務を個人の権利保護に引き付けて考えて意味があるのは，私人の出訴可能性を考える際くらいであろう[88]。

3．共同体法違反の構成国法についての構成国機関の審査義務・不適用義務

共同体法の実施に係る構成国の義務としては，第3に，構成国機関は，構成国法が共同体法に違反していないか審査し，共同体法に違反するものについては当該構成国法を適用してはならない，というものがある。構成国法を共同体法適合的に解釈・運用することができず，構成国法がおよそ共同体法に違反していることが問題となった事案で，欧州共同体裁判所は，共同体法の優越という原則から，構成国の裁判所のみならず構成国の行政庁についても，共同体法違反の構成国法（法律レベルのものを含む）を，その都度適用しないようにする義務を導き出した[89]。構成国が，指令の形式的な規定（例えば，構成国が，新しい技術的な製品規則について，草案の段階で委員会に報告し，一定の待機期間を遵守しなければならないというような規定）に違反したにすぎないような場合であっても，構成国法を不適用とすることが求められる場合がある[90]。

4．構成国の報告義務

さらに，構成国は，相当の範囲において，委員会に対して環境法に関する報告を行うよう共同体法上義務づけられている。欧州環境法においては，多くの指令が，構成国に対して，指令の実施に関して委員会に定期的な報告をするよう定めている。しかる後に，委員会は，全体的な報告書を作成しなければならない[91]。しかし，たいていの構成国は，その報告義務をこれまで履行してこなかった。例外的に報告がなされる場合であっても，構成国から提出された報告は，しばしば説得力を欠くものであったりした。そのため，委員会も，全体的な報告書の作成を滞らせることとなった[92]。コントロールを成功させるために

重要なこの手段が, これまで実際には機能してこなかったのである[93]。

5. 構成国の監視義務

さらに, 構成国の実施に関する義務として, 構成国内における欧州環境法の遵守を監視し,そのような監視の仕組みを適切に組織化するという義務がある[94]。この義務の履行については, 構成国によって大きな相違がある。委員会は, 1996年の「共同体の環境法の実施」に関する報告書において, 次のように述べている。曰く, いくつかの構成国は, 適切な監督官庁の創設のために多大な努力をしたが, 他の構成国は, よりわずかな努力しかしていないし, いくつかの構成国は, 全く努力をしていない, と[95]。しかし, 欧州議会のさらなる要請[96]とは対照的に, 理事会は, 既存のシステムの多様性への配慮から, このような構成国間の相違を除去するための方法として, 共同体レベルでのミニマム・スタンダード及び／もしくはガイドラインの策定を支持するにとどまる[97]。この点について, 委員会は, 報告書を提出する予定である[98]。委員会は, その報告書において, 構成国に対して拘束力のない勧告を行う見込みである。このような現状に鑑みると, 欧州環境監督署のみならず[99], それに相当程度近い, 構成国に対する環境監督署も, 近いうちにはおそらく実現しないであろう。

6. 構成国のサンクション義務

最後に, 構成国は, 環境の領域において, 共同体法上の義務を遵守しない私人に対して, 実効的で適切な, そして抑止力あるサンクションを規定し, 課さなければならない。このことは, 欧州環境法が, このことを明示的には規定していないような場合にも——それがこれまで通例だったのだが——妥当する[100]。このような義務を強調するために, 将来的には, そのような類の特別の規律を, 共同体の環境に関する法行為の中に一層取り入れてゆくべきである[101]。

III. 中間総括

分散的な公的実施メカニズムについては, 一般に, 次のことに留意しなけれ

ばならない。すなわち、共同体法は、構成国にこれらの義務の遵守を求める一方、限られた範囲にすぎないが、遵守を確保するために固有の保障措置を講じてもいる。さらに、そのような固有の保障措置は、法適用機関が、転換されていない指令の規定を個別的に適用することにより、そしてまた、共同体法違反の構成国法を個別の場合に適用しないことにより[102]、法適用機関をして、構成国の法定立機関を巧みに出し抜かせることを目的としている。しかしながら、このようなやり方は、たいていの構成国において、少なくとも行政庁と立法者の伝統的な関係と矛盾するであろうし、それゆえ、さしあたりは限られた範囲でしか実現のチャンスがないであろう。

　以上見たように、既存の公的メカニズムは、欧州環境法の実施に寄与するに相応しいものではあるが、限られた範囲でしか実効性がない。集中的な実施メカニズムに関して言えば、その中心的な手法として位置づけられる条約違反に対する手続は、相当な機能不全を示している。分散的な実施メカニズムについては、構成国による遵守を確保することは容易でないように見える。このような事情から、次に見る私的実施メカニズムがどのような役割を果たしうるのか、ということが問題となる。

C．私的実施メカニズム

　欧州環境法の実施のために私人のイニシアチヴが働く場合を、私的な実施メカニズムと呼ぶ。ここでは、そのような私的イニシアチヴによって、最終的には、公的実施メカニズムが適切に働くようになる場合も含めて考える。

　近年、欧州環境法は、ますます私的主体のそのような実施活動を頼りにしている[103]。もっとも、法発展において、若干の非対称性が見られる。実際、共同体の機関にとって、環境領域において——例えば、環境情報へのアクセスについて、もしくは裁判所における権利保護について——私人の法的地位を拡張するように構成国に命じることのほうが、共同体レベルで、共同体機関固有の活動領域について同じことを受け入れるよりも、明らかに相当容易なのである[104]。

細かく見ると，私的な実施メカニズムにもまた，集中的な手法と分散的な手法があり，それぞれについて裁判外の領域と裁判に関わる領域とが区別される。

I. 集中的手法

1. 裁判外の領域

a) 欧州委員会に対する環境に関する苦情の申し出

共同体レベルの裁判外の私的実施メカニズムとしては，まず，委員会に対する，環境に関する苦情の申し出が挙げられる。

条約違反に対する手続を用いるための情報を獲得するために，委員会は，かなり以前に苦情申し出の手続を設けた。市民，企業，団体は，それを利用して構成国の共同体法違反を推論させるような事実[105]を委員会に通知することができる。このような苦情申し出の手続は，私人によってよく利用されており，環境の領域において大きな意義を有している[106]。

条約違反に対する手続の前にこのような手続が置かれたことによって，苦情申し出人の地位は，これまで次のようなものとされてきた。すなわち，苦情申し出人は，構成国に対する手続の経過について，委員会から情報提供を受けることはできる[107]。しかしながら他方で，委員会は，苦情申し出人が，問題とされた文書を閲覧することを，未だに原則として拒絶している[108]。さらに，欧州共同体裁判所の判例によれば，苦情申し出人は，条約違反に対する手続を開始し実行する権利をもたない[109]。このように，今のところ，苦情申し出人の地位は，特権的な情報提供者の域を出るものではない[110]。

b) 欧州議会への請願，欧州市民受託者への苦情申し出

欧州委員会に対する苦情申し出の他に，欧州議会や欧州市民受託者への請願も，実施メカニズムとして考慮に値する。もっとも，この2つの経路は，共同体機関の活動が問題となる限りで開かれているにすぎない。欧州議会や欧州市民受託者は，調査を行うことができ，場合によっては是正措置を求めることが

できる。しかしながら，このような是正措置も強制的に貫徹することはできない[111]。

c) 欧州環境情報へのアクセス

さらに，裁判外の領域での重要な手法として，公的機関の保有する環境情報への私人によるアクセスが挙げられる。共同体レベルでは，このようなアクセスの道は，理事会及び委員会の1993年12月あるいは1994年2月の決議によって開かれた[112]。これらの決議から，共同体裁判所は，理事会及び委員会の文書への私人の一般的なアクセス請求権を導き出した[113]。これらの決議は，また，任意のあるいは完全に義務的な一定のアクセス拒否事由を列挙している。理事会や委員会は，当初，そのような拒否事由をとにかく一括して援用することで，今後も公開を制限的に行いうると考えていた。けれども，その後，欧州共同体第1審裁判所によって改心させられることとなった。すなわち，同裁判所は，例えば，Mullaghmore事件に関する世界自然保護基金によるアクセス訴訟において，義務的なアクセス拒否の事例においても，請求された文書各々について──もしくは，少なくとも，請求された文書のカテゴリー各々について──，個別的に，公開によって実際にどの程度「検査活動」あるいは「司法活動」といった保護法益が侵害されることになるか，より詳細に示さなければならない，と判示した[114]。

d) 共同体レベルでの環境協定

この関連では，最後に，裁判外の実施メカニズムとして，共同体レベルでの，企業との環境協定が挙げられる[115]。1998年末に，乗用車により排出される二酸化炭素削減のための初めての環境協定が，委員会と欧州の自動車製造者らとの間で締結された[116]。もっとも，それは，法的な拘束力のない単なる申し合わせ（Absprache）として締結されたにすぎない[117]。この協定が欧州の環境政策をどの程度促進するのか，あるいは妨げるのかは，未だ確定できない。ともかくも注意すべきは，2008年までの6リットル自動車に関する削減目標，及び，それ

を補う2012年までの5リットル自動車に関する努力目標は，5リットル自動車に関する2005年まであるいは2010年までの共同体の目標を下回るものにとどまっているということである[118]。

2．裁判に関わる領域

a) 市民及び団体による無効確認訴訟

共同体の裁判所に私人が提起する環境訴訟に関して言えば，共同体機関の当該法行為に対する，市民及び団体による無効確認訴訟がまずもって問題となる。

そのような訴訟は，既に幾度も提起されてきた。しかしながら，——Mullaghmore事件[119]における世界自然保護基金による情報アクセス訴訟を別にすれば——欧州共同体裁判所及び欧州共同体第1審裁判所により，一貫して不適法却下されてきた[120]。欧州共同体裁判所の抑制的態度の法的根拠は，欧州共同体設立条約の次のような規定に見出される。すなわち，それによれば，私人が，共同体機関の法行為に対して無効確認訴訟を提起できるのは，自らが当該法行為と「直接的かつ個別的（unmittelbar und individuell）」に関わる場合のみである[121]。しかし，環境の領域において，市民ないし団体は，典型的には「一定の人的属性ないしその他全ての人的範囲からその者を際立たせるような特別の事情」[122]があるがために関わるのではなく，公衆の一部として関わるのである。したがって，私人による環境法に係る無効確認訴訟の提起について一律に許されないものとしてきたこれまでの共同体裁判所の判例は，筋の通ったものではあるのだが，他方で遺憾なものでもある。遺憾というのは，それによって，私人のイニシアチヴによる，環境という法益に対する重要な権利保護を実際上欠くことになるからであり，また，法務官Cosmasが，グーリンピース事件の最終論告で示したように，「個別的な関係」の要請を訴訟提起がし易くなるように解釈することもまた可能であったからである[123]。欧州議会は，この分野に関する団体訴訟を明示的に許容するための条約改正を要請している[124]。

b）先決的判決手続

　無効確認訴訟と異なり，環境領域においては，欧州共同体裁判所における先決的判決手続が——それは常に私人の出訴がきっかけとなるのであるが——，長い間，小さからぬ役割を果たしている。しかし，先決的判決手続は，共同体法によって，単なる裁判官の間の対話（Dialog）として形作られているのであって，この手続に関して，そのときどきの法的紛争の最終的な当事者たちは権利を有しないのである[125]。また，構成国の裁判所は，この手法を用いるのに非常に慎重である。すなわち，1995年から1997年の期間，欧州共同体裁判所は，環境領域において，委員会の訴えに基づいて30の条約違反判決を下したが，他方，同じ期間で——付託権限ないし付託義務のある構成国裁判所の数の多さにも拘わらず——，環境法に関わる欧州共同体裁判所の先決的判決は，全体で15にすぎなかった[126]。

II．分散的手法

1．裁判外の領域

a）　構成国の環境情報へのアクセス

　共同体法上根拠を有する構成国レベルの私的実施メカニズムであって，裁判外の領域にあるものとしては，まず最初に，1990年の環境情報指令により構成国の環境情報へのアクセスの道が開かれたことが挙げられよう[127]。ドイツ連邦共和国においては，この指令は，期限に遅れて，嫌々ながらに転換された[128]。欧州共同体裁判所は，先決的判決において，1994年のドイツ環境情報法に含まれている，行政手続が現に進行している場合の開示の例外が，指令に違反しているということを明らかにした[129]。また，ドイツの手数料規定が指令に違反しているとされ，条約違反に対する手続の対象としてなお係属中である[130]。

b）　公衆への周知

　少なからぬ環境に関する指令が，構成国の官庁が現に有する環境情報へのア

クセス保障のみならず，関係人もしくは公衆全体に積極的に環境情報を提供すべきことを規定している[131]。このことは，1992年のオゾン指令[132]や環境に対する危険に結びついた活動に関する諸指令[133]についてあてはまる。

ところで，その他にここで注目すべきこととしては，共同体法上根拠を有する構成国の情報開示義務から生じる，国際法上の帰結がある。すなわち，欧州人権裁判所は，イタリアの機関が1982年のSeveso指令[134]に基づく義務に違反したことが争われた事件において，それはまた同時に，欧州人権条約8条違反ともなると判断し，関係人それぞれに，その被った精神的損害について，イタリアに対する約1万マルクにのぼる損害賠償請求権を認めた[135]。

c) 環境に関する手続への公衆の参加

最後に，例えば，1984年の産業施設指令[136]，1985年の環境影響評価指令[137]，1996年の統合的汚染防止抑制指令[138]により要求されているような，環境に関する手続への公衆の参加によって，反対方向の［すなわち，公衆から構成国機関への］情報の流れが確保されるべきである[139]。

d) 自己コントロールのための誘因

近時，欧州環境法において導入されてきた経済的手法も，企業に自己コントロールのための経済的誘因を提供することによって，欧州環境法の私的な実施に寄与することができる[140]。

aa) 環境監査

例えば，1993年の環境監査規則によれば，企業の「環境方針」は，「全ての関連環境法令を遵守する」旨の約束を含まなければならない。環境法令に違反した場合には，サイトの登録は拒絶され，あるいは違反を是正するまで停止される[141]。それに対応して，「法の遵守」もまた，環境認証人による「環境声明書」の認証の要件と考えられている[142]。

bb) エコマーク

環境親和的な製品に対して付される欧州のエコマークは，これまで非常に小

さな意義しかもっていなかった。1992年のエコマーク規則によれば，欧州エコマークの付与は，とりわけ当該製品が「共同体の環境に関する諸要請を充たしていること」[143]を要件とした。しかしながら，この「欧州の花」[マークが花の形をしているので，「欧州の花（Europäische Blume）」と呼ばれている。] は，なお依然として，人目につかずに咲くにとどまっており，このマークは，これまで，キッチンペーパー[144]，電球[145]といった一握りの製品群に付与されているにすぎない[146]。そのような中で，委員会は当該規則の改正を提案した[147]。

e) ありうべき新しい手法

最後に，共同体法上，導入が検討されている新しい手法として，次のようなものがある。すなわち，私人の環境責任についての共同体法上の与件[148]，構成国レベルでの法的拘束力ある環境協定を規律する指令[149]，構成国レベルでの裁判外の苦情申し出の可能性に関する規律[150]，環境監査システムの拡充[151]である。さらに，来るべきAarhus条約の発効により，環境に関する情報についての公衆の権利，環境事項について関与する公衆の権利も，さらに発展することになる[152]。

2．裁判に関わる領域

構成国の裁判所による権利保護も，欧州環境法及びそれに根拠を有する個人の権利の実現に役立つものでなければならないとすれば，このことは，欧州環境法の実施にとってどのような意義をもつことになるのであろうか。

a) 出訴しうる法的地位の認容に係る構成国の義務

欧州共同体裁判所が欧州環境法から導く重要な与件として，ドイツ環境法と比べてより広く関係法令に基づく出訴を認めるということがある[153]。すなわち，大気清浄化指令，水質保護指令に関するいくつかの判決において，欧州共同体裁判所は，それぞれの指令を法に則して転換すべきという要請の根拠として，当該指令の実体的・手続的規定が人の健康の保護に仕えるものであるというこ

とを挙げた。そして曰く，それゆえ，「この指令によって規定された措置を十分行わないことにより，人の健康が危険にさらされうる場合には常に，関係人は，自らの権利を主張するために，強制力ある規定を援用することができ」なければならない[154]。もっとも，このことから直ちに，構成国における環境法上の民衆訴訟が必須のものとなるわけではない。「関係人（die Betroffenen）」のために出訴可能性が確実に開かれていることで必要十分である[155]。このような指令による保障を求めるための裁判所への出訴の途が，構成国法においてどのように形作られているかもまた，共同体法から見て重要な問題ではない。重要なのは，実効的な裁判上の救済が認められていることのみである[156]。もっとも，欧州共同体裁判所は，これまで，広い意味で——すなわち，ドイツの伝統的な保護規範のコンセプトを超える意味で[157]——，個人を保護するものとみることができるような欧州環境法についてのみ，出訴可能性を要求してきたにすぎない[158]。欧州環境法全体，とりわけ自然保護法へとこのような要請を拡大することは，ほとんど考慮されていないようである[159]。しかしながら，まさにそれゆえに，共同体法上根拠を有する団体訴訟法によってそれを補充することを検討すべきであると思われる[160]。

　b）　構成国の裁判所による第１次的な権利保護

　市民，企業，団体が，環境事項に関して，第１次的な権利保護を得る目的で構成国の裁判所に出訴した場合，これらの裁判所は，同時に，あるいはそれどころか［抵触する構成国法よりも］優先的に，当該欧州環境法の適用を保障しなければならない。このことについては，適用義務，審査義務及び不適用義務に関する上述箇所を参照されたい[161]。場合によっては，構成国裁判所は，先決的判決手続を欧州共同体裁判所に要請することができ，あるいはまた要請しなければならない[162]。

　ところで，共同体法は構成国における仮の権利保護にも影響を及ぼしている。共同体法がそれを拡大する場合もあれば[163]，それに対して抑制的に働く場合もある[164]。環境法に関わる訴訟における仮の権利保護について，このことからど

のような結果が生じうるのかという点は，これまで問題とされてこなかったが，将来的には重要な問題となるであろう[165]。

c) 構成国の裁判所による第2次的な権利保護

さらに，欧州共同体裁判所の判例によれば，不文の共同体法により，共同体法上の義務に違反した構成国に対する私人の国家賠償請求権が認められている[166]。しかしながら，それが認められるためには，とりわけ構成国の違反が個人の損害の発生に直接的に結びついていることを証明しなければならない[167]。環境領域において，そのような証明は，稀にしかすることができない。したがって，共同体法の要請する国家責任は，欧州環境法の貫徹にとっては，おそらくは，例外的な場合にしか意味をもたないであろう[168]。

d) ありうべき新しい手法

ここでまた，現在のところ欧州環境法がまだ有していないが，今後検討されるべき新しい構想について言及しておく。そのようなものとしては，とりわけ，構成国における団体訴訟の導入及び保障に関する共同体の規律が，検討の対象とされている[169]。さらに，環境事項について構成国において権利保護を受けるための要件を緩和するための，共同体法上の最低水準に係る一般的規律，中でもとりわけ構成国における環境法に関する裁判手続の許容性，範囲，費用に関する規律が話題に上っている[170]。1998年6月のAarhus条約が発効した場合には，この種の規律の実現を促進することになろう[171]。

Ⅲ. 中 間 総 括

全体として，欧州環境法実施のための私的メカニズムに関するこれまでの共同体法上のレパートリーは，それがもつ発展可能性にも拘わらず，影響力のあるものであったとはいい難い。共同体レベルでは，主なものとしては，今のところ，裁判外のある種の異議申し出手続が挙げられるにとどまる。構成国レベルでは，環境に関する事項についての透明性の確保，環境に関する指令によっ

て保障された事項についての裁判所への出訴可能性にアクセントが置かれている。

D. 結　　語

　初めに強調しておいたように，欧州環境法が原則的に必要であることについて合意することは容易なことかもしれないが，適切な欧州環境法を実際に実現させ，しかる後に，今や15ヶ国になった構成国において，その完全な遵守を確保することは，共同体機関にとっても，構成国にとっても，明らかに非常に困難なことである。実際，1993年の共同体第5次環境行動計画の総括の部分には，次のように記されている。すなわち，「ここ20年の間に講じられた諸措置にも拘わらず，徐々に，しかしながら重大な，共同体内における環境の一般的な状態の悪化が確認できる」と[172]。しかし，このような認識が，努力を弱めさせるようなことがあってはならない。むしろ，いたるところで，より一層の努力が必要である。このことは，とりわけ欧州環境法の実施について妥当する。ここでは，現に存する諸手法を改善することのみならず，新しい手法を試さなければならない。同時に，どのようにして様々な手法を最善のやり方で相互に補い合わせることができるかを，繰り返し新たに問いつづけなければならない。このような意味で，欧州環境法を実施するための手法を絶えず問い直し，さらに発展させることが，目下の重要な課題であり，また，今後も重要な課題でありつづけるのである。

　（要　約）
　1　幾度となく嘆かれてきた欧州環境法の実施の欠缺の特徴は，国内環境法の執行の欠缺をもたらしている原因に加えて，さらなる欠陥原因があるということにある。欧州環境法が，通常，国内法への転換を必要とするということ，そして，構成国の行政庁・裁判所に，ほとんど完全にその適用を委ねざるを得ないということは，そのような原因の1つである。

2　このテーマを適切に探求するために，次のような概念理解を前提とする。すなわち，欧州環境法の「実施」とは，当該規範の「転換」，個別の「適用」，監督及び強制措置による「貫徹」を含む語として用いる。また，もっぱら公的主体が関与する場合であるところの公的実施メカニズムと，私人の側からの働きかけが「実施」の契機となる私的実施メカニズムを区別するのが目的適合的である。

3　共同体レベルでの公的実施メカニズムとしては，委員会によりこれまでそれほど利用されてこなかった予防的制御のほか，構成国の共同体法違反に係る「条約違反に対する手続」が決定的に重要である。委員会によって進められる手続は，裁判外に伸びた手続部分を経た後で，構成国による欧州環境法違反を欧州共同体裁判所が確認する手続及び判決に至る。2つ目の訴訟を経た後，構成国に課される強制賦課金は，構成国に対して大きな圧力を及ぼしうる。このような条約違反に対する手続は，長所と短所を有している。短所としてとりわけ重要なのは，この手続が，場合によっては，共同体法に合致した状態を生み出すのに長期間を要するということである。この手続の主たる機能は，委員会によるシステマティックな転換コントロールにある。これに対して，委員会は，この手続の枠組みの中では，適用コントロールを限られた範囲でしか行うことができない。

4　欧州環境法の実施は共同体の補助金によって促進される。しかしながら，このためには，比較的少ない資金しか用いられていない。また，委員会による補助金付与行為は，実際上，司法的統制を受けていない。

5　共同体ネットワークIMPELは，構成国の監督・執行行政の代表者が，委員会の代表者と欧州環境法の実施についての問題を討議する枠組みであって，さらに発展せられるべきであるが，当分の間はなおインフォーマルなネットワークにとどめるべきである。

6　欧州環境監督署は必要不可欠なものであるが，当面，実現の見込みはない。

7　分散的な公的実施メカニズムとしては，構成国に課せられた以下の一連

の義務がその役割を果たしている。環境に関する指令の転換に係る構成国法定立機関の義務，欧州環境法の個別の適用に係る構成国行政庁・裁判所の義務（構成国法を共同体法適合的に運用する義務，転換がなされない場合に個別の指令の規定を直接適用する義務を含む），共同体法に違反する構成国法に係る構成国行政庁及び裁判所の審査義務・不適用義務，委員会に対して環境法に関する報告をする構成国の義務（構成国によるこの義務の履行状況には，目下，大きな問題がある），欧州環境法の遵守についての国内における監督を適切に組織化する義務（これまで共同体法レベルで視野に入れられてきたのは，拘束力のないミニマム・スタンダードもしくはガイドラインの策定のみであった），欧州環境法に対する違反に制裁を課す構成国の義務がこれに含まれる。

8 共同体レベルでの私的実施メカニズムに関していえば，欧州環境法の違反について，市民もしくは団体が委員会に申し立てる，環境に関する苦情申し出の手続が重要な役割を担っている。しかしながら，苦情申し出手続が，条約違反に対する手続の前に置かれていることから，苦情申し出人の法的地位は限定されたものにとどまっている。

9 私人が欧州環境法に対する違反を裁判外で主張する手段としては，さらに，欧州議会への請願，欧州市民受託者への苦情の申し出がある。

10 理事会及び委員会の決議により，これら共同体機関の保有する文書への私人のアクセス権が認められた。アクセスの拒否は，ごく例外的な場合に許されるにすぎず，個別的に詳細な理由づけが必要である。このことは，欧州環境法にとっても重要である。

11 共同体レベルでの環境協定は，欧州環境法の実施に資する。もっとも，1998年末頃に締結された委員会と欧州の自動車製造者らとの間の環境協定は，法的拘束力のない申し合わせにすぎない。

12 欧州共同体第一審裁判所と欧州共同体裁判所は，私人が欧州環境法の貫徹を目的として委員会決定に対して提起する無効確認訴訟について，原告の個別的関係性の欠缺を理由として，原則として不適法なものと判断している。このことは，理解できることではあるが，遺憾なことである。

13　欧州共同体裁判所における先決的判決手続は，欧州環境法の実施に寄与する。共同体法は，その元々の訴訟の当事者に，先決的判決手続を求める権利を与えておらず，構成国の裁判所による付託についても、実務はむしろ消極的である。

14　欧州環境法が，私人に構成国の環境情報へのアクセスの道を開き，構成国に公衆への積極的な周知に係る義務を課し，環境に関する手続への公衆の参加を規定することは，個人に対する権利保護を強化するだけでなく，構成国レベルでの欧州環境法の実施のために市民・団体を動員することに資する。

15　欧州環境法は，環境監査システム及び欧州エコマークによって欧州環境法に合致する自己規律のための経済的な誘因を作り出すことで，私人による欧州環境法の実施を促進する。

16　欧州環境法の今後としては，私人の環境責任に関する与件を取り入れること，（既に委員会勧告に詳細に記述されていることであるが）構成国レベルでの拘束的な環境協定について規定すること，構成国レベルで環境事項に関する裁判外の苦情申し出の仕組みを備えさせる規定を設けること等が考えられる。

17　環境に関する指令上の，個人の権利保護のための実体的要請・手続規則について，私人が国内法上，裁判所に提訴することができなければならない。構成国法が，この点について出訴可能性をどのようなやり方で保障するかは，共同体法上，重要な問題ではない。しかしながら，司法上の貫徹可能性が確保されていなければならない。

18　共同体法が，将来，環境事項に関して構成国裁判所によってなされる仮の権利保護に影響を及ぼす余地は，十分にあると思われる。

19　共同体法違反の際に，構成国が共同体法上課される国家責任は，環境領域においては，例外的な場合しか意義を有しないであろう。

20　構成国における環境法に関する団体訴訟を導入・保障する共同体の規律，構成国における環境領域での権利保護を容易にするようなその他の共同体の規律を設けることが考えられてよい。

* 著者は，ヴュルツブルク大学法学部において，Jean-Monnet 講座を担当し，同大学ヨーロッパ法センターの理事を務める。本稿は，1998年11月6日，ベルリンにおける第22回環境法協会環境法専門会議において著者が行った講演原稿に自身が加筆したものである。以下の欧州共同体設立条約の条文番号は，アムステルダム条約に基づく。改正前のものについては，その都度，括弧に入れて示す。

1) この点については，Scheuing, Umweltschutz auf der Grundlage der Einheitlichen Europäischen Akte, EuR 1989, 152 f. を参照のこと。
2) EuGH, Slg. 1985, 531（549）- Association de défense des brûleurs d'huiles usagées.
3) 現在の欧州共同体設立条約174条参照。この条項は，元々，欧州単一議定書によって1987年7月1日に発効した欧州経済共同体設立条約130r条として挿入された。その後，マーストリヒト条約，アムステルダム条約によって改正された。
4) この数は，その数え方によって変わりうる。ここでは, Kommission, Durchfürung des Umweltrechts der Gemeinschaft. Mitteilung an den Rat der EU und das EP v. 22. 10. 1996, KOM(96)500 endg., Rdnr. 1; Kremlis, La situation dans les États membres, in: Dutheil de la Rochère(Hrsg.), Le droit communautaire de l'environnement, 1998, S. 59 による。これに対して，改正に関する法行為や，他の政策領域における環境に関連する共同体法行為を考慮すると，その数は増える。例えば，Kommission, 10. Jahresbericht über die Kontrolle der Anwendung des Gemeinschaftsrechts - 1992, ABlEG 1993 Nr. C 233, S. 1(40)では，196の指令，40の規則，150の決定，14の勧告及び決議を含む，合計445の法行為が挙げられている。Demmke, Umweltpolitik im Europa der Verwaltungen, DV 1994, 49(50)においても同様。
5) 例えば，以下のものを参照のこと。EP, Entschließung v. 8. 6. 1983 zum Abschluß des Verfahrens der Konsultation des Europäischen Parlaments zu dem Vorschlag der Kommission der Europäischen Gemeinschaften an den Rat für eine Verordnung über die Überwachung und Kontrolle der grenzüberschreitenden Verbringung von gefährlichen Abfällen innerhalb der Europäischen Gemeinschaft, ABlEG 1983 Nr. C 184, S. 50; EP, Entschließung v. 11. 4. 1984 zur Behandlung von Abfallen innerhalb der Europäischen Gemeinschaft, ABlEG 1984 Nr. C 127, S. 67; Krämer, The Implementation of Environmental Laws by the European Economic Community, German Yearbook of International Law 34（1991）, 9（12）.
6) この点について，Sach, Kontrolle der Durchführung und der Beachtung von Gemeinschaftsrecht, in: Rengeling(Hrsg.), Handbuch zum europäischen und deutschen Umweltrecht, Bd. I, 1998, S. 1477(Rdnr. 5); Macrory, The Enforcement of Community Environmental Laws: Some Critical Issues, Common Market Law Review 1992, 347(349)を参照。
7) 欧州議会の諸決議は，Sach（上掲註6），Rdnr. 5 Fn. 11に紹介されている。さら

に，例えば，die Schlußfolgerungen des Europ. Rates von Dublin v. 26. 6. 1990, Bull. EG 6-1990, S. 8 (19); Entschließung des Rates und der im Rat vereinigten Vertreter der Regierungen der Mitgliedstaaten v. 19. 10. 1987 zum 4. Umweltaktionsprogramm sowie Nr. 2.2 dieses Aktionsprogramms, AB1EG 1987 Nr. C 328, S. 1 (2, 8 f.); Europ. Rechnungshof, Sonderbericht 3/92 zur Umwelt, AB1EG 1992 Nr. C 245, S. 1 (17 f.); Entschließung des Rates und der im Rat vereinigten Vertreter der Regierungen der Mitgliedstaaten v. 1. 2. 1993 zum 5. Umweltaktionsprogramm sowie Kap. 9 dieses Aktionsprogramms, AB1EG 1993 Nr. C 138, S. 1 (3, 80 ff.) をも参照。また，1996年5月30日に，欧州議会と委員会の共同の公聴会「環境保護への挑戦—実務における法規則」が開催された。さらに，一般的には，マーストリヒト条約締結時の声明19項を参照。

8) 上記註4を参照。
9) 参照，den 22. Erwägungsgrund und Art. 4 des Beschlusses Nr. 2179/98/EG des EP und des Rates v. 24. 9. 1998 über die Überprüfung des Programms der Europäischen Gemeinschaft für Umweltpolitik und Maßnahmen im Hinblick auf eine dauerhafte und umweltgerechte Entwicklung „Für eine dauerhafte und umweltgerechte Entwicklung", AB1EG 1998 Nr. L 275, S. 1 (2, 7).
10) 例えば，Demmke, Die Implementation von EG-Umweltpolitik in den Mitgliedstaaten, 1994; Nicklas, Implementationsprobleme des EG-Umweltrechts, 1997; Engelsberger, Der Vollzug europarechtlicher Vorschriften auf dem Gebiet des Umweltschutzes, 1998 を参照のこと。
11) 参照，Kommission, 15. Jahresbericht über die Kontrolle der Anwendung des Gemein-schaftsrechts - 1997, AB1EG 1998 Nr. C 250, S. 1 (82).
12) 参照，Goebel, Gemeinschaftsrechtlich begründete Staatshaftung - ein Beitrag zum Vollzug des Gemeinschaftsumweltrechts ?, UPR 1994, 361; Krämer, Das Verursacherprinzip im Gemeinschaftsrecht, EuGRZ 1989, 353 (359); Pernice, Kriterien der normativen Umsetzung von Umweltrichtlinien der EG im Lichte der Rechtsprechung des EuGH, EuR 1994, 325 (326); Sach（上掲註6), Rdnr. 4.
13) 例えば，環境利益の組織化能力，貫徹力という問題（共同体レベルではなおさら問題となる）について，参照，Kommission, 8. Jahresbericht über die Kontrolle des Anwendung des Gemeinschaftsrechts - 1990, AB1EG 1991 Nr. C 338, S. 1 (205); Krämer, Defizite im Vollzug des EG-Umweltrechts und ihre Ursachen, in: Lübbe-Wolff (Hrsg.), Der Vollzug des europäischen Umweltrechts, 1996, S. 7 f.
14) 参照，Kremlis（上掲註4), S. 59：全体で200超の環境法行為のうち，140が指令である。また，参照，Kommission, 15. Jahresbericht（上掲註11), S. 70：1997年12月31日の時点で，およそ140の指令。これに対して，委員会は，別の数え方に基づ

き，10. Jahresbericht（上掲註4参照）において既に196の指令を数えている。
15) この点について，詳細には，下記註75の箇所を参照。
16) Kommission, 8. Jahresbericht（上掲註13), S. 220. 例えば，Demmke, DV 1994, 49 (51) をも参照。
17) 環境法について，このような任務配分（他の領域においてもまた，このような任務配分が通例である）は，欧州共同体設立条約175条4項（旧130s条4項）に，はっきりと規定されている。
18) これは，委員会の用いる定義に対応している。Kommission, Durchführungsmitteilung（上掲註4), S. 30を見よ。
19) そのような，情報を用いる手法一般について，参照，Winter, Kompetenzen der Europäischen Gemeinschaft im Verwaltungsvollzug, in: Lübbe-Wolff(Hrsg.), Der Vollzug des europäischen Umweltrechts, 1996, S. 107(125), und Pache, EG-rechtliche Möglichkeiten und Grenzen einer Harmonisierung nationaler Vollzugssysteme, ebenda, S. 177(200 f.); そのような手法を用いることの法的限界について，参照，EuGH, Slg. 1997, I-1627 - Frankreich/Kommission (Kommissionsmitteilung zu Altersversorgung), 及びその判例評釈，Gundel, EuR 1998, 90 ff..
20) 参照，Kommission, 8. Jahresbericht（上掲註13), S. 205 f.; Krämer, GYIL 34 (1991), 9 (13); Macrory, CML Rev. 1992, 347(353); Engelsberger（上掲註10), S. 72 f.; Sach（上掲註6), Rdnr. 25.
21) 参照，Kommission, Durchführungsmitteilung（上掲註4), Rdnr. 47; EP, Entschließung v. 14. 5. 97 zu der Mitteilung der Kommission über die Durchführung des Umweltrechts der Gemeinschaft, ABlEG 1997 Nr. C 167, S. 92(Punkt 1); Rat, Entschließung v. 7. 10. 1997 zur Formulierung, Durchführung und Durchsetzung des Umweltrechts der Gemeinschaft, ABlEG 1997 Nr. C 321, S. 1(3 Rdnrn. 8 ff.); EP/Rat, Beschluß v. 24. 9. 1998（上掲註9), Art. 4 Abs. 2 Buchst. a. これについて，一般的には，Magiera, Die Durchsetzung des Gemeinschaftsrechts im europäischen Integrationsprozeß, DÖV 1998, 173(179) を参照。
22) 欧州共同体設立条約211条（旧155条）。
23) 欧州共同体設立条約226条—228条（旧169条—171条）。この点について，一般には，Borchardt, in: Lenz (Hrsg.), EG-Vertrag, 2. Aufl. 1999 (im Erscheinen), Art. 169 - 171; Karpenstein, in: Grabitz/Hilf (Hrsg.), Kommentar zur Europäischen Union, Std. 5/98, Art. 169-nach Art. 171; Krück, in: Groeben/Thiesing/Ehlermann (Hrsg.), EU-/EGV, Bd. 4, 5. Aufl. 1997, Art. 169-171等を参照。
24) この点については，Sach（上掲註6), Rdrn. 38 f.; Stotz, Rechtsschutz vor europäischen Gerichten, in: Rengeling(Hrsg.), Handbuch zum europäischen und deutschen Umweltrecht, Bd. I, 1998, S. 1526(Rdnr. 25).

25) 委員会は，一括賦課金（Pauschalbetrag）と比較して強制賦課金（Zwangsgeld）の方が適切な手段であると見ている。参照，Kommission, Mitteilung über die Anwendung von Art. 171 EG-Vertrag, AB1EG 1996 Nr. C 242, S. 6（Rdnr. 5); さらに，Kommission, Verfahren für die Berechnung des Zwangsgeldes nach Art. 171 EG-Vertrag, AB1EG 1997 Nr. C 63, S. 2. これに関しては，Stotz（上掲註 24), Rdnrn. 50 ff.; Hölscheidt, Zwangsgelder gegen die Bundesrepublik Deutschland wegen der Nichtbeachtung von Urteilen des Europäischen Gerichtshofs, BayVBl. 1997, 459 を参照。

26) この点について，参照，Sach（上掲註 6), Rdnrn. 48 f. 特別なケースにおけるプレスへの通知を別とすれば（参照，Kommission, 14. Jahresbericht über die Kontrolle der Anwendung des Gemeinschaftsrechts - 1996, AB1EG 1997 Nr. C 332, S. 1, 10)，手続の進捗に関するわずかばかりの通知に限られている。欧州議会は，1997年5月14日の決議（上掲註 21）の 11 項において，議会が，条約違反に対する手続における委員会と構成国の間でとりかわされる公的な書簡にアクセスできるようにするよう要請している。

27) 参照，Kommission, 15. Jahresbericht（上掲註 11), S. 87: このうち，69 件の理由を付した意見表明，37 件の欧州共同体裁判所への付託が環境領域に関わるものである（Kommission, ebenda, S. 49)。委員会によれば（Kommission, 14. Jahresbericht（上掲註 26), S. 9)，条約違反に対する手続では，80 パーセントを超える場合において，法的争訟を回避することができるという。

28) そのように言うものとして，少なくとも，EuGH, Slg. 1990, I-4299, (4326 Rdnr. 16)-Kommission / Griechenland (Fischerei); EuGH, Slg. 1998, I-5449（5497 Rdnr 37, 5499 Rdnr. 46)-Kommission/Bundesrepublik Deutschland (Gesellschaftsrecht)。また，参照，Stotz（上掲註 24), Rdnr. 23. 裁判外の部分について，それと異なる見解として，Sach（上掲註 6), Rdnr. 50.

29) この点について，参照，EuGH, Slg. 1995, I-2189（2219 Rdnr. 21)- Kommission/ Bundesrepublik Deutschland (Großkrotzenburg); Stotz（上掲註 24), Rdnrn. 13, 37.

30) 参照，Sach（上掲註 6), Rdnrn. 15, 59.

31) EuGH, Slg. 1991, I-883 - Kommission / Bundesrepublik Deutschland (Leybucht)。これについて，参照，Winter, Der Säbelschnäbler als Teil fürs Ganze, NuR 1992, 21 ff.; Zuleeg, Umweltschutz in der Rechtsprechung des Europäischen Gerichtshofs, NJW 1993, 31. EuGH, Slg. 1993, I-4221 - Kommission / Spanien (Santoña)。これについて，参照，Winter, Etappensieg für den Weißen Löffler, ZUR 1994, 308 ff.

32) この点について，一般的には，Pühs, Der Vollzug von Gemeinschaftsrecht, 1997, S. 134 ff., 230 ff.

33) 参照，Huber, Grundlagen und Organe（Art. 4 EGV), in: Rengeling (Hrsg.), Handbuch zum europäischen und deutschen Umweltrecht, Bd. I, 1998, S. 555（Rdnrn. 31 ff.);

Krämer, in: Lübbe-Wolff（上掲註 13）, S. 123 ff.; Sach（上掲註 6）, Rdnrn. 34 f.; Winter, in: Lübbe-Wolff（上掲註 19）, S. 123 ff. 通常, 委員会は,「苦情, 請願, 欧州議会の文書又は口頭による照会を通して, 非政府組織, メディア, 構成国から, 個別の事例について入手した情報に頼らざるをえない（Kommission, Durchführungsmitteilung（上掲註 4）, Rdnr. 15）」。共同体が資金を拠出した計画の場合は異なる。

34) 最後の点について, 上記註 25 を参照。
35) 参照, FAZ v. 30. 1. 1997, 13; Kommission, 15. Jahresbericht（上掲註 11）, S. 9, 50; Kremlis（上掲註 4）, S. 61; Magiera, DÖV 1998, 173 (181)。
36) 参照, Sach（上掲註 6）, Rdnr. 44, 80, 93.
37) そのように言うものとして, EP, Entschließung vom 14. 5. 1997（上掲註 21）, Punkt 16; EP/Rat, Beschl. v. 24. 9. 1998（上掲註 9）, Art. 4 Buchst. g. 15. Jahresbericht der Kommission（上掲註 11）, S. 50 は, 1997 年には, さらに約 15 件の欧州共同体設立条約 228 条（旧 171 条）に基づく手続が進行中であるとする。
38) 参照, Krämer, Die Rechtsprechung der EG-Gerichte zum Umweltrecht 1995 bis 1997, EuGRZ 1998, 309 (310)。
39) 参照, Krämer, Die Rechtsprechung des Gerichtshofs der Europäischen Gemeinschaften zum Umweltrecht 1992 bis 1994, EuGRZ 1995, 45 (46)。緊急を要する場合の迅速な手続について, 参照, Borchardt（上掲註 23）, Art. 169. Rdnr. 24.
40) 欧州共同体設立条約 243 条（旧 186 条）, 欧州共同体裁判所規則 83 条 1 項。
41) 参照, EuGH, Slg. 1989, 2849 - Kommission/Deutschland（Leybucht : 仮命令）。
42) 上記註 16 の箇所を見よ。
43) 参照, Kommission, 15. Jahresbericht（上掲註 11）, S. 70.
44) これらの問題点につき, Hilf, Die Richtlinie der EG - ohne Richtung, ohne Linie ?, EuR 1993 1 (16); Krämer, Keine Absichtserklärungen, sondern durchsetzbares Recht, in: Gündling/Weber（Hrsg.）, Dicke Luft in Europa, 1988, S. 201 (207); ders., in: Lübbe-Wolff（上掲註 13）, S. 12, 33; Macrory, CML Rev. 1992, 347 (354 f.); Steinberg, Probleme der Europäisierung des deutschen Umweltrechts, AöR 120 (1995), 549 (571 f.) を参照。
45) 参照, Kommission, 8. Jahresbericht（上掲註 13）S. 221; 10. Jahresbericht（上掲註 4）, S. 42; 14. Jahresbericht（上掲註 26）, S. 57; 15. Jahresbericht（上掲註 11）, S. 52.
46) 「対応リスト」の必要性につき, 参照, Kremlis（上掲註 4）, S. 63 f.; Sach（上掲註 6）, Rn. 25 f.
47) 参照, EuGH, Slg. 1995, 2189 (2219 f. Rdnr. 22) - Kommission/Bundesrepublik Deutschland (Großkrotzenburg)。また, Huber（上掲註 33）, Rdnr. 25; Iven, Urteilsanmerkung, NuR 1996, 105 (106) をも参照。これに対して, 条約違反に対する手続は, 適用統制という目的のためには適性を欠く, とするものとして, Ehlermann, Ein

第4章　欧州環境法実施の諸手法　215

Plädoyer für die dezentrale Kontrolle der Anwendung des Gemeinschaftsrechts durch die Mitgliedstaaten, in: Capotorti u.a.(Hrsg.), Du droit international au droit de l'intégration. Liber Amicorum Pierre Pescatore, 1987, S. 205 (208 f.); Pühs（上掲註32), S. 231 f.
48)　この点について，参照，Kommission, 10. Jahresbericht（上掲註4), S. 41 f.; 15. Jahresbericht（上掲註11), S. 53; Hilf, EuR 1993, S. 1(17).
49)　この点については，上記註31の箇所を参照。また，Winter, in: Lübbe-Wolff（上掲註19), S. 121 f. をも参照。
50)　すなわち，「1構成国につき，審査にあたる法律家1人」という関係が，完全には妥当していない。その限りで，Kremlis（上掲註4), S. 69; Sach（上掲註6), Rdnrn. 35, 50 は，完全に適切な記述とはいえない。
51)　とりわけ欧州議会によって要請されている。Entschließung v. 8. 4. 1992 zur Umsetzung des Umweltrechts der Gemeinschaft, ABlEG 1992 Nr. C 125, S. 122（124 Punkt 8); EP, Entschließung v. 14. 5. 1997（上掲註21), ABlEG 1997 Nr. C 167, S. 92（93 Punkt 6).
52)　（環境に関する苦情の処理に際しての）委員会の優先順位設定について，参照，Kommission, 15. Jahresbericht（上掲註11), S. 54; Sach（上掲註6), Rdnr. 31.
53)　欧州共同体設立条約175条4項（旧130 s 条4項）によれば，財政権限は，原則として構成国に属する。ただし，それも「共同体の措置を害さない限りにおいて」である。環境領域における共同体補助金について，一般に，Magiera, Subventionen der EG und der Mitgliedstaaten, in: Rengeling(Hrsg.), Handbuch zum europäischen und deutschen Umweltrecht, Bd. I, 1998, S. 1192(Rdnrn. 81 ff.)を参照。
54)　Verordnung (EWG) Nr. 1973/92 des Rates v. 21. 5. 1992 zur Schaffung eines Finanzierungsinstruments für die Umwelt (LIFE), ABlEG 1992 Nr. L 206, S. 1（後に改正されている)．この点について，とりわけ，Kommission, LIFE in action, 1998; Engelsberger（上掲註10), S. 88 f. を参照。
55)　参照，der Gesamthaushaltsplan für 1997, ABlEG 1997 Nr. L 44, S. 123, 890.
56)　Verordnung (EWG) Nr. 2052/88 des Rates v. 24. 6. 1988 über Aufgaben und Effizienz der Strukturfonds und über die Koordinierung ihrer Interventionen untereinander sowie mit denen der Europäischen Entwicklungsbank und der anderen vorhandenen Finanzinstrumente, ABlEG 1988 Nr. L 185, S. 9（後に改正されている).
57)　Verordnung (EG) Nr. 1164/94 des Rates v. 16. 5. 1994 zur Errichtung des Kohäsionsfonds, ABlEG 1994 Nr. L 130, S. 1.
58)　この点については，Engelsberger（上掲註10), S. 89 ff. を参照。
59)　正確な数字は，挙げることができない。手がかりとなりうるのは，欧州会計検査院が，1991年に環境領域全域に予定された支出額を，10億3,110万エキュと見積っていることである（参照，Rechnungshof, Sonderbericht 3/92 zur Umwelt, ABlEG 1992

Nr. C 245, S. 1, 4)。それは，545億9,736万369エキュにのぼる1991年度の予算計上額全体（AB1EG 1991 Nr. L 30, S. 3, 303）の，1.89パーセントに該たる。委員会は，当時，欧州会計検査院の見積りを概ね認めていた（参照, Rechnungshof, Sonderbericht 3/92 zur Umwelt, AB1EG 1992 Nr. C 245, S. 1, 21)。

60) Art. 7 Abs. 1 VO (EWG) Nr. 2052/88（上掲註56); Art. 8 Abs. 1 Verordnung (EG) Nr. 1164/94（上掲註57); その他，欧州共同体設立条約6条（旧130r 条2項3文）を参照。掲記の規則の実施規定によれば，要請された措置を遂行する際に規律違反があった場合には，共同体の助成を，削減，停止，もしくは打ちきることができる。構造基金について，参照, Art. 24 Verordnung (EWG) Nr. 4253/88 des Rates v. 19. 12. 1988 zur Durchführung der Verordnung (EWG) Nr. 2052/88 hinsichtlich der Koordinierung der Interventionen der verschiedenen Strukturfonds einerseits und zwischen diesen und den Interventionen der Europäischen Investitionsbank und der sonstigen vorhandenen Finanzinstrumente andererseits, AB1EG 1988 Nr. L 374, S. 1（後に改正されている）und für den Kohäsionsfonds Art. H des Anhangs II zur Verordnung (EG) Nr. 1164/94（上掲註57）。これらのサンクションの可能性は，条約違反に対する手続とは独立の関係にある。参照, EuG, Slg. 1994, II-735（749 Rdnr. 35)- An Taisce und WWF UK。これらの基金による助成の実務における，このような側面のもつ（限定された）意義について，参照, Rechnungshof, Sonderbericht 3/92 zur Umwelt, AB1EG 1992 Nr. C 245, S. 1 (8, 15 f.); Krämer, GYIL 34 (1991), 9 (24 f.); Engelsberger（上掲註10), S. 83 ff.; Sach（上掲註6), Rdnrn. 83 f.

61) 参照, EuG, Slg. 1994, II-735 - An Taisce und WWF UK; EuG, Slg. 1995, II-455 - Associazione agricoltori della provincia di Rovigo; EuG, Slg. 1995, II-2205 - Greenpeace u.a.; EuGH, Slg. 1996, I-3727 - An Taisce und WWF UK; EuGH, Slg. 1996, I-6669 - Associazione agricoltori della provincia di Rovigo; EuGH, Slg. 1998, I-1651 - Greenpeace u.a..

62) この点について，とりわけ，Werner, Das EU-Netzwerk für Umsetzung und Vollzug von Umweltrecht, in: Lübbe-Wolff (Hrsg.), Der Vollzug des europäischen Umweltrechts, 1996, S. 131 ff. を見よ。さらに，参照, Bohm-Amtmann, EMAS - ISO - Substitution von Ordnungsrecht, GewArch 1997, 353 (355); Nicklas（上掲註10), S. 160 ff.; Sach（上掲註6), Rdnr. 69.

63) Kommission, Durchführungsmitteilung（上掲註4）Rdnrn. 55 f. をも参照。

64) 参照, Rat, Entschließung v. 7. 10. 1997（上掲註21), Rdnr. 22.

65) Art. 14 Verordnung Nr. 17 des Rates v. 6. 2. 1962 - Erste Durchführungsverordnung zu den Artikeln 85 und 86 des Vertrages, AB1EG 1962 Nr. 13, S. 204（後に改正されている）。

66) この点について，例えば，Krämer, GYIL 34 (1991), 9 (38); Lindemann/Delfs, Vollzug des Europäischen Umweltrechts, ZUR 1993, 256 (259 f.) を参照。

67) 参照, Krämer, Europäische Union, Schutz der Umwelt und Recht, Saarbrücken, 1994, S. 21; ders., in: Lübbe-Wolff（上掲註 13), S. 13; Macrory, CML Rev. 1992, 347 (362).
68) 検査の任務を担う欧州環境局の設立の問題について，例えば，Sach（上掲註 6), Rdnr. 72 及びそこに掲記の文献参照。
69) 欧州議会のこのような要請について，欧州議会の次の決議を参照。Entschließung v. 8. 4. 1992（上掲註 51), Punkt 7; とりわけ，Entschließung v. 14. 5. 1997（上掲註 21), Punkt 8. 同様のものとして，Kommission, Durchführungsmitteilung（上掲註 4), Rdnr. 29.
70) 適切にも，そのように述べるものとして，Winter, in: Lübbe-Wolff（上掲註 19), S. 127.
71) 参照, Rat, Entschließung v. 7. 10. 1997（上掲註 21), Rdnr. 16. これに懐疑的なものとして，Nicklas（上掲註 10), S. 170.
72) 欧州共同体設立条約 175 条 4 項（旧 130s 条 4 項）。
73) この点について，一般的には，Scheuing, Europarechtliche Impulse für innovative Ansätze im deutschen Verwaltungsrecht, in: Hoffmann-Riem / Schmidt-Aßmann (Hrsg.), Innovation und Flexibilität des Verwaltungshandelns, 1994, S. 289 (298 ff.).
74) 上記 註 14 を見よ。
75) このことは，欧州共同体設立条約 10 条（旧 5 条）と結び付いた 249 条 3 項（旧 189 条 3 項），及び指令の当該規定自体から帰結される。この点について，一般的には，Rengeling, Die Ausführung von Gemeinschaftsrecht, insbesondere Umsetzung von Richtlinien, in: ders.(Hrsg.), Handbuch zum europäischen und deutschen Umweltrecht, Bd. I, 1998, S. 880 ff.; Adamek, EG-Richtlinien im Umweltrecht, 1997, S. 340 ff.; Nicklas（上掲註 10), S. 46 ff.; Engelsberger（上掲註 10), S. 102 ff.; Rengeling / Gellermann, Gestaltung des europaischen Umweltrechts und seine Implementation im deutschen Rechtsraum, UTR 1996, S. 1 (5 ff.) を参照。
76) 参照，BVerwGE 72, 300 (320 f.).
77) EuGH, Slg. 1991, I-2567 - Kommission / Bundesrepublik Deutschland（二酸化硫黄・浮遊粒子物質の限界値); EuGH, Slg. 1991, I-2607 - Kommission / Bundesrepublik Deutschland（空気中の鉛濃度); EuGH, Slg. 1991, I-4983 - Kommission / Bundesrepublik Deutschland（地表水). この点に関するドイツの議論について，参照，Steinberg, AöR 120 (1995), 549 (565 ff. 及びそこに掲記の文献). ドイツの行政規則が転換に適したものではない，と連邦政府が最近認めたことについて，参照，EuGH, Slg. 1996, I-5729 (5739 Rdnr. 15) - Kommission / Bundesrepublik Deutschland（水質保護指令).
78) 詳細には，参照，Scheuing, in: Koch / Scheuing (Hrsg.), Gemeinschaftskommentar zum BImSchG, Std. 4 / 98, § 48 a Rdnr. 24.
79) 下記註 154 の箇所を見よ。

80) 欧州共同体設立条約249条2項2文（旧189条2項2文）。
81) 参照, EuGH, Slg. 1996, I-1223 (1248 Rdnr. 18 及びそこに掲記のもの)- Associazione Italiana per il WWF. また, Schwarze/Hatje, Gemeinschaftsrechtskonforme Auslegung des nationalen Rechts - unter besonderer Berücksichtigung des Umweltrechts, in: Rengeling(Hrsg.), Handbuch zum europäischen und deutschen Umweltrecht, Bd. I, 1998, S. 1007 ff.; Nicklas（上掲註10), S. 76 ff.; Engelsberger（上掲註10), S. 112 ff. をも参照。
82) BVerwGE 102, 282 = NJW 1997, 753, 判例評釈として, Hendler, JZ 1998, 245. また, Röger, Das Recht des Antragstellers auf Wahl des Informationszugangs im Rahmen der Ermessensentscheidung nach § 4 Abs. 1 Satz 2 UIG, DVBl. 1997, 885 ff.; Vahldiek, Neue Entwicklungen in der Rechtsprechung zum Umweltinformationsrecht, ZUR 1997, 144(146 f.) をも参照。
83) この点について, 一般的には, Scheuing（上掲註73), S. 303, 305 ff., 312 ff.
84) 欧州共同体裁判所の確立した判例である。EuGH, Slg. 1976, 1989 - Rewe, und Slg. 1983, 2633 - Deutsche Milchkontor; とりわけ, EuGH, Urt. v. 1. 12. 1998-Rs. C-326/96- Levez/Jennings（本文のような要請の呼称を用いる）を参照のこと。
85) 参照, BVerwGE 100, 238; BVerwGE 100, 370(376).
86) 参照, EuGH, Slg. 1974, 1337 - van Duyn; さらに, 例えば, EuGH, Slg. 1982, 53 - Becker; EuGH, Slg. 1984, 1075 - Kloppenburg. 制限的なものとして, 参照, EuGH, Slg. 1991, I-4269 - Emmott; EuGH, Slg. 1996, I-1281 - El Corte Inglés.
87) このような, 指令の「客観的作用」について, 参照, EuGH, Slg. 1989, 1839 - Costanzo; EuGH, Slg. 1995, I-2189 - Großkrotzenburg. さらに, 例えば, Calliess, Zur unmittelbaren Wirkung der EG-Richtlinie über die Umweltverträglichkeitsprüfung und ihrer Umsetzung im deutschen Immissionsschutzrecht, NVwZ 1996, 339(341); Epiney, Dezentrale Durchsetzungsmechanismen im gemeinschaftlichen Umweltrecht, ZUR 1996, 229 (231 ff.); dies., Umweltrecht in der Europäischen Union, 1997, S. 141; Gellermann, Auflösung von Normwidersprüchen zwischen europäischem und nationalem Recht, DÖV 1996, 433(436 f.); Iven, Urteilsanmerkung, NuR 1996, 105 f.; Pechstein, Die Anerkennung der rein objektiven unmittelbaren Richtlinienwirkung, EWS 1996, 261 (264); Adamek（上掲註75), S. 655; Nicklas（上掲註10), S. 73; Engelsberger（上掲註10), S. 119.
88) 参照, Rengeling, in: ders.(上掲註75), Rdnr. 72; Ruffert, Subjektive Rechte und unmittelbare Wirkung von EG-Umweltschutzrichtlinien, ZUR 1996, 235(236, 238); Stotz（上掲註24), Rdnrn 38 f. 訴え提起の可能性について, 下記註154の箇所を参照。
89) 参照, EuGH, Slg. 1978, 629 - Simmenthal; EuGH, Slg. 1989, 1839 - Costanzo; EuGH, Slg. 1990, I-2433 - Factortame; EuGH, Slg. 1996, I-1223 (1248 Rdnr. 19) - Associazione

Italiana per il WWF. 特に, 構成国行政庁の審査・不適用義務について, 参照, Scheuing（上掲註73）, S. 316 ff.（Fall Costanzo）; Pietzcker, Zur Nichtanwendung europarechtswidriger Gesetze seitens der Verwaltung, in: Due u.a.（Hrsg.）, FS Everling, Bd. II, 1995, S. 1095 ff.; Hutka, Gemeinschaftsrechtsbezogene Prüfungs- und Verwerfungskompetenz der deutschen Verwaltung gegenüber Rechtsnormen nach europäischem Gemeinschaftsrecht und nach deutschem Recht, 1997; Engelsberger（上掲註10）, S. 110 ff.; Bedenken bei Everling, Durchführung und Umsetzung des Europäischen Gemeinschaftsrechts im Bereich des Umweltschutzes unter Berücksichtigung der Rechtsprechung des EuGH, NVwZ 1993, 209 (215); Hansmann, Schwierigkeiten bei der Umsetzung und Durchführung des europäischen Umweltrechts, NVwZ 1995, 320 (324); Steinberg, AöR 120 (1995), 549 (577 f.).

90) 参照, EuGH, Slg. 1996, I-2201 - CIA. これに関しては, 例えば, 以下の判例評釈を参照: Everling, ZLR 1996, 449 ff.; Fronia, EuZW 1996, 383 f., und Slot, CML Rev. 1996, 1035; さらに, Amadeo, Diritto comunitario ed efficacia diretta degli obblighi statuali di carattere procedimentale, Il Foro Italiano 1998, 108. しかしまた, EuGH, Slg. 1998, I-3711 - Lemmens をも参照のこと。

91) Wegener, Rechte des Einzelnen, 1998, S. 38 の記述を参照。これらの報告書の統一化のために発せられた指令: die Richtlinie 91/692/EWG des Rates v. 23. 12. 1991 zur Vereinheitlichung und zweckmäßigen Gestaltung der Berichte über die Durchführung bestimmter Umweltschutzrichtlinien, AB1EG 1991 Nr. L 377, S. 48.

92) このような問題状況について, とりわけ, Kommission, 8. Jahresbericht（上掲註13）, S. 208; Engelsberger（上掲註10）, S. 81 f.; Huber（上掲註33）, Rdnr. 29; Krämer, GYIL 34 (1991), 9 (29 ff., 38 f.); ders., in: Lübbe-Wolff（上掲註13）, S. 24 f.; Nicklas（上掲註10）, S. 174 ff.; Philipp, EuZW 1998, 675; Sach（上掲註6）, Rdnrn. 27 f., 55 を参照。

93) 欧州議会及び理事会は, 報告義務の遵守に, より一層の努力をするよう求めている。EP und Rat, Art. 4 Abs. 2 Buchst. b ihres Beschlusses v. 24. 9. 1998（上掲註9）.

94) この義務は, 一般に, 欧州共同体設立条約10条（旧5条）から生じる（場合によって該当する第2次法と結び付いて）。参照, EuGH, Slg. 1989, 2965 (2984 Rdnr. 23) - griechischer Maisfall; EuGH, Slg. 1990, I-2321 (2360 Rdnr. 20) - Bundesrepublik Deutschland / Kommission (EAGFL).

95) Kommission, Durchführungsmitteilung（上掲註4）, Rdnr. 26. また, Krämer, in: Lübbe-Wolff（上掲註13）, S. 32 をも参照。

96) EP, Entschließung v. 14. 5. 1997（上掲註21）, Punkt 7.

97) Rat, Entschließung vom 7. 10. 1997（上掲註21）, Rdnr. 17.

98) EP / Rat, Art. 4 Buchst.d des Beschlusses v. 24. 9. 1998（上掲註9）.

99) この点について, 註65の箇所を参照。

100) 一般には，参照，EuGH, Slg. 1989, 2965 (2985 Rdnr. 24) - griechischer Maisfall. また，Kommission, Mitteilung v. 3. 5. 1995 an den Rat und das Europäische Parlament über die Bedeutung von Sanktionen für die Anwendung des Gemeinschaftsrechts im Binnenmarkt, KOM (95) 162 endg.; Rat, Entschließung vom 29. 6. 1995 zur einheitlichen und wirksamen Anwendung des Gemeinschaftsrechts und zu Sanktionen bei Verstößen gegen das Gemeinschaftsrecht im Bereich des Binnenmarkts, ABlEG 1995 Nr. C 188, S. 1; Böse, Strafen und Sanktionen im Europäischen Gemeinschaftsrecht, 1996, S. 409 ff. をも参照。さらに，欧州共同体設立条約280条（旧209条a）を参照。

101) 参照, Kommission, Durchführungsmitteilung（上掲註4), Rdnr. 50; Rat, Entschließung v. 7. 10. 1997（上掲註21) Rdnrn. 12 f.; EP/Rat, Art. 4 Abs. 2 Buchst. f des Beschlusses v. 24. 9. 1998（上掲註9)。

102) 上記註86及び註89の箇所を参照。

103) 一般には，Ehlermann（上掲註47), S. 205 (217 ff.) を参照。また，Pernice, Gestaltung und Vollzug des Umweltrechts im europäischen Binnenmarkt - Europäische Impulse und Zwänge für das deutsche Umweltrecht, NVwZ 1990, 414 (423 ff.); Hilf, EuR 1993, 1 (17 f.); Zuleeg, NJW 1993, 31 (36 ff.); Everling, NVwZ 1993, 209 (214 f.); Masing, Die Mobilisierung des Bürgers für die Durchsetzung des Rechts, 1997 ; Pühs（上掲註32), S. 371 ff.; Wegener（上掲註91), S. 17 ff.. これに批判的なものとして，Breuer, Zunehmende Vielgestaltigkeit der Instrumente im deutschen und europäischen Umweltrecht - Probleme der Stimmigkeit und des Zusammenwirkens, NVwZ 1997, 833 (837); Reinhardt, Umweltinformation als subjektives Recht, DV 1997, 161 (164, 173 f.)。

104) これに批判的なものとして, von Danwitz, Zur Grundlegung einer Theorie der subjektiv-öffentlichen Gemeinschaftsrechte, DÖV 1996, 481 (486). 反対, Classen, Der einzelne als Instrument zur Durchsetzung des Gemeinschaftsrechts ?, VerwArch 1997, 645 ff.; Triantafyllou, Zur Europäisierung des subjektiven öffentlichen Rechts, DÖV 1997, 192 (199)。

105) この点について，参照, Krämer, in: Gündling/Weber（上掲註44), S. 201 (211 ff.); Borchardt（上掲註23), Art. 169 Rdnrn. 10 ff.; Stotz（上掲註24), Rdnrn. 18 ff. 1989年2月に委員会によって公表された異議申立ての様式書（ABlEG 1989 Nr. C 26, S. 6) は，目下改訂中である。参照，Sach（上掲註6), Rdnr. 92。

106) 参照, Kommission, 8. Jahresbericht（上掲註13), S. 221; Engelsberger（上掲註10), S. 76 f.; Kremlis（上掲註4), S. 59 (64 f.); Macrory, CML Rev. 1992, 347 (363); Nicklas（上掲註10), S. 97 ff., 181 ff.

107) 参照, Borchardt（上掲註23), Art. 169 Rdnr. 12。

108) 参照, Krämer, in: Lübbe-Wolff（上掲註13), S. 7 (14); Sach（上掲註6), Rdnrn. 48 f. ただし，私人の情報に関する権利について，後述（註112の箇所）参照。

第4章　欧州環境法実施の諸手法　221

109) 例えば, EuGH, Slg. 1989, 291 - Star Fruit; EuGH, Slg. 1990, I-1981 - Sonito; EuGH, Slg. 1992, I-3935 - Asia Motor France; EuGH, Slg. 1997, I-947 - Bundesverband der Bilanzbuchhalter; EuGH, Slg. 1998, I-199 - Intertronic. を参照。また, Krämer, GYIL 34 (1991), 9(33); Borchardt (上掲註 23), Art. 169 Rdnr. 13; Macrory, CML Rev. 1992, 347 (367 f.) をも参照のこと。

110) ともかくも, 欧州市民受託者は, 苦情申し出人の申し出た苦情について, 委員会が根拠のないものとして処理することとした場合には, 将来的には, 委員会が個別に予め自らの見解とその根拠を苦情申し出人に通知することとする, とする委員会の約束をとりつけた。参照, Der Europäische Bürgerbeauftragte, Jahresbericht 1997, S. 301 ff.

111) 欧州共同体設立条約21条 (旧 8d 条), 194条 (旧 138d 条), 195条 (旧 138e 条); EP, Beschluß v. 9. 3. 1994 über die Regelungen und allgemeinen Bedingungen für die Ausübung der Aufgaben des Bürgerbeauftragten, ABlEG 1994 Nr. L 114, 15. この点について, Hamers, Der Petitionsausschuß des Europäischen Parlaments und der Europäische Bürgerbeauftragte, 1999 (im Erscheinen) を参照。また, Engelsberger (上掲註 10), S. 77 f.; Sach (上掲註 6), Rdnrn. 73 f. をも参照。

112) 参照, Rat, Beschluß 93/731/EG v. 20. 12. 1993 über den Zugang der Öffentlichkeit zu Ratsdokumenten, ABlEG 1993 Nr. L 340, S. 43; Kommission, Beschluß 94/90/EGKS, EG, Euratom v. 8. 2. 1994 über den Zugang der Öffentlichkeit zu den der Kommission vorliegenden Dokumenten, ABlEG 1994 Nr. L 46, S. 58. また, その後の, EP, Beschluß 97/632/EGKS, EG, Euratom v. 10. 7. 1997 über den Zugang der Öffentlichkeit zu den Dokumenten des Europäischen Parlaments, ABlEG 1997 Nr. L 263, S. 27 をも参照のこと。後に続く, アムステルダム条約による第1次法上の透明性の確保について, 欧州共同体設立条約255条及びアムステルダム条約声明41項参照。

113) 例えば, EuG, Slg. 1995, II-2765 - Carvel, 判例評釈として, Calliess, ZUR 1996, 143; Sobotta, EuZW 1996, 157; Kugelmann, Zur Transparenz des Handelns der Europäischen Union, EuR 1996, 207 ff.; EuGH, Slg. 1996, I-2169 - Niederlande/Rat (Transparenzbeschluß des Rates); EuG, Slg. 1998, II-231 - Interporc; EuG, Slg. 1998, II-485 - Norup Carlsen; EuG, Slg. 1998, II-545 - van der Wal; EuG, Slg. 1998, II-2289 - Svenska Journalistförbundet を参照。また, Curtin/Meijers, The Principle of Open Government in Schengen and the European Union: Democratic Retrogression, Common Market Law Review 1995, 391; Lafay, L'accès aux documents du Conseil de l'Union: contribution à une problématique de la transparence en droit communautaire, Revue Trimestrielle de Droit Européen 33 (1997), 37 をも参照。

114) EuG, Slg. 1997, II-313 (345 Rdnrn. 64 f.) - WWF UK, 判例評釈として, Furrer, ZUR 1997, 153; Chiti, Urteilsanmerkung, CML Rev. 1998, 189; Belaich, Les obligations de

la Commission en matière de transparence, Revue du Marché Commun 1998, 10.
115) この点について、参照、Kommission, Über Umweltvereinbarungen, Mitteilung v. 27. 11. 1996 an den Rat und das Europäische Parlament, KOM(96)561 endg.; Rat, Entschließung v. 7. 10. 1997 zu Umweltvereinbarungen, ABlEG 1997 Nr. C 321, S. 6; さらに、Wägenbaur, Zwölf Thesen zum Thema „Umweltvereinbarungen", EuZW 1997, 645; Rengeling, Durchführung des Europäischen Gemeinschaftsrechts - Überblick, in: ders.(Hrsg.), Handbuch zum europäischen und deutschen Umweltrecht, Bd. I, 1998, S. 865(876 Rdnrn 39 ff.); Deketelaere, Voluntary Environmental Agreements, in: Miljörättsliga Sällskapets i Finland publikationer 29, Helsinki, 1998, S. 81 ff.
116) この協定の準備措置について、参照、Kommission, Mitteilung v. 29. 7. 1998 an den Rat und das Europäische Parlament, Umsetzung der Strategie der Gemeinschaft zur Minderung der CO_2-Emissionen von Personenkraftwagen: Eine Umweltvereinbarung mit der europäischen Automobilindustrie, KOM(1998)495 endg. この協定は、1998年、予定された内容で締結されたようである。参照、Wirtschafts- und Sozialausschuß, Stellungnahme 1999/C 40/03 v. 3. 12. 1998, ABlEG 1999 Nr. C 40, 8(Einl. 1.2).
117) 現在の共同体法に基づいて、拘束的協定が全く不可能なのかどうかは、明らかでない。このような趣旨のものとして、Kommission, Mitteilung v. 27. 11. 1996（上掲註 115), Rdnr. 41, und Krämer, Europäisches Umweltrecht, ZUR 1998, 70(71). 他方、Wägenbaur, EuZW 1997, 645(647)を参照。委員会は共同体レベルでの環境協定が指令の実施のための手段として機能するために、「私法的ないし公法的に貫徹しうる」ものであることを求めている。参照、Kommission, Empfehlung 96/733/EG v. 9. 12. 1996 über Umweltvereinbarungen zur Durchführung von Richtlinien der Gemeinschaft, ABlEG Nr. L 333, S. 59 (60 Rdnr. 2. 2).
118) この相違点につき、Wirtschafts- und Sozialausschuß, Stellungnahme v. 3. 12. 1998（上掲註 116), Einl. 1. 2 und 1.3; Falke, EG-Umweltrecht: Verkehr und andere Herausforderungen, ZUR 1998, 307(308).
119) 上記註 114 を見よ。
120) 上記註 61 を見よ。さらに、EuG 1995, II-3051 - Danielsson（Atomtests）。
121) 欧州共同体設立条約 230 条 4 項（旧 173 条 4 項）。
122) そのような „individuell" の要件の解釈は、EuGH, Slg. 1963, 211(229)- Plaumann 以来の欧州共同体裁判所の確立した判例である。
123) 訴えの却下という彼の主たる提案に矛盾する、詳細な脚注という、注目すべき形ではあるけれども。参照、EuGH, Slg. 1998, I-1651(1698 Fn. 128). この点について、Wegener, Keine Klagebefugnis für Greenpeace und 18 andere, ZUR 1998, 131 ff. また、Krämer, EuGRZ 1998, 309(312) をも参照。
124) EP, Entschließung v. 14. 5. 1997（上掲註 21), Punkt 14. その他、法務官 Ruiz-

Jarabo ColomerによるEuGH, Slg. 1996, I-6669 (6679) - Associazione agricoltori della provincia di Rovigo のための最終論告，及び，Nicklas（上掲註10), S. 205 f.; Sach（上掲註6), Rdnr. 52 をも参照。さらに，下記註169も参照のこと。
125) 紛争当事者たちは，共同体法上，欧州共同体裁判所への書面によるもしくは口頭での意見表明権をもつにすぎない（欧州共同体裁判所規則103条以下）。その他，Borchardt, Die rechtlichen Grundlagen der Europäischen Union, 1996, S. 189 等を参照。
126) 参照，Krämer, EuGRZ 1998, 309; Sach（上掲註6), Rdnr. 68.
127) Richtlinie 90/313/EWG des Rates v. 7. 6. 1990 über den freien Zugang zu Informationen über die Umwelt, AB1EG 1990 Nr. L 158, S. 56. これについて，参照，Schedel, Umweltinformationsrichtlinie und Umweltinformationsgesetz sowie allgemeine Umweltinformation, in: Rengeling (Hrsg.), Handbuch zum europäischen und deutschen Umweltrecht, Bd. I, 1998, S. 1270 (Rdnrn. 4 ff. 及びそこに掲記の文献); Pühs（上掲註32), S. 460 ff.
128) UmsetzungsG v. 8. 7. 1994（BGBl. 1994 I, S. 1490）mit dem UIG als Art. 1. これについて，例えば，Röger, Umweltinformationsgesetz, 1995; Schomerus/Schrader/Wegener, Umweltinformationsgesetz, 1995; Turiaux, Umweltinformationsgesetz, 1995; Fluck/Theuer, Umweltinformationsrecht - UIG, Std. 4/97; Adamek（上掲註75), S. 467 ff. を参照。
129) 参照，EuGH, Slg. 1998, I-3809 - Mecklenburg/Kreis Pinneberg. これについて，参照，Turiaux, Das deutsche Umweltinformationsgesetz auf dem Prüfstand des EG-Rechts, EuZW 1998, 716; Vahldiek, Urteilsanmerkung, ZUR 1998, 200 ff.; Schrader, Europäische Anstöße für einen erweiterten Zugang zu（Umwelt-）Informationen, NVwZ 1999, 40 ff.
130) この点について，Schrader, NVwZ 1999, 40 (42).
131) また，環境情報指令（上掲註127）自体，その7条において，環境の状態に関する報告を定期的に公表することを構成国に義務づけている。
132) Art. 5 der Richtlinie 92/72/EWG des Rates v. 21. 9. 1992 über die Luftverschmutzung durch Ozon, AB1EG 1992 Nr. L 297, S. 1.
133) 例えば，参照，Art. 8 Abs. 1 der „Seveso"-Richtlinie 82/501/EWG des Rates v. 24. 6. 1982 über die Gefahren schwerer Unfälle bei bestimmten Industrietätigkeiten, AB1EG 1982 Nr. L 230, S. 1. これは，後に改正された。また，その後，Art. 13 der „Seveso II"-Richtlinie 96/82/EG des Rates v. 9. 12. 1996 zur Beherrschung der Gefahren bei schweren Unfällen mit gefährlichen Stoffen, AB1EG Nr. L 10, S. 13 に置き換えられた。さらに，Art. 14 der Richtlinie 90/219/EWG des Rates v. 23. 4. 1990 über die Anwendung genetisch veränderter Mikroorganismen in geschlossenen Systemen, AB1EG 1990 Nr. L 117, S. 1; Art. 6 der Richtlinie 91/689/EWG des Rates v. 12. 12. 1991 über

gefährliche Abfälle, ABlEG 1991 Nr. L 377, S. 20; Art. 8 der Richtlinie 89/429/EWG des Rates v. 21. 6. 1989 über die Verringerung der Luftverunreinigung durch bestehende Verbrennungsanlagen für Siedlungsmüll, ABlEG 1989 Nr. L 203, S. 50 を参照。

134) 上記註133を見よ。

135) EGMR, Urt. v. 19. 2. 1998 - 116/1996/735/932 (Guerra u.a./Italien), Reports of Judgments and Decisions 1998-I, 210 (Nr. 64) = NVwZ 1999, 57. 損害賠償請求権の承認は，欧州人権条約旧50条に基づく。1998年11月1日以降，同条約41条が該当する規定となっている。

136) Art. 9 der Richtlinie 84/360/EWG des Rates v. 28. 6. 1984 zur Bekämpfung der Luftverunreinigung durch Industrieanlagen, ABlEG 1984 Nr. L 188, S. 20.

137) Art. 6 der Richtlinie 85/337/EWG des Rates v. 27. 6. 1985 über die Umweltverträglichkeitsprüfung bei bestimmten öffentlichen und privaten Projekten, ABlEG 1985 Nr. L 175, S. 40 (後に改正された)。

138) Art. 15 der Richtlinie 96/61/EG des Rates v. 24. 9. 1996 über die integrierte Vermeidung und Verminderung der Umweltverschmutzung, ABlEG 1996 Nr. L 257, S. 26.

139) Art. 6 Abs. 3 S. 2 der Richtlinie 92/43/EWG des Rates v. 21. 5. 1992 zur Erhaltung der natürlichen Lebensräume sowie der wildlebenden Tiere und Pflnazen (Fauna-Flora-Habitat- Richtlinie), ABlEG 1992 Nr. L 206, S. 7 に基づく公衆参加について，参照，Wegener (上掲註91), S. 40.

140) この点について，Engelsberger (上掲註10), S. 294 f.

141) 参照，den 5. Erwägungsgrund sowie Art. 2 Buchst. a, 3 Buchst. a, 8 Abs. 4 der Verordnung (EWG) Nr. 1836/93 des Rates v. 29. 6. 1993 über die freiwillige Beteiligung gewerblicher Unternehmen an einem Gemeinschaftssystem für das Umweltmanagement und die Umweltbetriebsprüfung, ABlEG 1993 Nr. L 168, S. 1. これについて，Böhm-Amtmann, GewArch 1997, 353 (355) を参照。

142) 最後の問題点に関する論争について，例えば次のものを参照。Breuer, NVwZ 1997, 833 (843 f. 及びそこに掲記の文献); Ewer, in: Ewer/Lechelt/Theuer (Hrsg.), Handbuch Umweltaudit, 1998, S. 115 (119 f. Rdnrn. 15 f. 及びそこに掲記の文献); Vetter, ebenda, S. 213 (220 ff. Rdnrn. 25 ff. 及びそこに掲記の文献); Feldhaus, Öko-Audit, in: Rengeling (Hrsg.), Handbuch zum europäischen und deutschen Umweltrecht, Bd. I, 1998, S. 1132 (1158 Rdnr. 67); Scherer, NuR 1998, 477.

143) Art. 4 Abs. 1 der Verordnung (EWG) Nr. 880/92 des Rates v. 23. 3. 1992 betreffend ein gemeinschaftliches System zur Vergabe eines Umweltzeichens, ABlEG 1992 L 99, S. 1. この指令については，一般に，参照，von Danwitz, Umweltzeichen in der EG und Umweltzeichen in Deutschland, in: Rengeling (Hrsg.), Handbuch zum europäischen

und deutschen Umweltrecht, Bd. I, 1998, S. 1314 ff.

144) Kommission, Entscheidung 98/94/EG v. 7. 1. 1998 zur Festlegung der Umweltkriterien für die Vergabe des EG-Umweltzeichens für Hygienepapiere, AB1EG 1998 Nr. L 19, S. 77.

145) Kommission, Entscheidung 95/533/EG v. 1. 12. 1995 zur Festlegung der Umweltkriterien für die Vergabe des EG-Umweltzeichens bei Lampen mit einseitigem Anschluß, AB1EG 1995 Nr. L 302, S. 42; Kommission, Entscheidung 96/337/EG v. 8. 5. 1996 zur Festlegung der Umweltkriterien für die Vergabe des EG-Umweltzeichens bei Lampen mit zweiseitigem Anschluß, AB1EG 1996 Nr. L 128, S. 24.

146) ドイツ企業は，欧州エコマークの申請にあたっても非常に消極的である。参照，Falke, Entwicklungen im gemeinschaftlichen Umweltrecht, ZUR 1998, 127 (128 f. m. Fn. 13).

147) Kommission, Vorschlag v. 11. 12. 1996 für eine Verordnung (EG) des Rates zur Revision des gemeinschaftlichen Systems zur Vergabe eines Umweltzeichens, KOM (96) 603 endg.

148) この点については，1993年5月14日に委員会によって発表された緑書参照（Grünbuch - KOM(93)47 endg.)。また，参照，Höpke / Thürmann, Haftung unter Privatrechtssubjekten, in: Rengeling (Hrsg.), Handbuch zum europäischen und deutschen Umweltrecht, Bd. I, 1998, S. 1349. (1395 ff.); Scherer / Heselhaus, Umweltrecht, in: Dauses (Hrsg.), Handbuch des EU-Wirtschaftsrechts, Std. 12/97, O Rdnr. 238; Kiethe / Schwab, EG-rechtliche Tendenzen zur Haftung für Umweltschaden, EuZW 1993, 437; Führ, Von Rio nach Brüssel über 15 europäische Hauptstädte - Entwicklungstendenzen im Europäischen Umweltrecht, KritV 78 (1995), 335 (359 f.); Nicklas (上掲註10), S. 216 ff. 既に委員会は，枠組み的指令についての論述を伴った，環境責任についての白書を公表している。参照，Anhang (2) zum Beschluß Nr. 2179/98/EG des EP und des Rats v. 24. 9. 1998（上掲註9），AB1EG 1998 Nr. L 275, S. 1(12).

149) この点について，参照，Kommission, Empfehlung 96/733/EG v. 9. 12. 1996 über Umweltvereinbarungen zur Durchführung von Richtlinien der Gemeinschaft, AB1EG 1996 Nr. L 333, 59. これに関しては，Krieger, Die Empfehlung der Kommission über Umweltvereinbarungen, EuZW 1997, 648 ff.; Rengeling, in: ders.（上掲註75），S. 906 f.

150) この点ついて，参照，Kommission, 8. Jahresbericht（上掲註13），S. 222; Kommission, Durchführungsmitteilung（上掲註4），Rdnrn. 21, 30 ff.; Rat, Entschließung v. 7. 10. 1997（上掲註21），Rdnr. 26; Pernice, NVwZ 1990, 414 (424); Nicklas（上掲註10），S. 184 ff. 委員会の委任を受けて，欧州環境法協会（Conseil Européen du Droit de l'Environnement）は，比較法研究（Plaintes et voies de recours en matière d'environnement dans les Etats membres de l'Union Européenne）を行った。これには，Prieur の概括報告が付されて

いる。この研究は，1998年3月，委員会に提出された。
151) これについては，例えば，Lütkes/Ewer, Schwerpunkte der bevorstehenden Revision der Umweltauditverordnung (EWG) Nr. 1836/93, NVwZ 1999, 19 ff. 及びそこに掲記の文献参照。
152) Aarhus 会議（1998年6月23日―25日）において欧州理事会議長によって署名された，環境に関する情報へのアクセス，決定手続への公衆の関与，裁判所へのアクセスに関する，国際連合と欧州経済委員会の間の合意は，未だ発効していない。この合意について，署名前のものではあるが，参照，Falke, ZUR 1998, 307 (310 f.).
153) この点について，より詳細には，Winter und Schoch, Individualrechtsschutz im deutschen Umweltrecht unter dem Einfluß des Gemeinschaftsrechts, NVwZ 1999, Heft 5 を参照。
154) EuGH, Slg. 1991, I-4983 (5023 Rdnr. 14) - Kommission/Bundesrepublik Deutschland（地表水）; また，参照，EuGH, Slg. 1991, I-2567 (2601 Rdnr. 16) - Kommission/Bundesrepublik Deutschland（二酸化硫黄・浮遊粒子物質の限界値）; EuGH, Slg. 1991, I-2607 (2631 Rdnr. 19) - Kommission/Bundesrepublik Deutschland（空気中の鉛濃度）; さらに，参照，EuGH, Slg. 1996, I-5729 (5738 f. Rdnrn. 14 f.) - Kommission/Bundesrepublik Deutschland（水質保護指令）; EuGH, Slg. 1996, I-6747 (6760. Rd nrn. 16) - Kommission/Bundesrepublik Deutschland（魚介水域）。これらについて，一般的には，Wegener, Vollzugskontrolle durch Klagerechte vor mitgliedstaatlichen Gerichten, in: Lübbe-Wolff (Hrsg.), Der Vollzug des europäischen Umweltrechts, 1998, S. 145 (150 ff.).
155) 参照，Zuleeg, NJW 1993, 31 (37); Krings, Die Klagbarkeit europäischer Umweltstandards im Immissionsschutzrecht, UPR 1996, 89 (91); Ruthig, Transformiertes Gemeinschaftsrecht und die Klagebefugnis des § 42 Abs. 2 VwGO, BayVBl. 1997, 289 (295 ff.); Wegener（上掲註91), S. 125 ff.
156) Steinberg, AöR 120 (1995), 549 (585 ff.) をも参照のこと。
157) これについては，Kahl, Der EuGH als „Motor des Umweltschutzes" ?, ThürVBl. 1994, 256 (260); Calliess, NVwZ 1996, 339 (340 f.); von Danwitz, DÖV 1996, 481 (484 f.); Sendler, Verhältnis der gerichtlichen zur behördlichen Kontrolle, in: Rengeling (Hrsg.), Integrierter und betrieblicher Umweltschutz, 1996, 231 (235 f.).
158) 参照，Goebel, UPR 1994, 361 (364); Remmert, Die nationale Ausgestaltung richtlinienrechtlich geforderter subjektiver Rechtsstellungen, DV 1996, 465 (474 f.).
159) 同旨，Classen, VerwArch 1997, 645 (661, 667 f.); Kahl, ThürVBl. 1994, 256 (260). Epiney, ZUR 1996, 229 (233) は，健康の保護，人にとって重要な環境財（Naturgüter）のほか，「持続可能な発展」の確保もまた目的として挙げられる，という。
160) 下記註169を見よ。

第 4 章　欧州環境法実施の諸手法　227

161) 上記註 81 及び註 89 を見よ。もっとも，私人間の法的紛争において，構成国の裁判所が，未だ転換されていない指令の規定をどの程度考慮しうるのか，もしくは考慮しなければならないのかについては，未だ明らかでない。なおも否定的なものとして，EuGH, Slg. 1996, I-1281 - El Corte Inglés. 他方，端緒を示すものとして，EuGH, Slg.1996, I-2601 - CIA, EuGH, Slg. 1996, I-1347 - Pafitis; EuGH Slg. 1996, I-1829 - Ruiz Bernáldez. これについては，例えば，Lackhoff / Nyssens, Direct Effect of Directives in Triangular Situations, (1998) 23 European Law Review, 397 ff., Arnull, (1999) 24 European Law Review, 1f. を参照。

162) 欧州共同体設立条約 234 条（旧 177 条）の使用に際しての，構成国裁判所の消極的態度について，註 126 の箇所を参照。

163) 例えば，参照，EuGH, Slg. 1990, I-2433 - Factortame.

164) 例えば，参照，EuGH, Slg. 1990, I-2879 - Tafelweindestillation; EuGH, Slg. 1991, I-415 - Süderdithmarschen; EuGH, Slg. 1995, I-3761 - Atlanta

165) この点について，より詳細には，Jannasch, Einwirkungen des Gemeinschaftsrechts auf den vorläufigen Rechtsschutz, NVwZ 1999, Heft 5.

166) EuGH, Slg.1991, I-5357 - Francovich 以来の欧州共同体裁判所の確立した判例である。これについては，例えば，Papier, Staatshaftung bei der Verletzung von Gemeinschaftsrecht, in: Rengeling (Hrsg.), Handbuch zum europäischen und deutschen Umweltrecht, Bd. I, 1998, S. 1450（Rdnrn. 1 ff. 及びそこに掲記の文献）; Engelsberger（上掲註 10), S. 126 ff. を参照。

167) 例えば，EuGH, Slg. 1996, I-1029 (1149 Rdnr. 51) - Brasserie du Pêcheur; EuGH, Slg. 1996, I-4845 (4879 Rdnr. 21) - Dillenkofer を参照。

168) Epiney, ZUR 1996, 229 (234); dies., Umweltrecht in der Europäischen Union, 1997, S. 142; Goebel, UPR 1994, 361 (364 f.); Rengeling / Gellermann（上掲註 75), 1 (23); Wegener（上掲註 91), S. 220 ff. をも参照のこと。

169) これについて，より詳細には，Epiney, Gemeinschaftsrecht und Verbandsklage, NVwZ 1999, Heft 5 を参照。また，Kommission, 8. Jahresbericht（上掲註 13), S. 222; Kommission, Durchführungsmitteilung（上掲註 4), Rdnr. 43; EP, Entschließung v. 14. 5. 1997（上掲註 21), Punkt 12; Führ, KritV 78 (1995), 335 (358 f.); Nicklas（上掲註 10), S. 206 f.; Wegener（上掲註 91), S. 35 ff. も参照。

170) これについては，Kommission, Durchführungsmitteilung（上掲註 4), Rdnrn. 21, 36 ff.; EP, Entschließung v. 14. 5. 1997（上掲註 21), Punkt 12; Rat, Entschließung v. 7. 10. 97（上掲註 21), Rdnr. 26; EP / Rat, Beschluß von v. 24. 9. 1998（上掲註 9), Art. 4 Abs. 2 Buchst. e を見よ。欧州環境法協会の比較法研究（上掲註 150) にも，その点に関する考察が含まれている。

171) 上記註 152 を見よ。

172) 5. Umweltaktionsprogramm, AB1EG 1993 Nr. C 138, S. 5(11).

〔島村　健 訳〕

監訳者解題

石 川 敏 行

1 はじめに──原著者の経歴紹介

最初に，本書に収録した諸論文の著者である ディーター・H. ショイイング (Prof. Dr. Dieter H. Scheuing) 氏の経歴について，簡単に紹介する。

氏は，1941(昭和16)年9月24日，ドイツ南西部の都市シュトゥットガルト (Stuttgart) に生まれ，ハンブルク，ミュンヘン，フライブルクの各大学で法律学を学んだ。1965(昭和40)年には第一次司法試験に合格，1972(昭和47)年には第二次司法試験に合格し，その翌年にはパリ第2大学にて法学博士号を，1978(昭和53)年にはテュービンゲン大学にて教授資格を取得した。

その後，1978年にケルン大学法学部教授に就任し，以来5年間，同大学にて公法講座を担任した。そして，1983(昭和58)年からはヴュルツブルク大学正教授に就任し，法学部でドイツ公法，外国公法，国際法およびヨーロッパ法を担当されている。代表的著作としては，Koch/Scheuing(Hrsg.), Gemeinschaftskommentar zum Bundes-Immissionsschutzgesetz がある。

2 各論文の解題

次に，本書に収録されている各論考の内容とその意義について少しく述べ，読者の参考に供することにする。

第1章 法共同体としての欧州連合 (土田伸也訳)

本章は，1998(平成10)年4月に，中央大学多摩キャンパスにて行われた特別講義の原稿を訳出したものである。

この講演は，——恐らくヨーロッパ法にはほとんど馴染みがないと言ってよい——日本の法学部学生に向けて行われた関係で，その内容は言わば「ヨーロッパ法入門」とでもいうべき性格を有している（ちなみに，ショイイング教授が母国ドイツにおいて行うヨーロッパ法入門の講義の際にも，この講演原稿は下敷きにされている）。

すなわち，本章では，欧州共同体の主要な機関（理事会・委員会・欧州議会）や，共同体法の特徴（共同体法の直接適用可能性・共同体法の優位・共同体法の拡張力）など，ヨーロッパ法を理解する上で基本となる事項が論じられている。これらの事項については既に邦語文献によっても紹介・検討されているが，本章は簡潔にかつ要領よくまとめられている。その意味で，ヨーロッパ法の骨格を知る1つの格好の文献であり，未だヨーロッパ法には馴染みの薄い日本の読者にとって有益な部分が少なくないと思われる。

第2章　ドイツ憲法と欧州統合（土田伸也訳）

次なる論考は，ヨーロッパ法とドイツ憲法の間で生じてくる基本的な問題，すなわち，国家主権，国家組織および人権の問題を取り上げ，これらの問題につき，ドイツ法がこれまでいかなる解決策を講じてきたのかということ，およびその将来展望について論じたものである。

本章は，マーストリヒト条約の発効を基準として，IとIIに分かれる。Iでは，マーストリヒト条約発効前に，上記の諸問題がいかなる理由から生じ，それに対し，憲法制定者，立法者および裁判所がいかなる対策を講じてきたのかが論じられる。続くIIでは，マーストリヒト条約発効後，起こりうる新たな問題とそれに対する考えうる解決策が提示されている。

ヨーロッパ法が様々な局面において国内法に影響を及ぼすことについては改めて指摘するまでもない事柄であるが，とりわけそれが国家の根幹に関わる法，すなわち憲法にもまた大きな影響を及ぼす点は，看過することができない。しかもその影響力は近代法の基礎概念ともいうべき国家主権の観念をも変容させる契機を伴っている。この点に関する議論は，ドイツにおいてもいろいろな局

面でこれまで行われてきたが，本章はそれらを概観し，現代における国家主権の意義を再考する上で有益な文献となるはずである（日本でも，「主権国家・国民国家の変容(ゆらぎ)」の問題が，2001（平成13）年秋の日本公法学会で論じられたところである）。

次に，国家組織に関する記述にも興味深いものがある。無論，ドイツが連邦制を採用していることから生じる，いわばドイツ固有の問題について言及されている箇所は，直接，日本法と関連してくるわけではないけれども，しかし，その根底にある基本的な問題（例えば地方自治や議会主義に関する問題など）を意識してなされた記述は，多いに示唆に富む。読者は，その点を玩味熟読されたい。

3つめに，より一層興味深いのは，人権保障に関する記述である。とりわけ外国人の人権（とりわけ参政権）については，現在，わが国でも大きな問題として取り上げられており，日本法にとって参考となる部分が少なくない。

本章は，全体として，ヨーロッパ法とドイツ憲法の間で生じる基本的な問題について要領のよい概観を与えており，かつその中で提示されている著者独自の見解は，色々な意味で注目に値する。

第3章　ドイツ行政法の変革の契機となるヨーロッパ法の影響（上杉篤子訳）

第3の論考は，憲法と並ぶ公法のもう1つの部門である行政法に関わるもので，ヨーロッパ法が行政法総論に与える影響について，体系的に整理し，解説・分析したものである。

この論考は，大きく3つの部分から構成されているが，本論はそのうちのIIの部分である。

そこにおいて著者は，ヨーロッパ法がドイツ行政法にもたらす様々な現象を次の2つに分けて論述している。1つは，法技術的にヨーロッパ法執行のための義務をドイツ行政法に課すことにより，ドイツ行政法がヨーロッパ法を執行するための効果的な手段にされるという現象である。これを，著者は「手段化（Instrumentalisierung）」と命名する。またもう1つは，共同体法の影響により，

ドイツ行政法が方針を変え，あるいは新しい方針を立てる結果，共同体法を通してドイツ法に新しい内容が与えられるという現象である。これを，著者は「方針転換（Umorientierung）」と命名する。

このうち，前者，すなわち「手段化」は，その手法の違いにより，さらに2つに細分される。まず，国内法を排除することなく，現行の国内法に一定の制限を加えることにより，国内法を共同体法に適うよう調整するという方法である。これを著者は，「調整による手段化（Instrumentalisierung durch Koordinierung）」と呼ぶ。次に，現行の国内法を考慮することなく，共同体法によって設定された統一的な基準を国内法に組み込むという方法がある。著者はこれを，「統一による手段化（Instrumentalisierung durch Vereinheitlichung）」と呼ぶ。

他方，「方針転換」について，著者は消極的な方法で統合に資する「開放（Öffnung）」と，積極的な方法で統合に資する「新形成（Neugestaltung）」に分類して論述を進める。

本章のテーマは，近年急速に多くの人々によって論じられるようになっているが，本書に訳出した論文は，ヨーロッパ法が行政法総論に与える影響について，一方で広い範囲を視野に入れつつ，他方で多くの判例・学説を引用しながら詳細な分析・説明を加えており，この点で特に日本の読者にとっては，大いに研究の参考となる部分があると思われる。

第4章　欧州環境法実施の諸手法（島村　健訳）

本書最後に位置する章は，欧州共同体レベルで定立された環境法規範がいかにして実施されるか，すなわち，いかにして構成国法に転換され，適用され，貫徹されるかを示す鳥瞰図を提供しようとするものである。

著者は，もっぱら共同体機関ないし構成国機関が共同体法を実施する場合（公的実施メカニズム）と，私人のイニシアチブに基づく場合（私的実施メカニズム）を分け，それぞれに属する実施メカニズムについて概説するとともにその問題点等を順に指摘してゆく。

著者によれば，いずれのメカニズムについても集中的な性格をもつものと分散的な性格をもつものに区別される。すなわち，公的実施メカニズムにつき，集中的な性格をもつものとしては，欧州委員会による条約違反手続等が挙げられ，分散的な性格をもつものとしては，構成国の指令を転換する義務，共同体法の適用義務，共同体法違反の国内法令を適用しない義務，転換されていない指令の直接適用義務等が挙げられる。

　他方，私的実施メカニズムにつき，集中的な性格をもつものとしては，欧州委員会に対する苦情の申し出，先決的判決の手続等が挙げられ，分散的な性格をもつものとしては，構成国の環境情報へのアクセス，環境に関する手続への公衆の参加，環境監査，構成国裁判所による救済等が挙げられる。

　本章は，欧州環境法実施のための個々の仕組みについて詳細な検討をするというより，むしろ，諸手法の全体像を描き出し，それぞれの手法の全体における位置づけを明らかにすることを目的としている。その際，公的実施メカニズムと私的実施メカニズムの補完的関係，重要性を増しつつある後者のメカニズムの発展可能性に注意が喚起される。

　今までのところ，以上の点に関する概括的な研究及びわが国への紹介は多くないように思われる。本章が，実施を確保するために現に働いているメカニズムを広く視野に入れ，そのような実施メカニズムのパレットに概観可能性を与えている点，そして意味のある分類によって諸メカニズムの関係，諸メカニズムにおける共同体機関，構成国機関，公衆等の諸当事者の役割を明らかにしている点は，この分野の研究者にとって，あるいは欧州環境法に関心を有する読者にとって多くの示唆を与えるであろう。

3　本書の成り立ちについて

　すでに述べたように，本書はショイイング氏の来日を契機に生まれた。すなわち，1998(平成10)年4月，同氏が日本での講義・講演を終えて帰国する際に，監訳者（石川）からショイイング氏に本書出版の可能性を打診した。その後，ドイツから「快諾する」旨の書簡が寄せられたのであった（なお，既発表論文

については，原著者から各出版社に対して和訳許諾を請求し，いずれも許諾が与えられている）。

次に，訳者につき一言する。土田伸也氏および上杉篤子氏は，原著者の来日当時，中央大学大学院法学研究科で，監訳者の指導の下に研究をしていた。また，島村 健氏は東京大学大学院法学政治学研究科で，小早川光郎教授の指導の下に研究をしていた。

まず，土田氏はドイツ公物法を研究していたが，最年長ということもあり，第1章（法共同体としての欧州連合）と第2章（ドイツ憲法と欧州統合）の訳出をお願いした。

次に，上杉氏はドイツの行政手続法をテーマにしており，かつ卒業した中央大学法学部国際企業関係法学科で監訳者が行った「ヨーロッパ法」の講義と演習にも参加した関係で，第3章（ドイツ行政法の変革の契機となるヨーロッパ法の影響）の訳出を担当して頂くことにした。

最後に，島村氏は，当時，監訳者が主宰していた原書購読会に参加していた縁で知り合い，かつドイツの環境法をテーマに修士論文を執筆されたので，第4章（欧州環境法実施の諸手法）の訳者としては最適の人物である。

この3名は，まず各自の分担部分につき，ラフな訳出作業にかかった。

その後，まず土田氏が原著者ショイイング氏の下に留学することになった。続いて，上杉氏が——やはり南ドイツにあるもう1つの中央大学との交換協定校である——テュービンゲン大学に留学した。この間，両名は，各自の担当部分につき，何度もショイイング氏に質問をし，回答を得るというプロセスを踏んだ。

最後に，島村氏もまた，別の所用でヨーロッパに出張した際に，やはりショイイング氏から直接疑問点に対する回答を得ている。

このようにして作成された原稿に，監訳者が目を通し，疑問点は監訳者からもショイイング氏に問いただすといった作業を経た。

以上の作業は，なかなかに骨の折れる作業であった。ここに，各訳者の方々に，その御苦労に対し，心からの感謝を申し上げる。各人からの原稿は，かな

り早い段階で出揃っていたのであったが，監訳者の不手際から出版が延引してしまったことを，一方では訳者の方々に対し，また他方では原著者ショイング氏に対してお詫びしなければならない。

　本書成立に至るまで，日本比較法研究所の加藤　清室長(当時)はじめ，スタッフの方々の多大の協力を得た。また，中央大学出版部の方々にも，校正などでは大変なお世話になった。最後に，島村　健氏が監訳者のプロジェクトに参加し，翻訳を出版することを許諾された小早川光郎教授（東京大学大学院法学政治学研究科）に，心から御礼申し上げる次第である。

　2001年9月

監訳者として記す
石　川　敏　行

監訳者

石川　敏行（いしかわ としゆき）　中央大学法学部教授

訳　者

土田　伸也（つちだ しんや）　中央大学大学院法学研究科博士後期課程在籍
　　　　第1章　法共同体としての欧州連合　第2章　ドイツ憲法と欧州統合

上杉　篤子（うえすぎ あつこ）　中央大学大学院法学研究科博士後期課程退学
　　　　現アンダーソン・毛利法律事務所
　　　　第3章　ドイツ行政法の変革の契機となるヨーロッパ法の影響

島村　健（しまむら たけし）　東京大学大学院法学政治学研究科博士課程在籍
　　　　第4章　欧州環境法実施の諸手法

ヨーロッパ法への道　　　　　　　　　日本比較法研究所 翻訳叢書（47）

2002年3月25日　初版第1刷発行

　　　　　　　　　　　　　© 監訳者　石　川　敏　行
　　　　　　　　　　　　　　発行者　辰　川　弘　敬

　　　〈検印廃止〉

発行所　中央大学出版部
　　　〒192-0393
　　　東京都八王子市東中野742番地1
　　　電話 0426-74-2351・FAX 0426-74-2354

ニシキ印刷・永島製本

ISBN4-8057-0348-2

日本比較法研究所翻訳叢書

0	杉山直治郎訳	仏蘭西法諺	B6判（品切）
1	F・H・ローソン 小堀憲助他訳	イギリス法の合理性	A5判 1200円
2	B・N・カドーゾ 守屋善輝訳	法の成長	B5判（品切）
3	B・N・カドーゾ 守屋善輝訳	司法過程の性質	B6判（品切）
4	B・N・カドーゾ 守屋善輝訳	法律学上の矛盾対立	B6判 700円
5	ヴィノグラドフ 矢田一男他訳	中世ヨーロッパにおけるローマ法	A5判 1100円
6	R・E・メガリ 金子文六他訳	イギリスの弁護士・裁判官	A5判 1200円
7	K・ラーレンツ 神田博司他訳	行為基礎と契約の履行	A5判（品切）
8	F・H・ローソン 小堀憲助他訳	英米法とヨーロッパ大陸法	A5判（品切）
9	I・ジュニングス 柳沢義男他訳	イギリス地方行政法原理	A5判（品切）
10	守屋善輝編	英米法諺	B6判 3000円
11	G・ボーリー他 新井正男他訳	〔新版〕消費者保護	A5判 2800円
12	A・Z・ヤマニー 真田芳憲訳	イスラーム法と現代の諸問題	B6判 900円
13	ワインスタイン 小島武司編訳	裁判所規則制定過程の改革	A5判 1500円
14	カペレッティ編 小島武司訳	裁判・紛争処理の比較研究(上)	A5判 2200円
15	カペレッティ 小島武司他訳	手続保障の比較法的研究	A5判 1600円
16	J・M・ホールデン 高窪利一監訳	英国流通証券法史論	A5判 4500円
17	ゴールドシュティン 渥美東洋監訳	控えめな裁判所	A5判 1200円
18	カペレッティ編 小島武司訳	裁判・紛争処理の比較研究(下)	A5判 2600円
19	ドゥロープニク他編 真田芳憲他訳	法社会学と比較法	A5判 3000円
20	カペレッティ編 小島・谷口訳	正義へのアクセスと福祉国家	A5判 4500円
21	P・アーレンス編 小島武司編訳	西独民事訴訟法の現在	A5判 2900円
22	D・ヘーンリッヒ編 桑田三郎編訳	西ドイツ比較法学の諸問題	A5判 4800円
23	P・ギレス編 小島武司編訳	西独訴訟制度の課題	A5判 4200円

日本比較法研究所翻訳叢書

24	M・アサド 真田芳憲訳	イスラームの国家と統治の原則	A5判 1942円
25	A・M プラット 藤本・河合訳	児童救済運動	A5判 2427円
26	M・ローゼンバーグ 小島・大村編訳	民事司法の展望	A5判 2233円
27	B・グロスフェルト 山内惟介訳	国際企業法の諸相	A5判 4000円
28	H・U・エーリヒゼン 中西又三編訳	西ドイツにおける自治団体	A5判 1600円
29	P・シュロッサー 小島武司編訳	国際民事訴訟の法理	A5判 1100円
30	P・シュロッサー他 小島武司編訳	各国仲裁の法とプラクティス	A5判 1500円
31	P・シュロッサー 小島武司編訳	国際仲裁の法理	A5判 1400円
32	張 晋 藩 真田芳憲監修	中国法制史(上)	A5判 (品切)
33	W・M・フライエンフェルス 田村五郎編訳	ドイツ現代家族法	A5判 3200円
34	K・F・クロイツァー 山内惟介監修	国際私法・比較法論集	A5判 3500円
35	張 晋 藩 真田芳憲監修	中国法制史(下)	A5判 3900円
36	J・レジエ他 山野目章夫訳	フランス私法講演集	A5判 1500円
37	G・C・ハザード他 小島武司編訳	民事司法の国際動向	A5判 1800円
38	オトー・ザンドロック 丸山秀平訳	国際契約法の諸問題	A5判 1400円
39	E・シャーマン 大村雅彦編訳	ＡＤＲと民事訴訟	A5判 1300円
40	ルイ・ファボルー他 植野妙実子編訳	フランス公法講演集	A5判 3000円
41	S・ウォーカー 藤本哲也監訳	民衆司法――アメリカ刑事司法の歴史	A5判 4000円
42	ウルリッヒ・フーバー他 吉田 豊・勢子訳	ドイツ不法行為法論文集	A5判 7300円
43	スティーヴン・L・ペパー 住吉 博編訳	道徳を超えたところにある法律家の役割	A5判 4000円
44	W・マイケル・リースマン他 宮野洋一他訳	国家の非公然活動と国際法	A5判 3600円
45	ハインツ・D・アスマン 丸山秀平編訳	ドイツ資本市場法の諸問題	A5判 1900円
46	デイヴィド・ルーバン 住吉 博編訳	法律家倫理と良き判断力	A5判 6000円

＊価格は**本体価格**です。別途消費税が必要です。